佐竹謙一
佐竹パトリシア

暮らしの スペイン語 表現集

無料音声
ダウンロード付

ベレ出版

はじめに

　本書は、スペイン語圏に留学したり仕事上その土地で暮らしたりするとき、または国内のスペイン語圏の人たちとの意思疎通をはかりたいときに役立ちそうなスペイン語の単語・文例をできるだけ多く集めたものです。しかしその一方で、日本に居ながらにして身近な生活風景を思い浮かべながら、さまざまな状況をスペイン語でどう表現すればよいかを知りたいと思ったときに活用できる語彙・表現集でもあります。というのも、スペイン語学習者の誰もがスペイン語圏へ足を運べるわけではないからです。せっかくスペイン語を学んでもスペイン語圏へ足を踏み入れて当地の生活習慣を体験できる人は限られていますし、独学によってあるいは大学などの教育機関でスペイン語を勉強しても、しばらくそこから離れてしまうと語学力は徐々に遠のいていってしまいます。月日が流れれば流れるほどその傾向は強まります。

　そこで外国へ行かなくても、頭の中でいろいろな場面や人とのミュニケーションを思い浮かべながら表現できるスペイン語の学習書があってもよいのではないかと考え、各場面に必要な単語とそれをベースにした数々の表現を組み合わせた語学書を作ることにしました。そのため、ここでは旅行ガイドブックのようにスペインやラテンアメリカの生活事情に特化されるような単語や言いまわし、その土地特有の物産などへの言及は控え、できるだけ日常生活をするうえで必要と思われる言葉に的を絞ることにしました。日々の暮らしからその時その場の状況にふさわしい日本語をスペイン語に直してみるのも楽しいのではないでしょうか。もちろん、スペイン語圏で使用されても有用であるような構成になっています。ただし、あくまでも私たちのまわりの物理的環境、すなわち生活する上での諸事情・諸問題を扱うのが目的であり、複雑な感情表現には言及していません。この点についての詳細はすでに『スペイン語の感情表現』（白水社、2021 年）で扱いましたので、興味のある方はそちらをご覧いただければ幸いです。

　本書作成にあたり、以下のことに留意しました。

(1)　単語や例文はスペインのスペイン語を基準に作成しましたが、場合によってはラテンアメリカで用いられるスペイン語の単語・表現も含まれています。

(2)　本書では基本的に生活上の身近な出来事にまつわる事柄に焦点をあて、政治・経済、法律、科学、テクノロジーなど、専門的な内容には触れないようにしました。

(3) 全体を I、II に分け、I では暮らしの中のいろいろなシチュエーションを想定し、そこで欠かせないであろうと思われる言葉や表現を拾い集めてみました。また II ではコミュニケーションの基本となる表現が中心となっています。

(4) 「例文」は「関連語」の中の単語を任意で選び作成したものであり、すべての単語を用いて例文を作成したわけではありません。文はできるだけ短めの表現になるよう試みましたが、テーマによっては多少長めの文もあります。なお、単語の重複は極力避けるようにしましたが、シチュエーションによっては重複せざるを得ない場合もあります。

(5) 「関連語」や「例文にかかる語」に出てくる「動詞」は、スペイン語の例文に準拠し、再帰代名詞 se をつけるほうが自然だと考えられる場合は再帰動詞として記しました。なお、「例文にかかわる語」は、例文に表れる単語以外にも、テーマに関連しそうな単語も含めアルファベット順に並べてあります。

(6) 基本的に例文は、「自分自身の考えや思い」を中心に表現できるようになっていますが、状況によってはそうでない場合もあります。

(7) 相手に話しかける文では、おおかた 3 人称 usted (Ud.) を用いることにしました。スペインでは 2 人称の tú を用いて会話するケースが多いと思われますが、他のスペイン語圏では必ずしもそうとは限りませんので、ここは初対面の人や目上の人と話すケース、あるいは敬意を込めて話したり、多少距離を置いて話したりするケースを想定したうえで例文を作成しました。ただし、気安く話しかけるほうが自然だと思われる場合は、2 人称 tú を用いています。

(8) 日本語やスペイン語に挿入された［　］内の語は、その前に置かれた言葉の代わりに用いることも可能です。しかし場合によっては、語句の違いによる多少のニュアンスの変化が生じるかもしれませんが、その場の状況に対する発話者の意図から大きく外れることはないと思います。なお、スペイン語については置き換える単語を明確にする意味で「点線の下線 .... 」を施しました。

（例）もう行きます。　Ya me voy [me marcho].

　一方、意味の異なる単語が配置される場合は、日本語とスペイン語の双方の単語に「下線 ＿＿＿ 」を施しました。

（例）この歌のメロディーは陽気だ〔悲しい〕。
　La melodía de esta canción es alegre [triste].

(9) （　）内の語は、日本語であってもスペイン語であっても省略することができます。

(10) 「**基本的な言い方**」の中で、日本語の文に対しスペイン語訳が複数考えられる場合、文と文のあいだにスラッシュ（／）を入れました。

(11) スペイン語の「名詞」「形容詞」は性数の変化をします。いずれの場合も語尾の音節の変化を明記し、最後の母音のみ太字にしました。

〔例〕 Estoy content**o**/t**a**. →

Estoy content**o**.　　　私（男性）は満足しています。

Estoy content**a**.　　　私（女性）は満足しています。

Soy profesor/sor**a**. →

Soy profesor.　　　　私（男性）は先生です。

Soy profesor**a**.　　　私（女性）は先生です。

(12) 動詞の前後につく「目的格人称代名詞」は、性の変化が見込まれる場合には以下のように記し、人称代名詞をイタリック体にしました。

〔例〕私（男性／女性）はここであなた（男性／女性）に会えて嬉しいです。

Estoy content**o**/t**a** de ver *lo*/*la* por aquí.

あの人（男性／女性）はいつ会っても、私に親切にしてくれる。

Cuando quiera que *lo*/*la* veo, se porta amablemente conmigo.

(13) 「名詞」の性数の表示は、以下のような略字で記しました。

(m)	男性名詞	(f)	女性名詞
(m/f)	男性名詞／女性名詞	(mf)	男女同形の名詞
(s)	単数形	(pl)	複数形
(m, s/pl)	男性名詞、単複同形	(f, s/pl)	女性名詞、単複同形
(m ▶ pl)	男性名詞、複数形で常用	(f ▶ pl)	女性名詞、複数形で常用
(m/adj)	男性名詞／形容詞	(f/adj)	女性名詞／形容詞
(m)(f)	男性名詞または女性名詞	(adj)	形容詞

(14) 主語（行為者）を明示しない動詞（3人称複数形）には＊印をつけました。

〔例〕その映画はテレビで放映されます。

Van* a dar esa película en (la) TV.

ただし、医療機関のように複数の人が関わるケースが想定される場合は、目の前の相手（医者、看護婦など）に対して用いる「3 人称単数」のほかにも、背後のスタッフのことも考慮に入れ「3 人称複数」も加えました。その場合、複数の目印となる n をつけて （　） でくくりました。

　（例）私の病気にはどのような治療法がおすすめですか？

¿Qué tratamiento recomienda(n) para mi enfermedad?

　最後に、今回もすてきなイラストを描いてくださった誉田百合絵さんに感謝申し上げます。

　本書がスペイン語学習者にとって有意義なものとなり、少しでもお役に立てるようであれば幸いです。

著者

ダウンロード音声のご案内

本文にあるスペイン語例文を収録してあります。
フォルダ１ー Ⅰ 生活の場にて
フォルダ２ー Ⅱ 人との触れ合い
ナレーション：Miguel Ángel Ibáñez Muño（スペイン）
　　　　　　　Martha Salgado（メキシコ）

【スマートフォン・タブレットからのダウンロード】

AI 英語教材アプリ abceed（株式会社 Globee）
① アプリストアで「abceed」をダウンロード。
② アプリを立ち上げ、本書の名前を検索して
　音声を使用。

【ベレ出版サイトからのダウンロード】

※パソコンからのダウンロード

① 小社サイト内、『暮らしのスペイン語表現集』のページへ。「音声ファイル」の「ダウンロード」ボタンをクリック。

② ８ケタのコード　8ZpGGmLm　を入力してダウンロード。

＊８ケタのコードは大文字小文字数字を正確にご入力ください。

＊ダウンロードされた音声は MP3 形式となります。zip ファイルで圧縮された状態となっておりますので、解凍してからお使いください。

＊アプリの会員登録、使用方法については abceed アプリにお問合せください。
＊zip ファイルの解凍方法、MP3 携帯プレーヤーへのファイル転送方法、パソコン、ソフトなどの操作方法については小社では対応しておりません。

＊以上すべてのサービスは予告なく終了する場合がございます。

＊音声の権利・利用については、小社サイト内［よくある質問］にてご確認ください。

I
生活の場にて

01 家族と暮らし

1 家族と暮らし

関連語

◆ 家族構成 ◆

家族　familia (f)	家族構成　composición (f) familiar
大家族　familia numerosa	親戚、身内　pariente (m); familiar (m)
家系、血統　estirpe (f)	

曾祖父　bisabuelo (m)	曾祖母　bisabuela (f)
祖父　abuelo (m)	祖母　abuela (f)
祖父母　abuelos (m▶pl)	両親　padres (m▶pl)
父　padre (m)	母　madre (f)
養父　padre adoptivo	養母　madre adoptiva
兄　hermano (m) mayor	姉　hermana (f) mayor
弟　hermano menor	妹　hermana menor
従兄弟　primo (m)	従姉妹　prima (f)
甥　sobrino (m)	姪　sobrina (f)
伯父〔叔父〕　tío (m)	伯母〔叔母〕　tía (f)
息子　hijo (m)	娘　hija (f)
孫（男）　nieto (m)	孫（女）　nieta (f)
長男　hijo mayor; primogénito	長女　hija mayor; primogénita
末息子　hijo menor; benjamín (m)	末娘　hija menor; benjamina (f)
継父　padrastro (m)	継母、ままはは　madrastra (f)
舅、義父　suegro (m)	姑、義母　suegra (f)
小舅、義兄弟　cuñado (m)	小姑、義姉妹　cuñada (f)

配偶者　cónyuge (mf); consorte (mf)	夫婦　matrimonio (m); esposos (m▶pl)
夫　esposo (m); marido (m)	妻　esposa (f); mujer (f)

寡夫、やもめ　viudo (m)　　　　　　寡婦、未亡人　viuda (f)

未婚者、独身者　solter**o/ra** (m/f)　　既婚者　casad**o/da** (m/f)

恋人　novi**o/via** (m/f)　　　　　…に恋をする　enamorarse de ...

結婚、結婚式　boda (f); casamiento (m)　　…と結婚する　casarse con ...

離婚者　divorciad**o/da** (m/f)　　離婚する　divorciarse

別居中である　vivir separad**o/da**

双生児、ふたご　gemel**o/la** (m/f); melliz**o/za**

一卵性双生児　gemel**os/las** univitelin**os/nas** [idéntic**os/cas**; monocigótic**os/cas**]

二卵性双生児　gemel**os/las** bivitelin**os/las** [dicigótic**os/cas**]

男　hombre (m)　　　　　　　女　mujer (f)

人々　gente (f)　　　　　　　民衆、大衆　masa (f)

老人、年寄り、高齢者　ancian**o/na** (m/f); viej**o/ja** (m/f)

青年、若者　adolescente (mf); joven (m/f)

大人、成人　adult**o/ta** (m/f)　　子供、青年　chic**o/ca** (m/f)

少年・少女　muchach**o/cha** (m/f)　小さな子供　niñ**o/ña** (m/f)

赤ん坊　bebé (m)　　　　　同郷人　paisan**o/na** (m/f)

外国人　extranjer**o/ra** (m/f)　　よそ者　foraster**o/ra** (m/f)

身体障害者　minusválid**o/da** (m/f)　愛国者　patriota (mf)

幼年期、少年〔少女〕時代　niñez (f)　　老齢期、老い　vejez (f)

◆ 年金 ◆

年金　pensión (f)　　　　　年金受給者　pensionista (mf)

年金を受けとる　cobrar la (una) pensión

身分証明書、IDカード　carné (m) de identidad

❖ 例文にかかわる語 ❖

añorar　懐かしく思う、郷愁に駆られる　　despilfarrar　浪費する、無駄づかいする

cotizar　支払う　　　　　　　　　　fortuna (f)　財産

heredar 相続する　　　　　　　　herencia (f) 遺産

heredero/ra (m/f) 相続人　　　pueblo (m) [ciudad (f)] natal 故郷

基本的な言い方

- 私は一人暮らしをしています。

  Vivo solo/la.

- 私は家族といっしょに暮らしています。

  Vivo con mi familia.

- 家族は何人ですか?

  ¿Cuántas personas [Cuántos] son en su familia? / ¿Cuántos son de familia?

- 私たちは4人家族です。

  Somos cuatro en mi familia. / Somos 4 de familia. / Nuestra familia consta de 4 personas.

  ("constar de ..."は「…から成る、構成される」という意味。)

【家族構成】

- 兄弟・姉妹は何人いますか?

  ¿Cuántos hermanos y hermanas tiene?

- 兄が一人と妹が一人います。

  Tengo un hermano mayor y una hermana menor.

- 私は一人っ子です。

  Soy hijo/ja único/ca.

- 私たちは双子です。

  Somos gemelos/las.

- 私に兄弟はいないが、彼らは兄弟のようなものです。

  No tengo hermanos, pero ellos son como si lo fueran.

【家族と生活】　　　　　　　　　　　　　　　　　🎤 F1-003

- 私は祖父母といっしょに暮らしています。

  Vivo con mis abuelos.

- われわれの子供たちはすでに独立しています。

  Nuestros hijos ya se han independizado.

- 私は一人暮らしです。そのほうが楽ですから。

  Vivo solo/la; así me siento cómodo/da.

- 両親は5年前に離婚しました。

  Mis padres se divorciaron hace 5 años.

- 私たちの生活は経済的に苦しいです。

  Llevamos una vida económicamente difícil.

  Vivimos con apuros.

  Pasamos estrecheces.

- 週末は何をしていますか?

  ¿Qué hace los fines de semana?

- 今週の土曜日はアルバイト、日曜日は友だちと会います。

  Este sábado trabajo por horas y el domingo veo a mis amigos.

【年金生活】　　　　　　　　　　　　　　　　　🎤 F1-004

- 私は年金生活者です。

  Vivo de la pensión.

- 年金は2か月に1度支給されます。

  La pensión se paga cada 2 meses a los pensionistas.

- 私たちが老後に年金を受けとるにはそれを支払う義務があります。

  Tenemos la obligación de cotizar a la pensión para obtenerla en la
    vejez.

- 年金暮らしは厳しくなる一方だ。

  Es cada vez más difícil vivir de la pensión.

  Es cada vez más difícil mantenerse con los ingresos de la pensión.

- 金がないとわかると、親戚は私に寄りつかなくなった。

Ya no me visitan mis familiares dándose cuenta de que se me ha acabado el dinero.

（"darse cuenta de ..." は「…に気づく」という意味。）

- 息子は父親の残した財産をあっという間に使い果たした。

El hijo ha despilfarrado en poco tiempo la fortuna que heredó de su padre.

- 金の切れ目が縁の切れ目。

Si se acaba todo el dinero, se quedará sin relaciones.

（この文はわかりやすく表現したものですが、金銭にまつわる似たようなことわざ・格言には次のようなものもあります。どれも利害関係で成り立つ見せかけの友情を表しています。）

- 手もとに金がなければ友人も兄弟もない。

No hay amigo ni hermano, si no hay dinero en la mano.

- 金があるあいだは仲間に事欠かない。

Quien tiene dinero, tiene compañeros.

- お国はどちらですか?

¿De dónde es usted?

¿De dónde es originario/ria?

¿Cuál es su país natal?

¿En qué provincia nació usted?

- 故郷へは年に1度帰ります。

Regreso [Vuelvo] a mi pueblo [ciudad] natal una vez al año.

- 生まれ故郷には老いた両親が住んでいる。

En el pueblo donde nací viven mis padres viejos.

- 私はこの歌を聞くたびに故郷を懐かしく思う。

Cada vez que oigo esta canción, añoro mi pueblo natal.

2 家事（掃除／洗濯／アイロンがけ／針仕事）

関連語

◆ 掃除／片づけ ◆

ごみ　basura (f)	資源ごみ　basura reciclable
ごみを捨てる　tirar la basura	ごみを拾う　recoger la basura
粗大ごみ　basura de tamaño grande	ごみ箱　papelera (f); cubo (m) de basura
収集　recolección (f)	収集する　recolectar

ごみ置き場、ゴミ捨て場　depósito (m) de basura; vertedero (m); basurero (m)

ごみ収集車　camión recolector de basura; camión de la basura

ごみ収集容器　contenedor (m) de basura	塵とり　recogedor (m)
埃　polvo (m)	埃っぽい　polvoriento/ta
しみ、汚れ　mancha (f)	カビ　moho (m)
掃除する、拭く　limpiar	片づける　arreglar
ゴム手袋　guantes (m▶pl) de goma	磨く、擦る、洗う　fregar
雑巾　bayeta (f); trapo (m)	雑巾〔モップ〕で拭く　trapear

モップ　fregona (f); mopa (f); trapeador (m)　　スポンジ　esponja (f)

ブラシ、タワシ　cepillo (m) de fregar [para limpiar]	バケツ　cubo (m)
ほうき　escoba(f)	ほうきで掃く　barrer
はたき　plumero (m)	はたく　sacudir
ワックス　cera (f)	ワックスがけをする　encerar

つや〔光沢〕を出す　lustrar; dar [sacar] brillo　　抗菌の　antibacteriano/na

殺菌、消毒　desinfección (f); esterilización (f)

殺菌〔消毒〕する　desinfectar; esterilizar

◆ 洗濯／アイロンがけ ◆

洗濯物　ropa (f) sucia	洗濯する　lavar la ropa
洗濯ネット　bolsa (f) de red para lavadora	洗剤　detergente (m)
漂白剤　lejía (f)	漂白する　blanquear
柔軟剤　suavizante (m) textil	繊維　fibra (f)
服を干す　tender la ropa	乾かす　secar

ロープ	cuerda (f)	洗濯ばさみ	pinza (f)
アイロンをかける	planchar; pasar la plancha	アイロン	plancha (f)

◆ 針仕事 ◆

針	aguja (f)	糸	hilo (m); hilaza (f)
針に糸を通す	enhebrar	継ぎあて	remiendo (m)
ハサミ	tijeras (f▶pl)	ミシン	máquina (f) de coser
裁縫	costura (f)	縫う	coser
刺繍	bordado (m); bordadura (f)	刺繍する	bordar

❖ 例文にかかわる語 ❖

compactar	ぎっしり詰める	dañar	つける、害を与える、損なう
criarse	発生する、湧く		

基本的な言い方 🎤 F1-007

• 私は毎日自分の部屋を掃除します。

Limpio mi habitación todos los días.

• 私は片づけが苦手です。

Soy nulo/la para arreglar todo. / No sirvo para tener todo en orden.

• ごみを出してきてくれる？ ― 今は手がはなせないよ。

¿Puedes tirar la basura? - Ahora estoy ocupado/da.

【掃除／片づけ】 🎤 F1-008

• この本棚を掃除しておこう。

Voy a limpiar este librero.

• 床がピカピカになるようワックスをかけておくとしよう。

Encero el suelo para sacarle brillo.

• 床が埃っぽいので雑巾がけをしておこう。

El suelo está polvoriento [lleno de polvo]. Lo fregaré con un trapo.

- きみの部屋は臭いので換気する必要がある。

  Hay que airear tu cuarto porque huele mal.

- 浴室のところどころにカビが生えている。

  El cuarto de baño está mohoso en algunas partes.

  Aquí y allá se cría moho en el cuarto de baño.

- 硬いブラシで擦らないでね。

  No frotes [friegues] con un cepillo duro.

- クローゼットがカビ臭い。

  El clóset huele a moho.

- 絨毯に掃除機をかけておこう。

  Voy a pasar la aspiradora por la alfombra.

- 濡れている床にモップをかけておいてください。

  Por favor, pase la mopa por el suelo mojado.

- どの部屋も散らかっている。

  Todas las habitaciones están desordenadas [en desorden].

- 自分の部屋はきちんと片づけておいてよ。

  Arregla bien tu habitación.

- 寝室は整頓されているが、居間はそうではない。

  El dormitorio está bien ordenado, pero la sala, no.

【ごみ】 🎤 F1-009

- 私はごみが落ちていたら拾うようにしています。

  Si hay basura tirada, trato de recogerla.

- ごみは分別しなければならない。

  Hay que separar la basura según su tipo [género; clase].

- この地区のごみの収集日はいつですか?

  ¿Qué días se recoge la basura en este barrio?

- ごみ収集日の時間を教えてください。

  Dígame el horario de recolección de basura.

- 家庭ごみの収集は毎週月曜日と木曜日です。

  La recogida de los residuos domésticos es los lunes y los jueves.

- プラスティック、容器、紙、厚紙などの資源ごみは毎週水曜日です。

  Los miércoles se recoge la basura reciclable como plásticos, envases, papeles y cartones.

- 金属などリサイクル不可能なごみは第四火曜日が収集日です。

  El día de recolección de la basura no reciclable como metales es en el cuarto martes del mes.

- 出したごみが収集されなかった。たぶん出す日をまちがえたのかも。

  No recolectaron* la basura que saqué. Quizá fuera el día incorrecto.

- 気がついたらごみ収集車が行ったあとだった。

  Cuando me di cuenta, ya se había ido el camión de la basura.

【洗濯】

- 洗濯物が溜まってしまった。

  Se me ha acumulado la ropa sucia.

- このセーターを洗濯機に入れないでよね。

  No eches este jersey en la lavadora.

- 白色の服と色物の服をいっしょに洗わないでくれる。

  No laves juntas la ropa blanca con la de colores.

- もう少し洗剤を入れたほうがいいよ。

  Pienso que será mejor echar un poco más de detergente.

- 中にとり入れておいた洗濯物だけど、たたんでくれる？

  ¿No quieres doblar la ropa que acabo de meter?

  （"acabar de ..."は「…したばかりである」という意味。）

【アイロンがけ】

- 全部の服にアイロンをかけるのは骨が折れる。

  Cuesta mucho trabajo planchar toda la ropa.

• 明日までにはこのズボンにアイロンをかけておこう。

Plancharé estos pantalones para mañana.

• 生地を傷めないよう布をかけてアイロンをかけたほうがいい。

Para no dañar el tejido es mejor plancharlo poniendo una tela [un paño] encima.

（"encima de ..."は「…の上に」という意味。指示代名詞aquelはtejidoをさします。）

【針仕事】　　　　　　　　　　　　　　　　　　　🎙 F1-012

• 針に糸を通すのはむずかしい。

Es difícil enhebrar la aguja.

• 手で縫うよりもミシンのほうが早い。

Es más rápido usar la máquina de coser que coser a mano.

• この片方の靴下に継ぎあてをしてくれないか?

¿Quieres poner un remiendo a este calcetín?

• 私はどの色の糸も持っている。

Tengo hilos de todos los colores.

• このハンカチに花模様の刺繍を施した。

Bordé flores sobre este pañuelo.

• 刺繍をするのに糸を選ぶのは楽しい。

Es divertido ir escogiendo las hilazas para bordar.

3 生活必需品／家電製品

関連語

◆ 生活必需品 ◆

水	agua (f) (fría)	湯	agua caliente
ハンドタオル	toalla (f) de manos	バスタオル	toalla de baño
鏡	espejo (m)	石けん	jabón (m)

21

ブラシ　cepillo (m)　　　　　　　歯ブラシ　cepillo de dientes

練り歯磨き　pasta (f) <u>dentífrica</u> [de dientes]　　デンタルフロス　hilo (m) dental

マウスウォッシュ　enjuague (m) bucal　　綿棒　bastoncillo (m) de algodón

爪切り　cortauñas (m, s / pl)　　　トイレットペーパー　papel (m) higiénico

ティッシュペーパー　pañuelo (m) de papel; Kleenex (m)

ヘルスメーター　báscula (f) de baño　　櫛　peine (m)

哺乳瓶　biberón (m)　　　　　　おしゃぶり　chupete (m)

タンポン　tampón (m)　　　　　　おむつ、おしめ　pañal (m)

生理用ナプキン　compresa (f)　　　タオルかけ　toallero (m)

〜〜〜〜〜〜〜〜〜〜〜〜〜〜〜〜〜〜

日焼け止めクリーム　crema (f) de protección solar

オーデコロン　agua (f) de colonia　　デオドラント、脱臭剤　desodorante (m)

芳香剤　aromatizador (m); ambientador (m)

ヘアピン　horquilla (f); pasador (m); pinza (f); alfiler (m)

バレッタ　broche (m) para pelo

ヘアバンド　<u>banda</u> [cinta] (f) para la cabeza

ヘアブラシ　cepillo para <u>cabello</u> [pelo]

ヘアネット　<u>red</u> [redecilla] (f) para cabello

シェービングクリーム　crema de afeitar

アフターシェイブローション　loción (f) para después del afeitado

整髪料　fijador (m); laca (f)

〜〜〜〜〜〜〜〜〜〜〜〜〜〜〜〜〜〜

顔を洗う　lavarse la cara　　　　髪をとかす　peinarse

髪を切る　cortar(se) el pelo　　　髭を剃る　afeitarse

口をゆすぐ　enjuagarse la boca　　うがいをする　hacer gárgaras

入浴する　bañarse　　　　　　　シャワーを浴びる　ducharse

◆ 台所用品／家電製品ほか ◆

トースター　tostadora (f); tostador (m)

電子レンジ　microondas (m, s / pl)　　オーブン　horno (m)

ジューサー　licuadora (f)　　　　炊飯器　arrocera (f)

ミキサー　batidora (f)　　　　　コーヒーミル　molinillo (m) de café

コーヒーメーカー　cafetera (f)

食器洗い器　lavavajillas (m, s/pl); lavaplatos (m, s/pl)

換気扇　extractor (m); ventilador (m)

冷蔵庫　frigorífico (m); refrigerador (m); nevera (f)

掃除機　aspiradora (f)

◇ 掃除機 ◇

フィルタ　filtro (m)　　　　　　コードレスの　inalámbrico/ca

洗濯機　lavadora (f)　　　　　乾燥機　secadora (f) de ropa

アイロン　plancha (f)　　　　　スチームアイロン　plancha de vapor

冷房器具　aire (m) acondicionado　暖房器具　calefactor (m); calentón (m)

蛍光灯　lámpara (f) fluorescente　加湿器　humidificador (m)

空気清浄機　purificador (m) de aire

ヘアアイロン　plancha (f) de cabello; rizadora (m) de cabello; tenacilla (f)

ヘアカーラー　rulo (m); rulero (m)　　ドライヤー　secador (m)

かみそり、シェーバー　máquina [maquinilla] (f) de afeitar; rasuradora (f)

◆ オーディオ関連 ◆

テレビ　televisor (m)　　　　　　ポータブルテレビ　televisor portátil

ステレオ（装置）　aparato [equipo] estereofónico

レコードプレーヤー　tocadiscos (m, s/pl)

ポータブルCDラジカセ　radiocasete (m) portátil con CD

チューナー　sintonizador (m)

DVDプレーヤー　reproductor (m) de DVD portátil

ビデオ　vídeo [video] (m)

ハイファイ機器　equipo (m) de Hi-Fi (alta fidelidad)

◇ 備品／部品 ◇

スイッチ　interruptor (m); enchufe (m)　　　プラグ　clavija (f)

コンセント　tomacorriente (m); toma (f) de corriente

バッテリーに充電する　cargar la batería　　　蓄電池、バッテリー　batería (f)

乾電池　pila (f)　　　　　　　　　プラグ、差し込み　enchufe (m)

アダプター　adaptador (m)　　　　マイク　micrófono (m)

スピーカー　altavoz (m); parlante (m)

イヤホン、ヘッドホン　auriculares (m▶pl)

リモコン　telemando (m); control (m) remoto; mando (m) a distancia

---

❋ 例文にかかわる語 ❋

congelar　冷凍する　　　　　　　descongelar　解凍する

cuchilla (f) de afeitar　かみそりの刃　　　temperatura (f)　温度

基本的な言い方 ▶　　　　　　　　　　🎤 F1-013

・石けんで手を洗いましょう。

Vamos a lavarnos las manos con jabón.

・タオルはどこにしまってあるの?

¿Dónde están guardadas las toallas?

・私は食後に歯を磨きます。

Me limpio los dientes después de comer.

・私は家に帰ったらうがいをします。

Hago gárgaras al regresar a casa.

【身体の手入れ】　　　　　　　　　　🎤 F1-014

・この歯ブラシはかたすぎる。

Este cepillo de dientes es demasiado duro.

・練り歯磨きがもうなくなりました。

Ya se acabó la pasta dentífrica.

- このカミソリはとても安全です。

  Con este rastrillo no hay riesgo de cortarse.

- この爪切りはよく切れません。

  Este cortauñas no corta bien.

- 清潔なタオルが1枚必要です。

  Necesito una toalla limpia.

【台所用品／家電製品】　🎤 F1-015

- このあたりに家電製品を売っている店はありますか?

  ¿Hay alguna tienda por aquí donde se vendan productos eléctricos?

- 炊飯器が壊れた。

  Se descompuso la arrocera.

- このアイロンは使い物にならない。

  Ya no sirve esta plancha.

- 肉を冷凍してあるので、電子レンジで解凍しなくちゃ。

  Está congelada la carne. La descongelaré en el microondas.

- 電池がなくなったので充電する必要があります。

  Hay que cargar la batería porque ya se gastó.

- テレビを新しいのに買い替えましょうよ。

  ¿Por qué no compramos una televisión nueva?

  (“¿Por qué no ...?”「…してはどうですか?」という意味。)

- この冷蔵庫は古いせいか、かなり電気を食います。

  Este frigorífico consume mucha electricidad por ser viejo.

- この冷蔵庫はあまり冷えません。

  Este refrigerador no enfría bien.

- この洗濯機の音はものすごくうるさい。

  Esta lavadora hace un ruido tremendo.

- エアコンの温度調整の方法がわかりません。

  No sé cómo cambiar la temperatura del aire acondicionado.

- エアコンの温度を28度に上げてください。

Suba la temperatura del aire acondicionado a 28 grados.

4 建物（内装／周辺）

関連語

◆ 建物／家／周辺 ◆

住まい、住居　vivienda (f)　　　　耐震建築　arquitectura (f) antisísmica

大邸宅、館、小さな城　mansión (f); palacete (m)

私有地　propiedad (f) privada　　　家　casa (f)

マンション　piso (m)　　　　　　アパート　apartamento (m)

借家　casa alquilada　　　　　　シェアハウス　casa compartida

別荘　chalet [chalé] (m); quinta (f)

老人ホーム　residencia (f) geriátrica; hogar (m) de ancianos

小屋　cabaña (f)　　　　　　　　空き家　casa vacía [abandonada]

電柱　poste (m) de electricidad　　高圧線　cable (m) de alta tensión

屋根　tejado (m); techumbre (f)　　瓦^{かわら}　teja (f)

屋上　azotea (f)　　　　　　　　屋根裏部屋　ático (m)

ソーラーパネル　panel (m) [placa (f)] solar

パラボラアンテナ　antena (f) parabólica

庭　jardín (m)　　　　　　　　中庭　patio (m)

花壇　arriate (m); parterre (m)　　小石を用いた庭園　rocalla (f)

プール　piscina (f); alberca (f)

ガレージ、車庫　garaje (m)　　　地下室　sótano (m)

煙突　chimenea (f)　　　　　　管理人室、守衛室　portería (f)

郵便受け、ポスト　buzón (m)　　非常口　salida (f) de emergencia

非常ベル　timbre de alarma

◆ 室内 ◆

入り口　entrada (f)　　　　　　ドア、扉　puerta (f)

ドアノブ　pomo (m) de puerta　　呼び鈴　timbre (m)

玄関（ホール、ロビー）　zaguán (m); vestíbulo (m); recibidor (m)

インターフォン　interfono (m)

廊下　pasillo (m); corredor (m)　　階段　escalera (f)

部屋　habitación (f); cuarto (m)　　居間、リビング　sala (f) de estar

寝室　dormitorio (m)　　　　　　台所　cocina (f)

◇ 台所 ◇

流し、シンク　fregadero (m); pileta (f)

水切りネット　malla (f) para fregadero de cocina

水切りかご　escurreplatos (m, s / pl); escurridor (m) para platos

排水口ごみ受け　colador (m) de drenaje de fregadero

トイレ　　　servicio (m); retrete (m); baño (m)

浴室　　　cuarto (m) de baño

◇ 浴室／トイレ ◇

浴槽　bañera (f); tina (f)　　　　　シャワー　ducha (f)

ジャクジー　bañera de hidromasaje　　　ビデ　bidé (m)

便器　retrete (m); inodoro (m); escusado (m)

バルコニー　balcón (m)　　　　窓　ventana (f)

ガラス　vidrio (m)　　　　　　柱　columna (f)

壁　pared (f)　　　　　　　　床　suelo (m); piso (m)

天井　cielo (m)　　　　　　　暖炉　chimenea (f); hogar (m)

◇ 観葉植物 ◇

観葉植物　planta de interior　　　鉢　maceta (f); tiesto (m)

◆ 電気 ◆

電気　electricidad (f)　　　　　明かり　luz (f) (eléctrica)

電球　bombilla (f); foco (m)	LED　LED (diodo emisor de luz) (m)
ブレーカー　cortacircuitos (m, s/pl)	電気回路　corriente (f) eléctrica
点滅　parpadeo (m)	点滅する　parpadear

◆ ガス／水道／探知機／消火器 ◆

ガス　gas (m)	ガスコンロ、ガステーブル　estufa (f) de gas
火災探知機　alarma (f) contra incendios	ガス漏れ　escape (m) de gas
消火器　extintor (m)	ガス探知機　detector (m) de gas
水道　agua corriente	蛇口　grifo (m)
栓(ガス、水道)　llave (f)	水道管　tubería (f) de agua

◆ 家賃 ◆

家賃　alquiler (m) (de la vivienda [casa])

借家人　inquilino/na (m/f)

家主、地主　arrendador/dora (m/f); propietario/ria (m/f)

❖ 例文にかかわる語 ❖

afectar	害を与える	resbaladizo/za	滑りやすい
ahorrar	節約する	resbaloso/sa	滑りやすい
apagar	消す	respirar	呼吸する、吸い込む
colocar	置く、配置する	retrasado/da	遅れた
comprobar	確認する	ruido (m)	騒音
escasez (f)	不足	sonar	音が鳴る
humo (m)	煙	suministro (m)	供給
instalar	設置する	suspender	止める
rayos (m▶pl) del sol	日差し	ventilar	換気する、風を入れる

基本的な言い方

- どちらにお住まいですか?―この近くです。

  ¿Dónde vive usted? — Vivo cerca de aquí [aquí cerca].

- 私たちは郊外の一軒家に住んでいる。

  Vivimos en una casa en las afueras de la ciudad.

- 私はシェアハウスに住んでいる。

  Vivo en una casa compartida.

【住まい】

- 私は東京に住んでいます。

  Vivo en Tokio.

- 私は下宿しています。

  Vivo en una pensión.

- 私は家族とマンションに住んでいます。

  Vivo en un piso con mi familia.

- 家賃は月にいくらですか?

  ¿Cuánto paga de alquiler al mes?

- このマンションの家賃は月10万円です。

  El alquiler de este piso es de cien mil yenes al mes.

  ("al mes"は「月に、1か月に」という意味。)

- この建物の非常口はどこですか?

  ¿Dónde está la salida de emergencia en este edificio?

- 私は家賃を滞納している。

  Estoy retrasado en el pago del alquiler de la casa.

【室内／廊下】

- この部屋は風通しがよくない。

  Esta habitación no está bien ventilada.

- 窓からの日差しがかなり強い。

  Los rayos del sol que entran por la ventana son muy fuertes.

- 網戸をとりつけないと家の中に虫が入ってくる。

  Sin ventanas o puertas de tela metálica, se meten los insectos a la casa.

- 室内装飾用に何か観葉植物を置こう。

  Vamos a poner una planta de interior como decoración [para decorar].

- 室内の植物に虫が湧かないよう気をつけなくちゃね。

  Hay que cuidar las plantas en la habitación para que no se llenen de bichos.

- 廊下は天井が低くてそのうえとても暗い。

  El techo del corredor es bajo y además está demasiado oscuro.

- 廊下は滑りやすいので走っちゃだめだよ。

  No corras en el pasillo porque está resbaladizo [resbaloso].

- 廊下で隣の家の物音がたまに聞こえる。

  Rara vez se oye algún ruido del vecino en el pasillo.

【電気／停電】 🎤 F1-019

- 電気を節約しなくてはいけません。

  Hay que ahorrar la electricidad.

- 廊下の電気は消してください。

  Apague la luz del corredor.

- こんな山の中まで電気は通っていません。

  Hasta este lugar montañoso no llega la electricidad.

  En este lugar montañoso no se ha instalado la electricidad.

・停電だ。

<u>Es</u> [Hay] un apagón.

Se cortó la electricidad.

Nos quedamos sin luz.

【水／水不足】　　　　　　　　　　　　　🎤 F1-020

・毎朝、私は花壇の花に水をやります。

Cada mañana riego las flores del parterre.

・長らく雨が降らなかったので断水しています。

Han cortado* el agua por no haber lluvia en mucho tiempo.

Han suspendido* el suministro de agua porque no ha llovido por
　　largo tiempo.

・この辺りは夏になるといつも水不足に悩まされます。

En esta zona siempre falta agua en verano.

Por aquí la gente sufre siempre escasez de agua en verano.

・水を出しっぱなしにしないでよ。

¡No dejes el grifo abierto!

¡No dejes correr el agua!

【ガス／火】　　　　　　　　　　　　　🎤 F1-021

・出かける前にガスが漏れていないかどうか確認しよう。

Antes de salir comprobaremos si hay un escape de gas o no.

・何はともあれガスの栓を閉めてください。

Ante todo cierre la llave del gas.

　　（"ante todo"は「何よりも、まず」という意味。）

・焦げ臭いよ！　ストーブの火を消して!

¡Huele a quemado!　¡Apaga la estufa!

31

- 火炎報知機が鳴っています。

  Está sonando la alarma contra incendios.

- 消火器はどこですか?

  ¿Dónde está colocado [han puesto*] el extintor?

- 煙は吸わないようにしてください。

  Evite respirar el humo.

- 火災の煙は健康に害を与えます。

  El humo de un incendio afecta la salud.

5 苦情／故障

◆ 苦情／故障 ◆ (注)

((注) 車の故障、修理などに関しては、「I. 07.**8**. 車の点検／故障／修理」参照。)

苦情	reclamación (f)	苦情を言う	reclamar
故障	avería (f)	故障する	averiarse; descomponerse
修理	reparación (f); arreglo (m)	修理する	reparar; arreglar
修理費	coste [costo] (m) de reparación	費用がかかる	costar
見積もり	presupuesto (m)	不慮の出来事	contratiempo (m)
原因	causa (f); origen (m)	切れる(電球)	fundirse
雨漏り、水漏れ	gotera(f)	漏れる、垂れる	gotear
排水、排水溝〔管〕	desagüe (m)		

詰まる　taparse; atorarse; estar tapad**o/da** [atorad**o/da**]

流れ(水、空気、風)	corriente (f)	湿気	humedad (f)
凍結した、凍った	congelad**o/da**	反る、たわむ	pandear(se)

途方に暮れた、当惑した　perplej**o/ja**; desconcertad**o/da**

◆ 鍵 ◆

鍵	llave (f)	マスターキー	llave maestra

32

南京錠　candado (m)	複製を作る　duplicar
場合、ケース　caso (m)	解決する　resolver

基本的な言い方 🎤 F1-022

- 何の問題もなければよいのですが。

  ¡Ojalá no haya ningún problema!
- 不慮の出来事が起きました。

  Ha ocurrido un contratiempo.
- この場合どうすればよろしいでしょうか?

  ¿Qué debo de hacer en este caso?／No sé qué hacer en esta
  circunstancia.
- 故障の原因はなんですか?

  ¿Cuál es la causa de la avería?

❖ 例文にかかわる語 ❖

agotarse　消耗する	enceder　明かりが灯る
atascarse　詰まる	funcionar　機能する
atorarse　詰まる	interrumpir　遮断する
avisar　知らせる	parar　止まる、中断する
descarapelar　剥がす	prender　明かりが灯る
descascar　剥がす	proyectar　映し出す

【電気】 🎤 F1-023

- 蛍光灯が点滅しています。

  Está pardadeando la lámpara fluorescente.
- 玄関の明かりがつかない。

  No prende [enciende] la luz del zaguán.
- 電球が切れました。

  Se fundió la bombilla [el foco].

- 昨日からずっと廊下の電気がついたり消えたりしています。

  Desde ayer la luz del pasillo está encendiéndose y apagándose sin parar.

- 玄関の電気がちらちらしています。電球を換えたほうがよさそうです。

  La luz del vestíbulo está parpadeando. Habrá que cambiar el foco.

- ブレーカーが落ちた。

  El cortacircuitos interrumpió la corriente eléctrica.

【水／排水溝】 　　　　　　　　　　　　　　　🎙 F1-024

- 水道管が凍結しています。

  Las tuberías de agua están congeladas.

- 蛇口から水がポタポタ垂れています。

  El grifo [La llave] gotea.

- お湯が出ません。

  No sale el agua caliente.

- 流し台から水がうまく捌けません。

  No se va bien el agua del fregadero.

- 排水溝が詰まっています。

  Está tapado el canal de desagüe.

- 天井から雨もりがしている。

  El techo tiene goteras.

【ガス】 　　　　　　　　　　　　　　　　　　🎙 F1-025

- ガスが漏れているのでは?

  ¿Habrá un escape de gas?

  ¿Se está escapando el gas?

- 台所でガスのにおいがします。

  Huele a gas en la cocina.

  ("oler a ..."は「…のにおいがする」という意味。)

- ガス探知機がガス漏れを知らせています。

El detector de gas está avisando sobre un escape de gas.

【家電製品】　　　　　　　　　　　　　　　　　　　　🎤 F1-026

- テレビが映らなくなった。

El televisor no proyecta la imagen.

En la televisión no aparece la imagen.

- VHSのテープが詰まった。

Se atascó la cinta del casete VHS.

- それを修理するよりも新品を買ったほうがよいかも。

Será mejor comprar otr**o/tr**a nuev**o/v**a que reparar*lo/la*.

> （品物がたとえば「時計 reloj」のように男性名詞であれば、"otro nuevo … repararlo"となり、「カメラ cámara」のように女性名詞であれば、"otra nueva … repararla"となります。）

- エアコンが故障しています。

El aire acondicionado está estropeado.

No funciona el aire acondicionado.

【浴室／トイレ】　　　　　　　　　　　　　　　　　　🎤 F1-027

- 浴槽が詰まっていて水が流れません。

Está tapada la bañera y no se va el agua.

- 便器に何か詰まっています。

Algo está atorado en el inodoro.

- トイレが詰まっていて、水がうまく流れません。

Está tapado el inodoro [retrete] y no corre bien el agua.

【鍵】　　　　　　　　　　　　　　　　　　　　　　　🎤 F1-028

- 家の鍵が見あたらない。

No puedo encontrar la llave de la casa.

- これの合鍵を作りたいのですが。

  Quiero duplicar esta llave.

- これはどの南京錠も開けられるマスターキーだ。

  Esta es la llave maestra que abre todos los candados.

【各種苦情】 🎤 F1-029

- この問題をどう解決すればよいのだろうか？

  ¿Cómo resolveré este problema?

- 夜中に隣家から騒がしい音楽が聞こえてきた。

  A medianoche se oyó música ruidosa de la casa vecina.

- その辺から隙間風が入ってくる。

  Entra por ahí una corriente de aire.

- 壁の一部が剥がれている。

  Una parte de la pared está descarapelada.

- 私たちは災難続きで途方に暮れている。

  Con tantos contratiempos estamos desconcertados [perplejos].

- 居間の扉が湿気で反ってしまいました。

  La puerta de la sala se pandeó con la humedad.

【ホテルなど自宅以外で】 🎤 F1-030

- 別の部屋に変えてもらえませんか？

  ¿Me puede cambiar de habitación?

  （"cambiar de ..."は「…を変える、とり換える」という意味。）

  ¿Podría darme otro cuarto?

- この窓の開け方がわかりません。

  No sé cómo se abre esta ventana.

  No sé cómo abrir la ventana.

- 石けんとタオルがありません。

  No hay jabón ni toallas.

・リモコンの電池がなくなりました。

Ya se agotaron las pilas del mando a distancia.

・こちらのエレベーターは故障しています。

No funciona este elevador.

Está averiado [descompuesto] este elevador.

El ascensor de este lado tiene una avería.

・エレベーターに閉じ込められました。

Me quedé encerrad**o/d**a en el ascensor.

【修理費／見積もり】 $\bigcirc$ F1-031

・修理費はいくらかかりますか?

¿Cuánto costará la reparación?

・修理費の見積もりをお願いします。

Quiero pedirle un presupuesto de reparo.

6 買い物／各種店舗

> 関連語

◆ 買い物 ◆

買う comprar　　　　　　　　売る vender

ネットショッピング compras (f▶pl) en internet

テレビショッピング venta (f) por televisión　オンラインストア tienda (f) online

店員 vendedor/dor**a** (m/f); dependient**e/ta** (m/f)　客 cliente (mf)

商品、製品 producto (m); mercancía (f); artículo (m); géneros (m▶pl)

製造業者、メーカー fabricante (m)　商標、銘柄 marca (f)

説明書、マニュアル manual (m) de instrucciones

バーゲンセール、特売 oferta (f); rebajas (f▶pl)

(在庫一掃)セール　liquidación (f); venta (f) de saldos

チラシ　folleto (m); prospecto (m)

パンフレット　panfleto (m)　　　宣伝、広告　publicidad (f); anuncio (m)

宣伝する　anunciar　　　　　　値段　precio (m)

付加価値税　IVA (impuesto al [sobre el] valor añadido)

値引き　rebaja (f); descuento (m)　値引きする　rebajar; descontar

みやげ　recuerdo (m); souvenir (m)　プレゼント　regalo (m)

中古の　de segunda mano　　　送料　gastos (m▶pl) de envío

買い物かご　cesta (f) de compra　買い物袋　bolsa (f) de compra

カート　carrito (m)

〰〰〰〰〰〰〰〰〰〰〰〰〰

買い物依存症　adicción (f) a las compras; oniomanía (f)

衝動　impulso (m)　　　　　衝動買いする　comprar por impulso

抑えきれない　irrefrenable; incontenible

中毒　adicción (f)　　　　　中毒の　adicto/ta

◆ 支払い／領収書 ◆

レジ　caja (f)　　　　　　　レジ係　cajero/ra (m / f)

支払い　pago (m)　　　　　　支払う　pagar

勘定、請求書　cuenta (f)　　　勘定を払う　pagar la cuenta

内金を払う　hacer un pequeño pago inicial

残金を支払う　pagar el resto　　分割で支払う　pagar a plazos

割り当て額　cuota (f)　　　　現金で　en efectivo; al contado

クレジットカードで　con la tarjeta (f) de crédito

サイン　firma (f)　　　　　　サインする　firmar

領収書、レシート　recibo (m); comprobante (m) de compra(s)

割り勘で　a medias; a escote　　釣り銭　cambio (m)

払いもどす　reembolsar; devolver

◆ 各種店舗 ◆

店　tienda (f)	ショッピングセンター　centro (m) comercial
デパート　almacén (m)	スーパーマーケット　supermercado (m)
アウトレットストア　tienda outlet	駅の売店　quiosco [kiosco] (m)
飲食用の屋台　chiringuito (m)	露店　puesto (m); tenderete (m)

◇ 設備 ◇

エレベーター　ascensor (m); elevador (m)

エスカレーター　escalera (f) mecánica　　　　階段　escalera (f)

非常口　salida (f) de emergencia　　　　案内所　información (f)

非常階段　escalera (f) de emergencia　　　テラス　terraza (f)

市場　mercado (m)	八百屋　verdulería (f)
魚屋　pescadería (f)	肉屋　carnicería (f)
米屋　tienda de arroz	パン屋　panadería (f)
ケーキ屋　pastelería (f)	菓子屋　dulcería (f)
花屋　florería (f)	家電店　tienda de electrodomésticos

コンビニ　mini-súper (m); tienda de 24 horas

洋服店　tienda de ropa	靴屋　zapatería (f)
帽子屋　sombrerería (f)	メガネ屋　óptica (f)
時計屋　relojería (f)	おもちゃ屋　juguetería (f)
文房具店　papelería (f)	本屋　librería (f)
古本屋　librería de segunda mano	リサイクルショップ　tienda de reciclaje
骨董品店　tienda de antigüedades	酒屋　tienda de licores

クリーニング屋　tintorería (f); lavandería (f)　　　ブティック　boutique (f)

化粧品店　tienda de cosméticos; perfumería (f)

宝石店　joyería (f)	家具店　mueblería (f)

薬局、ドラッグストア　farmacia (f); droguería (f)

> （farmaciaでは医師の処方箋にもとづき薬剤師が薬の調剤・販売をするが、drogueríaでは医薬品の他にもサプリメント、ビタミン剤、雑貨なども扱います。）

美容院　salón (m) de belleza [estética]　　　　　床屋、理髪店　peluquería (f)

❖ 例文にかかわる語 ❖

conseguir 得る、獲得する	escoger 選ぶ
cumpleaños (m, s / pl) 誕生日	ofrecer 提供する
elegir 選ぶ	placer (m) 喜び

基本的な言い方 ▶　　　　　　　　　　　　　🎙 F1-032

- 買い物に出かけましょう。

  Vamos a salir de compras.

- ショッピングセンターはどこにありますか?

  ¿Dónde está el centro comercial?

- チラシはどこでもらえますか?

  ¿Dónde puedo conseguir un folleto?

- レジはどこですか?

  ¿Dónde está la caja?

【セール】　　　　　　　　　　　　　　　　　🎙 F1-033

- その店のセールはもう始まっています。

  Ya comenzó la liquidación en esa tienda.

- この店の在庫一掃セールはありますか?

  ¿Hay liquidación total de esta tienda?

- あのデパートで特売を行なっています。

  Hay una venta especial en ese almacén.

  Ese almacén está ofreciendo grandes rebajas.

【買う】　　　　　　　　　　　　　　　　　　🎙 F1-034

- 何かお探しですか? — 今は見ているだけです。

  ¿Qué deseaba? — Estoy <u>viendo</u> [mirando] nada más.

  ("nada más"は「…だけ」という意味。)

- 台所用品はどこに置いてありますか?

  ¿Dónde están los artículos [utensilios] de cocina?

- このショッピングセンターにメガネ屋さんはありますか?

  ¿Hay una óptica en este centro comercial?

- そこの花屋であの人に誕生日の花束を買いたい。

  En esa florería quiero comprar un ramo de flores para su
  cumpleaños.

- この店はすごく混んでいます。

  Esta tienda está muy llena de gente.

- このカメラはどこのメーカーのものですか?

  ¿De qué marca es esta cámara?

- この品物を買うのにネットショッピングを利用しよう。

  Voy a comprar este producto [artículo] en internet.

- この商品は中古品でも販売しています。

  También se vende este artículo de segunda mano.

- 何かその土地のおみやげを買ってきてください。

  Cómpreme algún recuerdo [souvenir] del lugar.

- このパン屋さんは、いつも長い行列ができます。

  Siempre se forma una larga cola en esta panadería.

- このあたりの露店では新鮮な野菜がたくさん売られています。

  En los puestos [tenderetes] de por aquí se venden muchas
  verduras frescas.

【衝動買い／買い物依存症】 🎤 F1-035

- どうしようもなく衝動買いをしたくなる。

  Siento un deseo irrefrenable [incontenible] de comprar.

- 私は買い物依存症だ。

  Tengo adicción [Soy adicto/ta] a las compras.

- テレビショッピングを見ていると、いろいろな物が欲しくなる。

  Viendo las ventas por televisión me dan ganas de comprar varias cosas.

  ("dar a … de ~"は「…が~する気になる」という意味。)

- 私はケーキを見ると買いたい衝動を抑えることができない。

  No soy capaz de controlar mi impulso de comprar los pasteles al verlos.

- 私の喜びは物そのものではなく買うことにある。

  Mi placer reside en el acto de comprar y no en el producto en sí.

  ("residir en ..."は「…にある、…に存在する」という意味。)

【値引き／支払い／返品／払い戻し】　🎤 F1-036

- いくらか値引きしていただけませんか?

  ¿No podría(n) rebajar un poco más?

- 送料は無料ですよね。

  Es gratis el envío, ¿verdad?

- 現金で支払います。

  Voy a pagar en efectivo [al contado].

- クレジットカードで支払います。

  Voy a pagar con la tarjeta de crédito.

- この商品を返品したいのですが。

  Quisiera devolver este producto.

- 払いもどしをお願いします?

  ¿Podrían reembolsarme el dinero?

- 釣り銭がまちがっています。

  Está equivocado el cambio.

- まだお釣りをもらっていません。

  Todavía no me ha entregado el cambio.

7 家具

◆ 家具 ◆

テーブル　mesa (f)	コンソールテーブル　consola (f)
サイドテーブル、小卓　mesita (f)	ナイトテーブル　mesita de noche
ランプ　lámpara (f)	フロアスタンド　lámpara de pie
ランプの笠、シェード　pantalla (f) de lámpara	椅子　silla (f)
肘かけ椅子　butaca (f); sillón (m)	揺り椅子　mecedora (f)
机　escritorio (m); mesa (f)	ソファー　sofá (m)
ベッド　cama (f)	ブラインド　persiana (f)

◇ 寝具／テーブルクロス／カーテン／カーペット ◇

枕　almohada (f)	枕カバー　funda (f)
シーツ　sábana (f)	毛布　cobija (f); manta (f)
ベッドカバー　colcha (f); cubrecama (m)	クッション　cojín (m)
テーブルクロス　mantel (m)	カーテン　cortina (f)
薄手のカーテン　visillo (m)	カーペット、絨毯　alfombra (f)
マット（玄関、浴室）　alfombrilla (f)	マットレス　colchón (m)

クローゼット　clóset (m); armario (m); armario empotrado

整理棚　taquilla (f)　　　　洋服ダンス　cómoda (f); ropero (m)

引き出し　cajón (m)　　　　食器戸棚　aparador (m); alacena (f)

飾り戸棚、ショーケース　vitrina (f)

本棚　estante (m) de libros; estantería (f); librero (m)

写真立て　portarretratos (m, s/pl)

網戸　puerta (f) de tela metálica [alambre]; puerta mosquitera

傘立て　paragüero (m)

大量生産の　fabricado/da [producido/da] en serie

手造りの　hecho/cha a mano

abarrotar　詰め込む、いっぱいにする　　　　rellenar　詰め込む、いっぱいにする

cambiar　変える、交換する　　　　　　　　trocar　変える、交換する

基本的な言い方 ◀　　　　　　　　　　　　　　　　🎙 F1-037

• 手作り家具のお店に行きたいのですが。

Quisiera ir a una tienda de muebles hechos a mano.

• あの百貨店の中にあります。

Está dentro de aquel almacén.

• 枕の売り場は何階ですか?

¿En qué piso se venden las almohadas?

🎙 F1-038

• 雰囲気を変えたいので家具の配置換えをしよう。

Voy a mover de lugar los muebles para cambiar de ambiente.

• テーブルにこのテーブルクロスをかけたい。

Quiero poner este mantel sobre la mesa.

• カーテンは薄手のものがいい。

Será mejor poner un visillo.

Prefiero colgar una cortina fina y delgada.

• クローゼットに服を詰めすぎないようにね。

No rellenes el clóset con ropa.

No abarrotes el armario de vestidos.

• カーペットは夏用のものにかえましょう。

Trocaremos la alfombra por la de verano.

Cambiaremos de alfombra para el verano.

• 古い家具を修理するお店を知っていますか?

¿Conoce alguna tienda para reparar los muebles antiguos?

8 日曜大工

関連語

◆ 工具類 ◆

日曜大工　bricolaje (m); DIY (Hazlo tú mismo.) (m)

工具、道具　herramienta (f)　　　のこぎり　sierra (f)

かんな　garlopa (f): cepillo (m); guillame (m)　　金槌(かなづち)　martillo (m)

のみ　formón (m); escoplo (m); cincel (m)　　へら　espátula (f); paleta (f)

ペンチ、プライヤー　alicates (m▶pl)　　ドライバー、ねじ回し　destornillador (m)

ドリル、穿孔機(せんこうき)　taladro (m); taladradora (f)

ドリルビット　broca (f); barrena (f)　　スパナ、レンチ　llave (f)

延長コード　cable (m) de extensión; alargador (m)

水準器、レベル　nivel (m)　　　万力(まんりき)　tornillo (m) de banco

手押し車　carretilla (f)　　　鋤(すき)　laya (f)

スコップ、ショベル　pala (f); desplantador (m)

鍬(くわ)　azadón (m)　　　梯子(はしご)　escalera (f)

脚立(きゃたつ)　escalera (f) de tijera　　じょうろ　regadera (f)

ホース　manguera (f)　　　チェーンソー　sierra (f) de cadena

芝刈り機　cortacésped (m)

ペンキ　pintura (f)　　　刷毛(はけ)　brocha (f)

塗(ぬ)る　pintar　　　塗りかえる　repintar

釘　clavo (m)　　　ねじ　tornillo (m)

ボルト　perno (m)　　　ナット　tuerca (f)

ワイヤーロープ　cable (m) de acero　　針金　alambre (m)

マスキングテープ　cinta (f) de enmascarar; cinta de carrocero;
　　　　　　　　cinta adhesiva protectora

サンドペーパー　(papel de) lija (f)

aflojarse 緩む

apretar 締める

clavar 打ち込む

floj**o**/**ja** 緩い

guía (f) 案内(書)、手引き

manejar 扱う

robust**o**/**ta** 頑丈な、がっしりした

基本的な言い方 　　　　　　　　　　　　　　　🎤 F1-039

• 大工道具をあれこれ見たいのですが。

Quisiera ver una serie de herramientas de carpintería.

• 日曜大工の経験はありません。

No tengo experiencia en el bricolaje.

• 日曜大工に詳しい人を紹介してください。

Presénteme a alguien que conozca muy bien el bricolaje.

• ガレージのペンキを塗り替えようと思います。

Pienso repintar el garaje.

🎤 F1-040

• 日曜大工の案内を見たければここをクリックしてください。

Haz clic aquí para ver las guías de DIY.

• このノコギリはよく切れません。

No se corta bien con esta sierra.

• かんなを上手に扱う技術は一朝一夕には無理です。

No se puede aprender en un solo día la técnica para manejar la garlopa.

• ドライバーがないとこのネジは外れません。

Sin destornillador no se puede quitar este tornillo.

• どのネジも緩んでいます。

Se han aflojado [Están flojos] todos los tornillos.

- 誰かボルトを締め忘れています。

  Alguien se ha olvidado de apretar bien el perno.

- 釘が出ているので打ち込んでおきます。

  Voy a clavar bien este clavo que está salido.

- 5メートルの延長コードでは足りません。

  No es suficiente con el cable de extensión de 5 metros.

- このホースでは短すぎます。

  Es demasiada corta esta manguera.

- 屋根に上がるのに梯子が必要です。

  Se necesita [Es necesario] una escalera para subir al techo.

- この頑丈な木をチェーンソーで切り倒すことにしよう。

  Cortaremos este árbol robusto con la sierra de cadena.

- ペンキがつかないようその部分にマスキングテープを貼っておこう。

  Apliquemos la cinta de enmascarar para cubrir las áreas que no
  queremos pintar.

9 ファッション／衣類

関連語

◆ ファッション ◆[注]

([注] ファッションなどに携わる人については「I.06.**2**. 職種 ◆関連語◆」参照。)

ファッション	moda (f)	スタイル	estilo (m)
流行している	estar de moda; estar a la moda		
デザイン	diseño (m)	ブーム	boom (m)
最先端の	de vanguardia; de la última moda		
人気	popularidad (f)	人気がある	popular
派手な	llamativo/va; vistoso/sa	洗練された	sofisticado/da
おしゃれな、シックな	elegante; refinado/da; de buen gusto		

おしゃれする　vestirse bien; acicalarse

時代遅れの　pasado/da de moda; anticuado/da; obsoleto/ta

流行遅れになる　pasar de moda　　かわいいもの、素敵なもの　monada (f)

颯爽とした　gallardo/da; airoso/sa

野暮ったい、垢抜けない　poco elegante [refinado/da]; hortera; inelegante

みっともない、格好悪い　fachoso/sa　　風変わりな　estrafalario/ria

似合う　quedar [ir; sentar] bien　　似合わない　no quedar [ir; sentar] bien

高級ブランド　marca (f) de lujo　　シンプルな　sencillo/lla; simple

カジュアルな、気軽な　casual　　ぴったり合う　ajustarse

マッチする、調和する　hacer juego

◆ 服飾 ◆

着る　ponerse　　　　　　　　　脱ぐ　quitarse

生地　tela (f); tejido (m)　　　　服を仕立てる　confeccionar

オーダーメイドの　hecho/cha a la medida　　既製服の　confeccionado/da

試着室　probador (m)　　　　　試着する　probarse

コスプレ　cosplay (m)　　　　　変装〔仮装〕する　disfrazarse

品揃え　surtido (m)　　　　　　マネキン　maniquí (m)

スーツ　terno (m); traje (m)　　　上着　americana (f); saco (m)

ブレザー、ジャケット　blazer (m); chaqueta (f)

スポーツジャケット　chaqueta deportiva　　コート、オーバー　abrigo (m)

皮のジャケット　chaqueta de cuero; chamarra (f)

タキシード　esmoquin [smoking] (m)　　燕尾服　frac (m)

フロックコート　levita (f)　　　　　ウディングドレス　vestido (m) de novia

Yシャツ　camisa (f)　　　　　　Tシャツ　camiseta (f); remera (f)

チョッキ　chaleco (m)　　　　　パーカ　parka (f)

ネクタイ　corbata (f)　　　　　蝶ネクタイ　corbata de moño [lazo]

トレーナー、スウェットシャツ　sudadera (f)　　ウインドブレーカー　cortaviento (m)

セーター　jersey (m); suéter (m)　　Vネックの　con cuello en V

カーディガン　cárdigan (m); chaqueta de punto

ランニングシャツ　camiseta (f) de tirantes; camiseta sin mangas

作業着、つなぎ、オーバーオール　overol (m); mono(m)

ユニフォーム　uniforme (m)　　　マフラー　bufanda (f)

トレンチコート　trinchera (f)　　ジャンパー　cazadora (f); chupa (f)

水着　traje de baño　　　　　　ガウン、部屋着　bata (f)

靴下　calcetines (m▶pl)　　　　ズボン　pantalones (m▶pl)

短パン、ショーツ　pantalones cortos　裾 bajo (m); dobladillo (m)

レオタードタイツ　leotardos (m▶pl); medias (f▶pl) de maya

カフスボタン　gemelos (m▶pl); mancuernillas (f▶pl)

ベルト　cinturón (m)　　　　　手袋　guantes (m▶pl)

指先のない手袋　mitones (m▶pl)　親指だけ分かれた手袋 manoplas (f▶pl)

ショール　chal (m)　　　　　　ハンカチ　pañuelo (m)

スカーフ　pañuelo (m); pañoleta (f)　エプロン　delantal (m)

ドレス　vestido (m)　　　　　　カクテルドレス　vestido de cóctel

イブニングドレス　vestido de noche　マタニティードレス　vestido de maternidad

ブラウス　blusa (f)　　　　　　スカート　falda (f)

膝丈スカート　falda a media pierna　プリーツスカート　falda plisada

フレアスカート　falda acampanada　キュロットスカート　falda pantalón

フリルスカート　falda con volante　ミニスカート　minifalda (f)

ファッション雑誌　revista (f) de moda　衣装デザイン、モデルスケッチ　figurín (m)

伝統　tradición (f)　　　　　　民族衣装　traje (m) étnico [tradicional]

◇ 服のサイズ・仕立て／生地・柄 ◇

サイズ　talla (f); número (m)　　　Sサイズ　talla pequeña

Mサイズ　talla mediana　　　　　Lサイズ　talla grande

LLサイズ　talla extra grande

長袖　manga (f) larga　　　　　半袖　manga corta

長い　largo/ga　　　　　　　　短い　corto/ta

幅広の　ancho/cha　　　　　　細身の　estrecho/cha

厚手の　grueso/sa　　　　　　　薄手の　delgado/da

無地の　liso/sa　　　　　　　　花柄の　con flores

プリント地　estampado/da　　　チェック模様の　de cuadros; a cuadros

縞模様の、ストライプの　con rayas　　水玉模様の　con lunares

リバーシブルの　reversible　　　ひだ、プリーツ　plisado (m)

リンネル　lino (m)　　　　　　　綿　algodón (m)

ナイロン　nylon [nilón] (m)　　絹　seda (f)

ポリエステル　poliéster (m)　　ウール、羊毛　lana (f)

コーデュロイ、コール天　pana (f); corderoy (m)　　革　cuero (m)

◇ 色 ◇

色　color (m)　　　　　　　　　パレット、調色板　paleta (f) de colores

原色　colores primarios　　　　混色　colores mixtos

白色　blanco (m, adj)　　　　　黒色　negro (m, adj)

灰色　gris (m, adj)　　　　　　赤色　rojo (m, adj)

オレンジ色　naranja (m, adj); anaranjado (m, adj)

黄色　amarillo (m, adj)　　　　黄緑色　verde (m) amarillento

緑色　verde (m, adj)　　　　　青色　azul (m, adj)

紺色　azul marino　　　　　　紫色　morado (m, adj)

シアン　cian (m, adj)　　　　マゼンダ、赤紫色　magenta (f, adj)

ベージュ色　beige (m)　　　　茶色　marrón (m, adj)

◆ 寝衣 ◆

寝衣、寝まき　ropa (f) de dormir　　パジャマ　pijama (f)

ネグリジェ　camisón (m)

◆ 下着 ◆

下着　ropa interior　　　　　　アンダーシャツ　camiseta (f)

ヒートテックシャツ　camiseta térmica　　ボクサーパンツ　boxer (m)

ブリーフ、パンツ　calzoncillos [calzones] (m▶pl)

ランジェリー　lencería (f); ropa interior femenina

ブラジャー　sostén (m); sujetador (m); bra (m)

パンティー　bragas (f▶pl); calzones　　パンスト　pantis (m▶pl)

ストッキング　medias (f▶pl)　　　　キャミソール　camisola (f)

スリップ、アンダースカート　enagua (f); fondo (m)

◆ 帽子 ◆

シルクハット　sombrero (m) de copa　　縁なしの帽子　gorro (m)

つば広の帽子　sombrero　　　　つば〔ひさし〕つきの帽子　gorra (f)

野球帽　gorra de béisbol　　　　麦わら帽子　sombrero de paja

ベレー帽　boina (f)

◇ 帽子・服の一部 ◇

ひさし、つば、バイザー　visera (f)　　　（帽子の後ろの）留め具　cierre (m)

ズボン吊り、サスペンダー　tirantes (m▶pl)

チャック、ファスナー　cremallera (f); zíper (m)　　ボタン　botón (m)

ボタンをかける〔外す〕　abotonar(se) [desabotonar(se); desabrochar(se)]

◆ 靴 ◆

靴　zapatos (m▶pl)　　　　　　ブーツ　botas (f▶pl)

ハイヒール　tacones (m▶pl) altos　　ローヒール　tacones bajos

スリッパ　pantuflas (f▶pl); chinelas (f▶pl)　　サンダル　sandalias (f▶pl)

スニーカー　zapatillas (f▶pl) de tenis; zapatillas de deporte;
　　　　　　tenis (m, s/pl)

◇ 靴 ◇

履物をはく　calzarse　　　　　履き物を脱ぐ　descalzarse

かかと　tacón (m)　　　　　　靴底　suela (f)

クリーム　betún (m); crema (f); grasa (f)　　ブラシ　cepillo (m)

◆ 衣類・靴の損傷 ◆

綻びた、解れた　descosido/da; deshilachado/da

綻びる、解れる　descoserse; deshilacharse

破れた　roto/ta; desgarrado/da　　破れる　romperse; desgarrarse

擦り切れた　raído/da; rasgado/da　　すり減る　desgastarse

しみ　mancha (f)　　　　　しみがついた、汚れた　manchado/da

しわ arruga (f)	しわになる arrugarse
大きくなる、伸びる agrandarse	縮む encogerse
穴 hoyo (m)	

🎤 F1-041

基本的な言い方

- 私は流行りの服装に興味がある。

  Me interesa la ropa a la moda.

- 私は流行の服を着るのが好きだ。

  Me gusta vestirme a la moda.

- 私は外出するとき、服装にこだわる。

  Me cuido mucho de la ropa al salir. / Escojo bien mi ropa
    cuando salgo.

- その服はあなたによく似合っています。

  Esa ropa le queda muy bien. / Le sienta muy bien ese traje.

❖ 例文にかかわる語 ❖

exigente 口うるさい	lucir 誇示する
faltar 欠けている、不足している	rozar こする、接触する

【ファッション】

🎤 F1-042

- これが今年流行りの服装だ。

  Esta ropa está a la moda este año.

- 私は今流行りの服装を身につけている。

  Estoy vestido/da a la moda.

- 私は服のデザインに関してはこだわるほうだ。

  Soy muy particular [exigente] en cuanto al diseño del vestido.

  ("en cuanto a ..."は「…に関して」という意味。)

- 私はファッションにはこだわらない。

 No me aferro a la moda.

 ("aferrarse a ..."は「…に執着する」という意味。)

- 私はブランド品にあまり興味はない。

 Casi no me interesan los productos de las marcas de lujo.

- ファッション雑誌にある衣裳デザインをコピーして服を作ってもらうのは好みではない。

 No me gusta [place] que hagan* la ropa copiando los figurines de
 las revistas de moda.

- 季節の変わり目はどの服を選べばよいのか迷ってしまう。

 No sé qué ropa debo escoger al cambiar de estación.

【街角の服装】　　　　　　　　　　　　　　　　　　　　　🎤 F1-043

- 彼は青いコートを着て颯爽と歩いて行く。

 Va gallardamente [airosamente] con su abrigo azul.

- 彼女はいつも着飾っている。

 Ella siempre anda bien vestida.

- おしゃれな服装ですこと!

 ¡Qué buen gusto tiene para vestir!

 ¡Qué monada de vestido!

- あの姉妹はおそろいの服を着ている。

 Aquellas hermanas se visten haciendo juego.

 Hacen juego los vestidos de aquellas hermanas.

- 彼女はパーティーで人目を惹く服を見せたがっている。

 Ella quiere lucir un traje espectacular en la fiesta.

- サラリーマンの大半が暗色のスーツを着ている。

 La mayoría de los asalariados se visten de color oscuro.

【服を選ぶ】　

- エレガントな服が着てみたい。

  Me gustaría vestirme elegantemente [con estilo].

- 今日は給料日なので、おしゃれなジャケットを買いに行こう。

  Como hoy me pagan* el sueldo, voy a comprar una chaqueta elegante.

  Hoy es el día de paga [pago], compraré un blazer de buen gusto.

- 店でちょうどよいサイズの服を見つけるのはむずかしい。

  Es difícil encontrar en las tiendas un traje que me quede bien.

- カタログに載っている服はどれですか?

  ¿Dónde se encuentra el vestido [la ropa] que está en el catálogo?

- ジーンズの品揃えが豊富なのはどの店ですか?

  ¿Cuál tienda tiene un gran surtido de jeans [vaqueros]?

- カジュアルな服を探しています。

  Estoy buscando ropa casual.

- ほかの色や違うデザインの商品はありませんか?

  ¿No hay de otros colores o de diferentes diseños?

- もう少し大きめ〔小さめ〕のものはありますか?

  ¿Tienen algo más grande [pequeño]?

- もう少し厚手〔薄手〕のものが好みなのですが。

  Me gustaría otro más grueso [delgado].

- 試着してもよろしいですか?

  ¿Puedo probarme*lo/la*? [¿Me *lo/la* puedo probar?]

  （品物が男性名詞であればlo、女性名詞であればlaがきます。）

- このジャケットはかなり窮屈だ。

  Esta chaqueta me aprieta mucho.

• 体系が標準でないと、袖の長さに気をつかわなければならない。

Si un**o**/n**a** no tiene una figura estándar, hay que preocuparse de la longitud de las mangas.

（unoまたはunaは、不定代名詞として一般的に「人」を表しますが、暗に「自分自身」のことも含めて用いる場合もあります。）

• Vネックのセーターを探しています。

Estoy buscando un jersey con cuello en V.

• 水玉模様のブラウスを1枚買うつもりです。

Pienso comprar una blusa de lunares.

【ズボン／スカート】　　　　　　　　　　　🎤 F1-045

• このズボンは私の体型にぴったりだ。

Estos pantalones se ajustan bien a mi cuerpo.

• ズボンの裾が地面すれすれだ。

El bajo de los pantalones casi roza con el suelo.

• ズボンを適度な長さに調整してください。

Arregle los pantalones a la longitud adecuada.

• 私はミニスカートよりも膝丈スカートが好みです。

Me gusta más una falda a media pierna que la minifalda.

【スカーフ】　　　　　　　　　　　　　　🎤 F1-046

• スカーフがかわいいです!

¡Qué monada de pañuelo!

¡Qué lindo su pañuelo!

【靴】　　　　　　　　　　　　　　　　🎤 F1-047

• きみの白と紺のスニーカーはかっこいいね!

¡Qué bonitas son tus zapatillas de tenis de color blanco y azul marino!

- ハイヒールは足が疲れます。

  Me cansan los tacones altos.

- 海へは買ったばかりのサンダルで行きたい。

  Quiero ir al mar con las sandalias que acabo de comprar.

【綻び／損傷／汚れ／伸縮】 🎤 F1-048

- ズボンの右側のポケットが綻びてしまった。

  Se ha descosido el bolsillo derecho de mis pantalones.

- このシャツの綻びを縫って欲しいんだ。

  Quiero que remiendes esta camisa donde está descosida.

- 私のズボンのファスナーが壊れた。

  Se rompió la cremallera de mis pantalones.

- ボタンが一つとれている。

  Falta un botón.

- 知らないうちにボタンがひとつなくなっている。

  Se me ha perdido un botón sin darme cuenta.

- 片方の靴が破れてしまった。

  Se me ha roto un zapato.

- 両方の靴底がすり減ってしまった。

  Se han desgastado las suelas de mis zapatos.

- 片方の靴下に穴があいている。

  El calcetín tiene un agujero [unos agujeros].

- 両方の靴下に穴が一つずつあいている。

  Los [Ambos] calcetines tienen un agujero.

- スカートにコーヒーがこぼれた。

  Se me cayó el café en mi falda.

- お気に入りのワイシャツがしわになった。

  Mi camisa favorita está arrugada.

- セーターを洗濯したら縮んでしまった。

Se encogió mi jersey cuando lo lavé.

- このセーターは洗濯しても縮みません。

Este jersey no se encoge al lavarse.

- このTシャツはだんだん伸びてきた。

Esta camiseta se ha agrandado poco a poco.

（"poco a poco"は「少しずつ」という意味。）

10 アクセサリー／携帯品

関連語

◆ アクセサリー ◆

アクセサリー、装身具　bisutería (f); accesorios (m▶pl)

装飾品　adorno (m)　　　　　ネックレス　collar (m)

ペンダント　colgante (m); medallón (m)

ブローチ　prendedor (m); broche (m)

カチューシャ　diadema (f)　　　リボン　cinta (f); banda (f)

ブレスレット　pulsera (f); brazalete (m)　　指輪　anillo (m)

イアリング、ピアス　arete (m); pendiente (m); aro (m); zarcillo (m)

◆ 時計／メガネ ◆

時計　reloj (m)　　　　　　　腕時計　reloj de pulsera

ストップウォッチ　cronómetro (m)　　懐中時計　reloj de bolsillo

メガネ　gafas (f▶pl); lentes (m▶pl)　サングラス　gafas de sol

コンタクトレンズ　lentillas (f▶pl); lentes de contacto

伊達メガネ　gafas falsas　　　遠近両用メガネ　gafas [lentes] bifocales

◇ メガネ ◇

フレーム　montura (f)　　　　　　　レンズ　lente (f)

メガネケース　estuche (m); funda (f) de gafas　度数　graduación (f)

◇ 時計 ◇

文字盤　esfera (f)　　　　　　　　長針　minutero (m)

短針　horario (m)　　　　　　　　秒針　segundero (m)

◆ 鞄／バッグ ◆

書類カバン　maletín (m)　　　　　リュック　mochila (f)

スーツケース　maleta (f)　　　　　ハンドバッグ　bolso (m)

手さげカバン、バッグ　bolsa (f)

◆ 財布 ◆

財布　cartera (f); billetera (f)　　　小銭入れ　monedero (m)

◆ 傘／杖 ◆

日傘、パラソル　parasol (m); quitasol (m)　　レインコート　impermeable (m)

雨傘　paraguas (m▶pl); sombrilla (f)　　杖、ステッキ　bastón (m)

❖ 例文にかかわる語 ❖

ligero/ra　軽い　　　　　　　　　　pesado/da　重い

manejable　実用的な、便利な　　　práctico/ca　実用的な、便利な

基本的な言い方　　　　　　　　　　　　　　🎤 F1-049

・アクセサリー売り場はどこですか?

¿Dónde está la sección de accesorios?

・このエレガントなサングラスはこの先も流行遅れにはならないでしょう。

Estas gafas de sol elegantes no pasarán de moda en el futuro.

・このリュックは軽くてとても便利です。

Esta mochila es ligera y práctica [manejable].

【アクセサリー】　🎤 F1-050

・あなたはどんなアクセサリーもよく似合います。

Te sienta muy bien cualquier accesorio.

・きみの髪の色とカチューシャの色がよく似合っている。

Tu diadema hace juego con el color de tu cabello.

（素材がプラスティックなど硬質なものであればdiadema、布製の柔らかなものであればbandaまたはcintaとも言います。）

・母と私のイアリングはおそろいです。

Los pendientes [aretes] de mi madre y los míos son iguales.

・私はあなたにもらったネックレスをしている。

Llevo el collar que me regalaste.

・私は散歩に出かけるのに髪に新しいブローチをつけた。

Al salir de paseo me puse un broche nuevo para pelo.

【携帯品】　🎤 F1-051

・このメガネに度は入っていない。

Estas son gafas falsas sin graduación.

・これは有名ブランドの腕時計だ。

Este reloj de pulsera es de una marca famosa.

・私はカラフルな傘を買った。

Compré un paraguas de colores vivos.

・きみの誕生日に財布をプレゼントしよう。

Te regalaré una cartera para tu cumpleaños.

11 美容／化粧／整形／タトゥー

◆ 美容／化粧 ◆

肌　piel (f)	肌のタイプ　tipo (m) de piel
手入れ　tratamiento (m)	乾燥した　seco/ca; reseco/ca
脂肪　grasa	脂肪質の　grasoso/sa
張りのある　tenso/sa	くすんだ　apagado/da

輝きのある、艶のある　radiante; lustroso/sa; terso/sa

艶、輝き　lustre (m); tersura (f)	皺　arruga (f)
染み　mancha (f)	弛み、弛緩　flacidez (f)
隈　ojera (f)	潤いを与えること　hidratación (f)
水分を与える、潤いを与える　hidratar	えくぼ　hoyuelo (m)

美　belleza (f); hermosura (f)	美容　embellecimiento (m)

エステティックサロン　salón (m) de belleza [estética]　　エステ　estética (f)

鏡　espejo (m)	化粧台　tocador (m)
化粧　maquillaje (m)	化粧する　maquillarse
化粧水　loción (f)	化粧を落とす　desmaquillarse

化粧品　cosmético (m); producto (m) cosmético; maquillaje (m)

ファウンデーション　base [fondo] de maquillaje　　クリーム　crema (f)

コラーゲン　colágeno (m)	マスカラ　rímel (m)
アイライナー　delineador (m)	アイシャドー　sombra (f) de ojos
口紅　pintalabios (m, s/pl); lápiz (m) labial	頬紅、チーク　colorete (m)
口紅をつける　pintarse los labios	マニキュア　manicura (f)
ペディキュア　pedicura (f)	除光液　quitaesmalte (m)
ネイルポリッシュ、エナメル　esmalte (m) de uñas	香水　perfume (m)
凝った　alambicado/da	キューティクル（髪、爪）　cutícula (f)
スキンケア　cuidado (m) de la piel	成分　ingrediente (m)

全身脱毛　depilación (f) de cuerpo completo

日焼け　quemadura (f) solar　　　　ボトックス注射　inyección (f) de bótox

グルタチオン注射　inyección de glutatión

紫外線　radiación (f) ultravioleta; rayos (m▶pl) UV

太陽光線　rayos del sol

◆ 髪 ◆

ヘアケア、髪の手入れ　cuidado (m) del cabello　　シャンプー　champú (m)

ヘアーコンディショナー、リンス　acondicionador (m); suavizante (m)

トリートメント　tratamiento (m) del cabello [capilar]

枝毛　puntas (f▶pl) abiertas del cabello [pelo]

抜け毛　caída (f) del cabello　　　もつれる　enredarse

もつれを解く　desenredar　　　　乾いた髪　cabello seco [deshidratado]

パサパサした髪　cabello quebradizo　髪がボサボサの　greñudo/da

乱れる　desarreglarse　　　　　補修、手入れ　reparación (f)

ヘアアイロン　plancha de cabello [pelo]　　ヘアネット　redecilla (f)

シャワーキャップ　gorro (m) de ducha　　　ヘアドライヤー　secador (m)

◆ 整形／タトゥー ◆

美容整形　cirugía (f) estética [plástica]　　皺をとる　quitarse las arrugas

タトゥー、刺青（しせい）　tatuaje (m)　　　入れ墨（いれずみ）をする　tatuar

彫（ほ）る　grabar

❖ 例文にかかわる語 ❖

consejo (m)　助言

contener　含む

dañino/na　有害な

dañoso/sa　有害な

efectivo/va　効果的な

eliminar　とり除く

excesivo/va　過度の

exposición (f)　さらすこと

gradualmente　徐々に

imagen (f)　画像、姿

nocivo/va　有害な

perjudicial　有害な

pernicioso/sa　有害な

protector/tora　保護する

reducirse　減少する

sensible　敏感な

- 私は脂肪質の〔乾燥〕肌です。

  Tengo la piel grasosa [seca].

- 私は外出のとき化粧をします。

  Me maquillo cuando salgo de casa.

- いつも潤いのある肌でいたい。

  Quiero tener la piel hidratada todo el tiempo

- 光沢のある滑らかな肌を維持したい。

  Deseo mantener la piel lustrosa y tersa.

- 口紅が濃すぎやしないかしら？

  Temo que me haya pintado demasiado.

【美容／化粧】　　　　　　　　　　　　　　🎤 F1-053

- テレビではその化粧品のコマーシャルを見かけます。

  En la televisión veo anuncios comerciales de ese producto
  cosmético.

- どうすれば張りと艶のある肌になれますか？

  ¿Cómo puedo tener una piel tensa y brillante?

- 私の肌は化粧品には敏感です。

  Mi piel es sensible a los cosméticos.

- 私は質のよい化粧品を選ぶようにしています。

  Procuro escoger cosméticos de buena calidad.

- 私はアトピー体質なのでどのような化粧品を使えばよろしいですか？

  ¿Qué maquillaje debo usar si tengo piel atópica?

- 彼女は長時間鏡とにらめっこをしています。

  Ella pasa la mayor parte del tiempo mirándose al espejo.

- この化粧品はのりが悪いです。

  No me sienta bien este cosmético.

- すっぴんで外出すると変に見られやしないか心配です。

  Temo que la gente me mire raro cuando salgo sin maquillaje.

- 私はどこへ行くにもマスカラ、アイライナー、口紅の入ったケースを携えています。

  Llevo un estuche con rimel, delineador y pintalabios a todos lados.

- あなたは化粧にどれくらい時間がかかりますか?

  ¿Cuánto tiempo tarda en maquillarse?

- 厚化粧は肌によくありません。

  El uso excesivo de maquillaje no es bueno para la piel.

  Maquillarse en exceso puede tener efectos nocivos para la piel.

  ("en exceso"は「度を越して」という意味。)

- 目のまわりの皺と隈が目立つようになってきた。

  Se me notan bastante las ojeras y arrugas alrededor de los ojos.

- マスカラまたはアイライナーの使用は目の炎症や結膜炎を引き起こすこともあります。

  El uso de rímel o delineadores puede producir irritación de los ojos y conjuntivitis.

  (病状については「I. 11 **2**. 症状・病気／治療／身体各部位の名称 ◆関連語◆」参照。)

【肌】 🎤 F1-054

- 熱い湯や長湯は皮膚から分泌する脂肪をとり除いてしまう。

  El agua caliente y los baños prolongados eliminan los aceites naturales de la piel.

- コラーゲンは加齢によって徐々に減少します。

  La producción de colágeno se va reduciendo gradualmente a medida que pasan los años.

  ("a medida que ..."は「…につれて」という意味。)

- 乾いた肌に潤いを与えるのにこのクリームは最適です。

  Para hidratar la piel seca es muy efectiva esta crema.

- これは顔の艶をとり戻すための理想的な製品です。

  Es un producto ideal para restaurar el lustre [la tersura] de la cara.

- 額の皺をとるのに何が効果的か教えてください。

  ¿Qué me recomienda para quitar [eliminar] las arrugas de la frente?

- 顔の染みが気になります。

  Me preocupan las manchas de la cara [del rostro].

- 紫外線から肌を守らなくちゃ。

  Tengo que protegerme de los rayos ultravioletas.

  ("protegerse de ..."は「…から身を守る」という意味。)

- 過度に紫外線に肌をさらすと日焼けを起こしかねません。

  La demasiada exposición a la radiación UV puede causar quemaduras solares.

- 有害な太陽光線から肌を守るためのクリームです。

  Esta es una crema para protegerse de los rayos dañosos [dañinos] del sol.

- 出かける前に日焼け止めクリームを塗っておこう。

  Me pondré la crema de protección solar antes de salir.

【マニキュア／ペディキュア】　　　　　　🎤 F1-055

- マニキュアは私の楽しみです。

  Para mí es un placer hacerme la manicura.

  Disfruto pintándome las uñas.

- あの女性のペディキュアは凝っている。

  La pedicura de aquella mujer es alambicada.

- 爪のキューティクルを傷つけないためのマニュキュアはありますか？

  ¿Qué tratamiento de manicura hay para no dañar las cutículas de las uñas?

【髪／髪の手入れ】　　　　　　🎤 F1-056

- 髪型をこのモデルのようにしてください。

  Deseo que me haga(n) el corte de cabello como esta modelo.

• 髪を茶色に染めたいのですが。

Quiero que me pinte(n) el pelo de color <u>marrón</u> [castaño].

• 私は寝癖^{ねぐせ}がつかないように夜はヘアネットをかぶって寝ます。

Me duermo con la redecilla para cabello para que no se me desarregle durante la noche.

• 私はめったにヘアアイロンは使いません。

Raras veces utilizo la plancha de cabelllo.

• 少し髪をとかしたほうがいいよ。ボサボサだよ。

Es mejor peinarte un poco. Estás greñud**o/d**a.

• 私は枝毛があります。

Mi pelo tiene las puntas abiertas.

• パサパサした髪のお手入れとして何かよい方法を知りませんか?

¿No tiene algún buen consejo para cuidar el pelo quebradizo?

• 髪を洗いたくないときはシャワーキャップを使うといいよ。

Es útil ponerte el gorro de ducha si no quieres lavarte el pelo.

• 私はドライヤーを使わず髪の毛を乾かします。

Me seco el pelo sin usar el secador.

• 私は自然に髪を乾かします。

Dejo que mi pelo se seque de manera natural.

（"de manera ..."は「…な方法で、…な形で」という意味。）

• 私は洗髪したあと髪の栄養となるヘアーコンディショナーを使っています。

Utilizo un acondicionador nutritivo para pelo después del lavado.

• 毎年この時期になると髪が抜けます。

Todos los años en este período se me cae el pelo.

• 抜け毛を防ぐよい方法を教えてください。

¿Cuál es la mejor manera para evitar la caída del cabello?

• 私は髪の指通りをよくするためにこのリンスを使っている。

Yo uso este acondicionador para que no se me enrede el pelo.

- 私は髪の手入れおよび表面の艶出しにヘアーコンディショナーを使っている。

Utilizo un acondicionador para reparar y dar brillo al cabello.

- ヘアーコンディショナーには潤いを与える成分が含まれています。

Los acondicionadores contienen ingredientes para la hidratación.

- タトゥーは今ではより一般的になってきた。

Ponerse tatuajes se ha convertido en una práctica más común actualmente.

- 浮世絵にある絵の一つを背中に彫ってもらいたい。

Quiero que me grabe en la espalda una de las imágenes del Ukiyoe: las del mundo flotante.

- タトゥーを入れて後悔はしていません。

No me arrepiento de haberme hecho un tatuaje.

("arrepentirse de ..."は「…を後悔する」という意味。)

- タトゥーを除去したい。

Quiero quitarme [eliminar] este tatuaje.

12 ダイエット

関連語

◆ ダイエット ◆

ダイエット、食餌療法（しょくじりょうほう）　dieta (f); regimen (m) alimenticio

ダイエットをしている　estar a dieta　　　ダイエット食品　alimento (m) dietético

低カロリー食品　alimento hipocalórico [de bajas calorías]

食事量を減らす　disminuir la cantidad de la comida

肥満　obesidad (f)　　　　　　　　　　　体重が増える　aumentar de peso

体重を減らす　disminuir [reducir] de peso; bajar de peso

痩せた　delgado/da; flaco/ca　　　痩せる　adelgazar; enflaquecer (se)

太った　gordo/da　　　　　　　　太る　engordar; subir de peso

運動をする　hacer ejercicio　　　　効果的な　eficaz

　　　　　　　　　　　　　🎤 F1-058

・私はダイエットを始めました。

　Empecé a hacer dieta.

・どのようなダイエット方法がありますか?

　¿Qué clase de dietas hay?

・より効果的なダイエット方法を教えてください。

　Enséñeme la manera de hacer una dieta más eficaz.

　　　　　　　　　　　　　　　　　　🎤 F1-059

・なにかダイエットをして体重を減らしたいです。

　Quiero disminuir [reducir] de peso con alguna dieta.

・体重を減らすのに毎朝運動をしています。

　Cada mañana hago ejercicio para reducir de peso.

・過激なダイエットはしないほうがいいです。

　Es mejor evitar una dieta excesiva.

・3週間で2キロ体重を落としました。

　He reducido [He perdido] 2 kilos de peso en 3 semanas.

・近頃体重が60キロに増えました。

　Aumenté de peso a 60 kilos.

・低カロリー食品を摂取するようにしています。

　Trato de tomar alimentos hipocalóricos.

・この食事はカロリーが高いです。

　Esta comida tiene muchas calorías.

　Esta comida es alta en calorías.

- 魚料理はダイエットには最適の栄養食材です。

  El pescado es un alimento nutritivo y apropiado [propicio] para la dieta.

- もう少し痩せないと好きな服が着られないよ。

  Si no adelgazas un poco, no puedes ponerte tu vestido preferido.

- 少しウエストを細くしたいんだけど。

  Quisiera tener la cintura un poco más delgada.

13 結婚／離婚

関連語

◆ 結婚／離婚／同性婚 ◆

結婚　casamiento (m); matrimonio (m)　　結婚式　boda (f)

結婚指輪　anillo (m) nupcial [de boda]

…と結婚する　casarse con ... ; contraer matrimonio con ...

花婿　novio (m)　　　　　　　　　　花嫁　novia (f)

仲人　intermediario/ria (m/f)　　ウエディングドレス　vestido (m) de novia

花束、ブーケ　ramo (m) de flores; bouquet [buqué] (m)

結婚披露宴　banquete (m) de boda　　記念写真　foto (f) de recuerdo

結婚記念日　aniversario (m) de boda

離婚　divorcio (m)　　　　　　　　…と離婚する　divorciarse de ...

同性婚　matrimonio entre personas del mismo sexo; matrimonio homosexual

---

❖ 例文にかかわる語 ❖

cumplir　…歳になる　　　　　　　obtener　得る

interesar　興味を起こさせる

基本的な言い方 ◀　　　　　　　　　　　🎤 F1-060

- 私は秋に結婚する予定です。

  Pienso casarme en otoño.

- 誰と結婚するの？

  ¿Con quién te casas?

- 離婚は考えていません。

  No voy a divorciarme.

【結婚】　　　　　　　　　　　　　　　　🎤 F1-061

- まだ結婚する相手はいません。

  Todavía no he encontrado a nadie con quién casarme.

- 30歳になる前に結婚したいです。

  Quiero contraer matrimonio antes de cumplir 30 años.

- 彼らの結婚記念日を祝ってあげましょうよ。

  ¿Por qué no celebramos el aniversario de boda de ellos?

- きみたちの結婚式はいつなんだい？

  ¿Cuándo es [será] vuestra boda?

- どこで結婚式を挙げるのだろうか？

  ¿Dónde será la boda?

- すぐにウエディングドレスと結婚式場を選ぶべきだよ。

  Debes elegir pronto el vestido de novia y el lugar de la boda.

- みんなで記念写真を撮りましょうよ。

  ¿Por qué no sacamos unas fotos de recuerdo de todos?

- 花嫁の投げるブーケを誰が受けとるのか興味深い。

  Me interesa saber quién recibirá el bouquet que tira [tire] la novia.

- 彼らは20年以上夫婦として暮らしている。

  Ellos han llevado vida matrimonial por más de 20 años.

- （あの人は）結婚して幸せだったのだろうか？

¿Habrá sido feliz en su matrimonio?

【離婚】 🎤 F1-062

- 離婚するにはかなりのエネルギーが必要だ。

Se necesita mucha energía para divorciarse.

- 彼らは離婚したがっている。

Ellos desean obtener el divorcio.

【同性婚】 🎤 F1-063

- この国では同性婚は認められていない。

En este país no se permite el matrimonio entre personas del mismo sexo.

- 彼らは両親に同性婚を認めてもらうことができた。

Ellos lograron que sus padres aceptaran su matrimonio homosexual.

02 食生活⟨注⟩

(⟨注⟩前半の例文に出てくる単語は、同章後方の「◆関連語◆」に記載されていることも
あります。)

1 食品

関連語

◆ 食材／調味料 ◆

大麦　cebada (f)	小麦　trigo (m)
小麦粉　harina (f) de trigo	そば粉　harina de alforfón
米　arroz (m)	パン　pan (m)
麺　fideos (m▸pl); tallarines (m▸pl)	
パスタ　pasta (f)	乳製品　(productos) lácteos (m▸pl)
バター　mantequilla (f)	チーズ　queso (m)
マーガリン　margarina (f)	卵　huevo (m)

◇ 卵料理 ◇

卵焼き　tortilla (f) francesa	目玉焼き　huevo estrellado [frito]
ゆで卵　huevo cocido	半熟卵　huevo tibio
スクランブルエッグ　huevo revuelto	黄身、卵黄　yema (f)
白身、卵白　clara (f)	

調味料　condimento (m)	油、脂肪　grasa (f); aceite (m)
塩　sal (f)	砂糖　azúcar (m)(f)
ソース　salsa (f)	醤油　salsa de soja
オリーブオイル　aceite (m) de oliva	唐辛子　pimiento (m); chile (m)
みりん　sake (m) dulce (como condimento)	
胡椒　pimienta (f)	ショウガ　jengibre (m)
マスタード　mostaza (f)	シナモン　canela (f)
ガーリック、ニンニク　ajo (m)	ケチャップ　kétchup [cátsup] (m)
酢　vinagre (m)	ドレッシング　aliño (m); aderezo (m)

マヨネーズ mayonesa (f) バニラ vainilla (f)

◆ 野菜／フルーツ／種実類 ◆

野菜 verdura (f); legumbre (f) スイカ sandía (f)

キャベツ col (f) 赤キャベツ、紫キャベツ lombarda (f)

ブロッコリー brócoli (m) ピーマン pimiento (m)

ニンジン zanahoria (f) 大根 nabo (m)

ハツカダイコン、ラディッシュ rábano (m) トマト tomate (m)

ジャガイモ patata (f); papa (f) レンコン rizoma [raíz] (f) de loto

レタス lechuga (f) ナス berenjena (f)

玉ネギ cebolla (f) ネギ puerro (m); cebolleta (f)

カボチャ calabaza (f) ズッキーニ calabacín (m)

トウモロコシ maíz (m); elote (m) ほうれん草 espinaca (f)

キュウリ pepino (m) カリフラワー coliflor (f)

エジプト豆、ひよこ豆 garbanzo (m) レンズ豆 lenteja (f)

インゲン豆 judía (f) そら豆 haba (f)

えんどう豆 guisante (m) パセリ perejil (m)

ごぼう bardana (f); lampazo (m) セロリ apio (m)

果物 fruta (f) ミカン mandarina (f)

オレンジ naranja (f) グレープフルーツ toronja (f)

リンゴ manzana (f) バナナ plátano (m)

桃 melocotón (m) ブドウ uva (f)

キューイ kiwi (m) パイナップル piña (f)

メロン melón (m) サクランボ cereza (f)

レモン limón (m) 柿 caqui (m)

梨 pera (f) ブルーベリー arándano (m)

イチジク higo (m) アンズ albaricoque (m)

ピーナッツ、落花生 cacahuate (m) 栗 castaña (f)

アーモンド almendra (f) クルミ nuez (f)

ヘゼルナッツ　avellana (f) | ピスタチオ　<u>pistache</u> [pistacho] (m)

◆ 菌類 ◆

キノコ　hongo (m); seta (f) | 食用キノコ　seta comestible
マッシュルーム　champiñón (m) | トリュフ　trufa (f)

◆ 肉類 ◆

肉　carne (f) | 肉料理　plato (m) de carne
牛肉　carne de vaca | 豚肉　carne de <u>cerdo</u> [puerco]
鶏肉　carne de pollo | 鴨肉　carne de pato
チョリソ　chorizo (m) | ソーセージ　embutido (m); salchicha (f)
ベーコン　tocino (m) | フォアグラ　<u>fuagrás</u> [foie gras] (m)

◆ 魚介類 ◆ (注)

((注) 魚の種類は「I.09.**1**. 動物・生き物 ◆関連語◆」参照)

魚料理　plato de pescado [con mariscos]

シーフード　mariscos (m▶pl) | 魚　pescado (m); pez (m)
（食用の魚はpescadoといい、海や川で泳いでいる魚をpezと言います。）

冷凍の魚　pescado congelado | キャビア　caviar (m)
青魚　pescado (m) <u>azul</u> [graso] | 白身魚　pescado blanco
赤身魚　pescado rojo

◇ 調理法 ◇

鉄板焼きで　a la plancha | オーブン焼きで　al horno
網焼きで　a la parrilla | 生魚　pescado crudo
刺身　sashimi (m); pescado crudo en lonchas

◇ 目方／数量 ◇

グラム　gramo (m) | キログラム　kilo (m)
重さをはかる　pesar | 数をかぞえる　contar
センチメートル　centímetro (m) | ダース　docena (f)
一片、一部　trozo (m) | 一切れ、1枚　rebanada (f)
スライス　loncha (f) | 房　racimo (m)

◆ 軽食ほか ◆

軽食　tentempié (m); refrigerio (m)

ジャンクフード　comida (f) basura [chatarra]

サンドイッチ　bocadillo [sandwich] (m)　　ホットケーキ　panqueque (m)

ハンバーガー　hamburguesa (f)　　　　　トースト　tostada (f)

ホットドッグ　(panecillo de) perrito (m) caliente

ワッフル　waffle (m)　　　　　　　　チューロ　churro (m)

クレープ　crepe [crep] (m)　　　　　エンパナーダ、パイ　empanada (f)

ホットチョコレート（飲み物）　chocolate (m)　　　　ピザ　pizza (f)

フライドポテト　patata [papa] (f) frita　　コロッケ　croqueta (f)

◇ 食器類／調理器具 ◇

容器　recipiente (m)	食器一式　vajilla (f)
一人分の食器セット　cubiertos (m▶pl)	大皿　fuente (f)
皿　plato (m)	小皿　platillo (m)
どんぶり　cuenco (m)	碗、椀　taza (f); tazón (m)
スプーン　cuchara (f)	フォーク　tenedor (m)
ナイフ、包丁　cuchillo (m)	箸　palillos (m▶pl)
コップ　vaso (m)	（脚つきの）グラス　copa (f)
コーヒー〔ティー〕カップ　taza de café [té]	取っ手　asa (f)
コースター　posavasos (m, s/pl)	ストロー　paja (f); pajilla (f); popote (m)
トレー　bandeja (f); charola (f)	楊枝　palillo de dientes
水差し　jarra (f)	ナプキン　servilleta (f)

鍋　olla (f); cazuela (f); cacerola (f)	
ボール　cuenco (m); bol (m)	蒸し器　vaporera (f)
圧力鍋　olla a presión	フライパン　sartén (m)
フライ返し　paleta (f)	鍋のふた　tapa (f); tapadera (f)
ティーポット、急須　tetera (f)	泡立て器　batidor (m)
おろし金　rallador (m)	缶切り　abrelatas (m, s/pl)
栓抜き　abrebotellas (m, s/pl)	おたま　cazo (m); cucharón (m)
あくとり用網じゃくし　espumadora (f)	まな板　tabla (f) de cortar

マッシャー、裏ごし器　pasapurés (m, s/pl)　　塩入れ　salero (m)

鍋つかみ　agarrador (m); <u>agarraolla [agarra ollas]</u> (f)

調理用へら　espátula (f)　　　　コルク抜き　sacacorchos (m, s/pl)

胡椒入れ　pimentero (m)　　　　水切りバスケット　secaplatos (m▶pl)

❖ 例文にかかわる語 ❖

apetecer　気持ちをそそる	estimular　増進する
beber　飲む、食べる	propiedades (f▶pl)　特性、特質、属性
comer　食べる	salud (f)　健康
conservar　保存する	saludable　健康によい
consumir　摂取する、飲食する	tomar　飲む

基本的な言い方　　　　🎤 F1-064

- 食事にしよう。

  Vamos a comer. / Ya comeremos, ¿no?

- 私はできるだけ野菜を摂るようにしています。

  <u>Procuro</u> [Trato de] comer verduras todo lo posible.

  （"todo lo posible"は「できる限り」という意味。）

- 魚〔肉〕が食べたいです。

  Me apetece comer <u>pescado</u> [carne].

- 魚よりも肉が好きです。

  Prefiero la carne al pescado.

  （"preferir ... a ～"は「～よりも…を好む」という意味。）

- いつも食後に果物を食べます。

  Siempre como fruta después de comer.

- このコーヒーセットはかわいいです。

  Es <u>bonito</u> [lindo] este juego de café.

- 健康に一番よい魚の調理法はなんですか?

¿Cuál es la forma más saludable de preparar el pescado?

- 私はオリーブオイルを使ったスペイン料理が好きです。

Me gusta la comida española hecha con aceite de oliva.

- 私はいつもニンジンとピーマンを食べずに残します。

Siempre dejo en el plato las zanahorias y el pimiento sin comer.

- おいしいシーフードが食べたいです。

Quiero comer un plato de ricos mariscos.

- 魚の塩焼きが食べたい。

Quiero comer pescado a la parrilla con sal.

- 家で簡単に作れる肉料理をいくつか知っています。

Sé algunas recetas de carne muy fáciles de hacer en casa.

- この料理には鶏肉、牛肉、豚肉が含まれています。

Este plato tiene carne de pollo, de ternera y de cerdo.

- 豚のロースをオーブン焼きにしたジューシーなのが大好物です。

Me encanta el lomo al horno muy jugoso.

- ローストチキンは私の大好物の一つです。

El pollo asado es uno de mis platos favoritos.

- ステーキの焼き具合はレアがいいです。

Prefiero el filete poco hecho [asado].

- ステーキの焼き具合は、ミディアム〔ウエルダン〕でお願いします。

Prefiero el bistec medio hecho [bien hecho].

- ソーセージはカロリーが高い。

Las salchichas tienen altas calorías.

- タベルナやタスカは、酒類、つまみ、食事を出してくれるところだ。

En la taberna y la tasca se sirven bebidas alcohólicas, tapas y
   comidas.

- 鮭はマグロと同じく健康によいという特徴があります。

El salmón es un pescado con propiedades saludables al igual que el atún.

("al igual que"は「…と同じく」という意味。)

- 子供たちはよくジャンクフードを食べます。

Los niños comen [consumen] frecuentemente la comida chatarra.

- ジャンクフードには塩、砂糖、調味料がたくさん入っていて食欲をそそります。

La comida basura estimula el apetito porque contiene sal, azúcar y muchos condimentos.

【発酵食品】　　　　　　　　　　　　🎤 F1-066

- 発酵食品は健康によいです。

Los alimentos fermentados son buenos para la salud.

- 発酵食品は長期間保存が効きます。

Los alimentos fermentados pueden conservarse durante períodos largos de tiempo.

【食器】　　　　　　　　　　　　🎤 F1-067

- 私は新しい食器セットを買った。

Compré un juego nuevo de cubiertos.

- 両方に取っ手のついた容器があれば便利です。

Es conveniente tener un recipiente con asas.

- ここにある飲みかけのコップの水は誰のですか?

¿Quién dejó el agua de este vaso a medio beber.

("a medio …"は「…しかけの」という意味。)

関連語

◆ 食欲 ◆

味　sabor (m)	空腹　hambre (f)
食欲　apetito (m)	食欲をそそる　apetitoso/sa
ガツガツ食べる　devorar	飲み込む　tragar
しゃぶる、なめる　chupar	味見する　degustar; probar
軽食、おやつ　merienda (f)	おやつを食べる　merendar

◆ 味／食感 ◆

おいしい、美味な　bueno/na; rico/ca; sabroso/sa	まろやかな　suave
味が薄い、味がない　insípido/da; soso/sa; insulso/sa	味が濃い　fuerte
塩辛い　salado/da	ピリッと辛い　picante; picoso/sa
どろりとした　espeso/sa	甘い　dulce; azucarado/da
脂っこい　grasoso/sa	あっさりした　ligero/ra
酸っぱい　ácido/da; agrio/ria	甘酸(あまず)っぱい　agridulce
パリパリした　crujiente	苦い　amargo/ga
新鮮な　fresco/ca	妙な　raro/ra
温かい、熱い　caliente	冷める　enfriarse
ぬるい　tibio/bia	冷たい　frío/a
味つけする　aliñar; condimentar	塩と胡椒で味つけする　salpimentar
生(なま)の　crudo/da	

❖ 例文にかかわる語 ❖

recomendar　勧(すす)める

基本的な言い方 🎤 F1-068

• とてもおいしい。

Está muy rico/ca [riquísimo/ma].

• この味はひどい。

El sabor es terrible.

• この料理はまずい。

Este plato es poco apetitoso.

• 味つけが絶妙です。

El sabor es exquisito [magnífico; excelente].

【食欲】 🎤 F1-069

• まだお腹がすいていない。

Todavía no tengo hambre.

• ほとんど食欲がない。

Casi no tengo apetito.

Casi no tengo ganas de comer.

　（"tener ganas de ..."は「…したい気分である」という意味。）

• お腹が一杯だ。

Tengo el estómago lleno.

• とてもお腹が空いている。

Tengo mucha hambre.

Me da mucha hambre.

• 私は少食だ。

No como mucho.

Como poco.

- 1時間前に食べ終えたばかりだ。

  Acabé de comer hace una hora.

  Apenas hace una hora que comí.

  （apenasは「ほとんど…ない」という否定的な意味を表す副詞。時間の経過を表す"hace ... que ～"は「～してから…経つ」という意味。）

【味／食感】　　　　　　　　　　　　　　　　　　　🎤 F1-070

- あっさりしたものが食べたいんですけど。

  Me gustaría comer algo ligero.

  （動詞gustar［好む］の過去未来形gustaríaは婉曲表現。）

- 脂っこくない料理がいいです。

  Prefiero la comida poco grasosa.

  Desearía comer la comida sin grasa.

  （動詞desear［望む］の過去未来形desearíaは婉曲表現。）

- これは食が進む。

  Esta comida es apetitosa.

  Me abre el apetito esta comida.

- この料理を友だちに勧めてみよう。

  Recomendaré este plato a mis amigos.

- スープの味が足りない。

  La sopa es sosa.

  A la sopa le falta sabor [algo de sabor].

- このスープはまろやかな味がする。

  Esta sopa tiene un sabor suave.

- このスープは味が濃い。

  Esta sopa tiene un sabor fuerte.

- スープがぬるくなった。

  La sopa se puso tibia.

  La sopa se ha enfriado un poco.

- この料理は少し塩辛い。

  El plato está un poco salado.

- サラダは酸っぱい。

  La ensalada tiene un sabor ácido.

- このサラダのドレッシングはかなり酸っぱい。

  El aliño [aderezo] de esta ensalada está demasiado ácido.

- 味が少し甘いのでは?

  ¿El sabor no está un poco dulce?

- 苦味があるようです。

  Parece que tiene un sabor amargo.

- おおむねメキシコ料理は辛い。

  En general el plato mexicano es picoso [picante].

- 酢とオリーブ油が少し足りない。

  Falta un poco de vinagre y aceite de oliva.

- あと20分ほど煮たほうがよいでしょう。

  Será mejor seguir cocinándolo unos 20 minutos más.

  (現在分詞cocinandoにつく代名詞lo[それ]は食材ですが、その煮物が女性名詞をさす場合はloが laにcocinándolaとなります。)

- この煮込み料理はよい具合に塩と胡椒で味つけされている。

  Este guisado está muy bien salpimentado.

- この肉料理は脂っこい。

  Este guisado de carne es grasoso.

- 魚は脂が乗っていて、とてもおいしい。

  El pescado está en sazón y sabe muy rico.

  ("en sazón"は「熟した」という意味。)

- フライドポテトはバリバリしている。

  Las patatas fritas están crujientes.

- 肉が少し固い。

  El filete está un poco duro.

- おいしくて食べすぎてしまった。

Estaba tan rica la comida que comí [he comido] demasiado.

- このオレンジは酸っぱい!

¡Qué ácida está esta naranja!

- カモミールはすごく胃によい。

El té de camomila es muy bueno para el estómago.

3 家庭内の料理

関連語

◆ 料理(法)ほか ◆

料理(法)	cocina (f); gastronomía (f)	料理する、調理する	cocinar; guisar
レパートリー	repertorio (m)	レシピ	receta (f)
料理は得意である	ser bueno/na para cocinar		
料理は苦手である	ser nulo/la para cocinar		
菜食主義者	vegetariano/na	完全菜食主義者	vegano/na

煮る	cocer; guisar	とろ火で煮る、煮込む	estofar
焼く	asar	焼いた	asado/da
茹でる	hervir	蒸す	cocer al vapor
炒める	freír	炒めた、フライにした	frito/ta
トーストする	tostar	オーブンで焼く	hornear
きつね色に焼く	dorar	きつね色に焼いた	dorado/da
温める	calentar	冷やす	enfriar
凍らせる	congelar	燻製にする	ahumar
切る	cortar	みじん切りにする	picar
皮をむく	pelar	すりつぶす	triturar; moler
すりおろす	rallar	かき混ぜる、泡立てる	batir
強火で	a fuego fuerte [vivo]	とろ火で	a fuego lento

水を切る、漉す　colar

水を切る　escurrir

溶かす　derretir

砕く、すりつぶす　moler

混ぜ合わせる　mezclar

かき混ぜる、混ぜあわす　revolver

灰汁(スープ)　espuma (f)

灰汁をとる　espumar

有機野菜　verdura (f) orgánica

栄養情報　información (f) nutricional

食品表示ラベル〔シール〕　etiqueta (f); etiquetado (m)

炭水化物　carbohidrato (m)

食品添加物　aditivo (m) alimentario

グルテン　gluten (m)

消費期限　fecha (f) de caducidad

賞味期限　fecha de consumo preferente

缶詰　conserva (f); lata (f)

冷凍食品　comida (f) congelada

宅配サービス　servicio (m) de reparto; servicio a domicilio

❖ 例文にかかわる語 ❖

almorzar　昼食[軽食]をとる

cena (f)　夕食

almuerzo (m)　昼食[軽食]

cenar　夕食をとる

ampliar　増やす、拡大する

desayunar　朝食をとる

antojársele...　急に…が欲しくなる、したくなる

desayuno (m)　朝食

基本的な言い方

• 私は料理がとても上手です。

Yo cocino muy bien.

• 私は料理が苦手です。

No soy buen/buena cocinero/ra.

• 私は料理はさっぱりだめです。

No sé cocinar nada. / Soy nulo/la para cocinar. / No sirvo para cocinar.

- 料理をしたことがない。

  En mi vida he cocinado. / Nunca he cocinado.

  ("en mi vida"は「決して～ない」という意味。これが動詞の前に置かれると、nuncaと同じようにnoは不要ですが、動詞の後にくると動詞の前にnoを置きます。[例] No he cocinado en mi vida.)

- 私は魚を使った調理法をいくつか学びたい。

  Quiero aprender algunas recetas de pescado.

- この本は料理のレパートリーを広げるのにもってこいだ。

  Es muy bueno [adecuado; ideal] este libro para ampliar el repertorio de recetas.

- パエーリャのレシピをもらえますか?

  ¿Quiere darme la receta para hacer la paella?

- 冷凍食品に頼りきるのは健康によくない。

  No es bueno para la salud utilizar [usar] siempre la comida congelada.

  Por razones de salud no es recomendable depender siempre de la comida congelada.

  ("depender de …"は「…に頼る」という意味。)

- この料理はとろ火で煮るとさらにおいしいです。

  Será más rico este plato guisado a fuego lento.

- その缶詰の賞味期限はいつですか?

  ¿Cuál es la fecha de caducidad de esa conserva?

- ピザの宅配をお願いしましょうか?

  ¿Pedimos el servicio de reparto de pizza?

- 寿司の宅配を利用しよう。

  Usaremos el servicio de reparto [a domicilio] de Sushi.

3-1 朝

・朝食にしよう。

Vamos a desayunar.

・朝食は何にしようか?

¿Qué desayunamos? / ¿Qué hay para el desayuno?

・朝食は卵焼き〔目玉焼き〕とパンとコーヒーにしよう。

Desayuno una tortilla francesa [un huevo estrellado] con pan y un café.

・朝食にはチューロとホットチョコレートがいい。

Se me antojan unos churros y chocolate para mi desayuno.

・私の朝食はシリアルとヨーグルトとオレンジです。

Mi desayuno es cereal, yogur y una naranja.

・朝食はバターを塗ったトーストとコーヒーにしよう。

Desayuno un pan tostado [una tostada] con mantequilla y café.

・私はいつも朝飯は抜きだ。

Normalmente no desayuno.

3-2 昼

・昼食は何にしようか?

¿Qué comeremos?

・昼食はどこで食べようか?

¿Dónde comeremos?

- 昼食の準備はまだですか?

  ¿Todavía no está lista [preparada] la comida?

- 昼食は何時ですか?

  ¿A qué hora es el almuerzo?

- 昼食はハンバーグで十分だ。

  Para mí es suficiente una hamburguesa para el almuerzo.

- パエーリャが食べたい。

  Quiero comer paella.

- 間食に何か食べたい。

  Quiero comer [tomar] algo entre comidas.

- 間食にみんなでケーキでもどうですか?

  ¿Por qué no tomamos un pastel entre comidas?

3-3 晚

基本的な言い方

- どこで夕食をとりましょうか?

  ¿Dónde cenaremos?

- 夕食はステーキがいいです。

  Se me antoja un filete de ternera para la cena.

- 昨日夕食に魚を食べました。

  Ayer comí pescado en la cena.

- 今日の夕飯は友達と外で済ませる予定です。

  Esta noche cenaré fuera con mis amigos.

- 夕食は何時から何時までですか?

  ¿Desde qué hora hasta qué hora se sirve la cena?

• 夕飯の時間が待ち遠しい。

Espero con impaciencia la hora de la cena.

("con impaciencia"は「もどかしげに」という意味。)

• 何か軽いものが食べたい。

Quiero comer algo ligero.

• 夕食までには帰ってきてちょうだいね。

Regresa antes de la cena, por favor.

4 外食（レストラン／カフェテリア）

関連語

◆ 各種料理 ◆

和食 comida (f) japonesa	中華料理 comida china
インド料理 comida india	ベトナム料理 comida vietnamita
スペイン料理 comida española	イタリア料理 comida italiana
フランス料理 comida francesa	レストラン restaurante (m)

郷土料理 comida (f) típica regional [local]

ファミリーレストラン restaurante familiar

ハンバーガーショップ hamburguesería (f)　　カフェテリア cafetería (f)

居酒屋 taberna (f); tasca (f); bodegón (m)　　バル bar (m)

（スペインのバルはカウンター席の場合が多く、酒の肴をつまみながらワインやビールを楽しめる大衆的な飲食店ですが、朝からコーヒーを飲んだり、昼にはランチも食べられたりするところです。）

タパ tapa (m)　　　　　　　　ピンチョ pincho (m)

（タパは酒のつまみ、酒の肴のことで種類は豊富です。ピンチョは串に差したものです。）

◆ 予約 ◆

外食する comer fuera	美食家、グルメ gastrónomo/ma (m/f)
予約する reservar; hacer una reservación	予約 reservación (f)
テーブル、席 mesa (f)	給仕 camarero/ra (m/f)

食事マナー　etiqueta (f) de mesa　　　　給仕する、供する　servir

注文、注文の品　pedido (m)　　　　注文する　hacer el pedido; pedir

禁煙席　asiento (m) para no fumadores; mesa de no fumar

ゆったりとした　espacioso/sa　　　　居心地のよい　cómodo/da

◆ メニュー ◆

メニュー　menú (m); carta (f)　　　　定食　menú del día

コース料理　cubierto (m)　　　　好み　gusto (m); agrado (m)

前菜、オードブル　entrada (f); entrante (m); entremeses (m▶pl)

盛合わせ　plato (m) combinado

◆ 菓子／デザート ◆

デザート　postre (m)　　　　食後に　después de comer

菓子　dulce (m)　　　　菓子パン　pan dulce

ケーキ　pastel (m); torta (f)　　　　パイ　tarta (f); volován (m)

　　（pastel, tortaを「ケーキ」、tartaを「パイ」と訳しましたが、どれも種類が豊富にあり、また国によっ
　　ては呼び名が異なります。なお、volovánは小さめのパイのことです。）

チーズケーキ　pastel de queso　　　　プリン　flan (m)

ビスケット　galleta (f)　　　　ゼリー　gelatina (f)

チョコレート　chocolate (m)　　　　ドーナツ　rosquilla (f)

キャラメル、飴　caramelo (m)　　　　カステラ、スポンジケーキ　bizcocho (m)

マドレーヌ　magdalena (f)　　　　シュークリーム　petisú [petit choux] (m)

アイスクリーム　helado (m); nieve (f)　ヨーグルト　yogur (m)

ソフトクリーム　cucurucho [cono] (m) de helado

◇ 酵母 ◇

発酵食品　alimentos (m▶pl) fermentados

酵母　levadura (f); fermento (m)　　　　乳酸菌　lactobacteria (f)

◆ 飲み物 ◆

飲み物　bebida (f)　　　　アルコール飲料　bebida alcohólica

コーヒー　café (m)　　　　ブラックコーヒー　café solo

ミルク入りコーヒー、カフェオレ　café con leche　　牛乳、ミルク　leche (f)

カフェイン抜きのコーヒー　café descafeinado　ウィンナーコーヒー　café vienés (m)

ハーブティー　infusión (f)　　　　カモミール　manzanilla (f); camomila (f)

オレンジジュース　zumo [jugo] (m) de naranja　リンゴ酒　sidra (f)

炭酸水　agua (f) gaseosa; gaseosa (f)　　　　ジンジャーエール　jinger ale (m)

赤〔白、ロゼ〕ワイン　vino (m) tinto [blanco; rosado]　　紅茶　té (m)

ビール　cerveza (f); caña (f)
> （cervezaは普通に言うビールのことで、cañaはコップ1杯分の生ビールをさします。）

ブランデー、コニャック　brandy (m); coñac (m)　　ウイスキー　whisky (m)

シャンパン　champán (m)　　　　サングリア　sangría (f)

シェリー酒　jérez (m)　　　　ジン　ginebra (f)

◆ 支払い ◆ (注)

(注)「支払い」については「I.01.**6**.買い物／各種店舗　◆関連語◆　★支払い／領収書★」参照)

❖ 例文にかかわる語 ❖

brindar	乾杯する	limitar	制限する
brindis (m)	乾杯	sed (f)	のどの渇き
hacer un brindis	乾杯する	sobras (f▶pl)	残り物、食べ残し

基本的な言い方

🎤 F1-079

- 今日は外食にしましょう!

  ¡Hoy comemos fuera! / ¿Por qué no comemos en algún restaurante?

- どういうレストランがお好みですか?

  ¿Qué tipo de restaurante prefiere?

- 何が食べたいですか?

  ¿Qué quiere comer? / ¿Qué clase de plato prefiere?

- 私はグルメではない。

  No soy un/una gastrónomo/ma.

【食事処】

（ところ）

🎤 F1-080

- インド料理の店に行きませんか?

  ¿No quiere ir a un restaurante de comida india?

- 郷土料理の店はありますか?

  ¿Hay alguna tienda donde sirvan* la comida típica regional?

- 私たちは郷土料理を味わえる店を探しています。

  Estamos buscando un restaurante que ofrezca la comida
   típicamente local.

- ファミリーレストランでもよろしいですか?

  ¿Qué le(s) parece algún restaurante familiar?

- あのレストランは食事がおいしいのでいつも混んでいる。

  Aquel restaurante siempre está lleno porque la comida es muy
   sabrosa.

  Como la comida de aquel restaurante es riquísima, siempre entra
   mucha gente.

- 居酒屋でみんなが私たちを待っています。

  Nos esperan todos en la taberna.

【外食】

🎤 F1-081

- 外で食事したいです。

  Quiero [tengo ganas de] comer fuera.

- 一緒に食事をしませんか?

  ¿No quiere ir a comer conmigo?

  ¿Que tal comer junt**os/ta**s?

- 外食はしないことにしています。

  Me abstengo de comer fuera.

  ("abstenerse de …"は「…を控える、断つ」という意味。)

- 肉料理を食べられる店はこの近くにありますか?

  ¿Hay algún restaurante [comedor] por aquí cerca donde se sirva
   pescado?

90

- このレストランのコース料理は思ったほど高くない。

  El precio de cubierto de este restaurante no es tan caro como se supone.

- 食事があなたのお口にあえばよいのですが。

  Espero que la comida sea de su gusto [agrado].

- 食事マナーは守らなければいけません。

  Hay que seguir [observar] las reglas de etiqueta de mesa.

4-1 予約する／席を選ぶ

基本的な言い方

Q F1-082

- 二人分の予約をしたいのですが。

  Quisiera reservar para dos personas.

- 広くてゆったりくつろげる席をお願いします。

  Me gustaría un asiento espacioso y cómodo.

Q F1-083

- そのレストランの予約はしましたか？

  ¿Ha reservado lugar en ese restaurante?

  ¿Ha hecho una reservación en ese restaurante?

- 予約はしていませんが席は空いていますか？

  No he hecho reserva todavía, pero ¿habrá lugar?

- 先日予約したリカルドというものですが。

  Soy Ricardo; hice [he hecho] una reservación el otro día.

- 禁煙席はありますか？

  ¿Hay mesas de no fumar?

  ¿Hay un lugar [una sección] donde se prohíbe fumar?

- 窓側の席が空いていればお願いします。

  Prefiero una mesa junto a la ventana si está desocupada.

- テーブルを片づけてください。

  ¿Puede limpiar la mesa?

- テーブルをかわってもよろしいですか?

  ¿Puedo cambiar de mesa?

4-2 食事の注文

基本的な言い方

- 注文したいのですが。

  Quiero hacer el pedido, por favor. / Ya quiero pedir, por favor.

- メニューを持ってきてください。

  ¿Puede traerme el menú? / Tráigame la carta, por favor.

- 英語か日本語で書かれたメニューはありますか?

  ¿Tienen un menú en inglés o en japonés?

【食事を選ぶ/注文】
🔊 F1-085

- どの料理がおすすめですか?

  ¿Qué plato recomienda(n)?

- 今日の定食は何ですか?

  ¿Cuá es el plato [menú] del día.

- 盛り合わせは何ですか?

  ¿Qué hay en el plato combinado?

- これはどういう料理ですか?

  ¿Qué es este plato?

  ¿Qué clase de comida es?

【注文したあと】
🔊 F1-086

- できれば注文を変えたいのですが。

  Si es posible, quiero cambiar de pedido.

- まだ料理が来ませんけど。

  Todavía no me ha servido.

- 2皿目がまだ来ませんけど。

  Todavía no viene el segundo plato.

- 注文したものと違うんですけど。

  No es lo mismo que he pedido.

  No he pedido esto.

  Este no es mi pedido.

- 小さいお皿を1枚、フォークを1本ください。

  ¿Me da un plato y un tenedor, por favor?

- 塩〔胡椒〕をとってください。

  Páseme la sal [pimienta], por favor.

- パンをもう一つお願いします。

  ¿Puede traerme otro pan?

- 残り物は持ち帰れますか?

  ¿Puedo llevárme las sobras [lo que sobró]?

4-3 デザート

基本的な言い方　　　　　　　　　　　　　　　　　　🎤 F1-087

- デザートは何がありますか?

  ¿Qué tienen [hay] de postre?

- タルト、ケーキ、アイスクリームなどがあります。

  Tenemos [Hay] tarta, pastel, helado, etc.

    (etc.はetcetera〔…など、等々〕の略。)

- デザートは果物をお願いします。

  ¿Puede traerme alguna fruta para el postre?

- この店特製のデザートはありますか？

  ¿Hay algún postre especial de su tienda?

- デザートはコーヒーといっしょにお願いします。

  Tráigame el postre con el café, por favor.

- 果物のデザートには何がありますか？

  De postre, ¿qué clase de frutas tiene(n) [hay]?

- バナナ、オレンジ、桃などがあります。

  Podemos ofrecerle plátano, naranja, melocotón, etc.

- デザートはアイスクリームにします。

  Para el postre quiero un helado.

  Quiero (el) helado de postre.

  （デザートにただアイスクリームが食べたい場合は無冠詞ですが、複数あるデザートの中から見定めたもの選ぶときは定冠詞をつけます。）

- 私は甘いものには目がない。

  Me gustan mucho los dulces.

- ここにある甘いものを見ると涎が出そうだ。

  Se me hace agua la boca solo de ver estos dulces.

- 太らないようにデザートは控えています。

  Me abstengo del postre para no engordar.

4-4 飲み物

基本的な言い方

- 喉が渇いた。

  Tengo sed.

- 水を一杯ください。

  ¿Me da un vaso de agua, por favor?

- お飲み物は何にいたしましょうか?

  ¿Qué quiere(n) de beber?

🎙 F1-090

- 何を飲みましょうか?

  ¿Qué bebida tomaremos?

- ミネラルウォーターが飲みたい。

  Quiero tomar agua mineral.

- 炭酸水が飲みたい。

  Tengo ganas de tomar agua con gas [una gaseosa].

- 私は冷たい〔温かい〕飲み物がいい。

  Quiero tomar una bebida fría [caliente].

- カフェイン抜きのコーヒーをお願いします。

  Café descafeinado, por favor.

- 紅茶よりもコーヒーがいい。

  Prefiero el café al té.

- 紅茶は食後にお願いします。

  ¿Puede traerme el té después de comer?

- ホットチョコレートとチューロをお願いします。

  Chocolate con churros, por favor.

- 味のいいワインが飲みたい

  Quiero tomar un buen vino.

- どのワインがおすすめですか?

  ¿Qué vino recomienda?

- ワインのリストはありますか?

  ¿Hay una lista de vinos?

- 上質のワインを持ってきてください。

  Tráigame un vino de buena calidad.

- この料理に合うワインをお願いします。

  Tráigame un vino que vaya bien con esta comida.

- この種の飲み物の消費は最小限に抑えておくべきです。

  Debemos limitar al mínimo el consumo de esta clase de bebida.

  ("al mínimo"は「最小限に」という意味。)

4-5 支払い

基本的な言い方

🎤 F1-091

- お勘定をお願いします。

  Tráigame la cuenta, por favor. / La cuenta, por favor.

- カードで支払いたいのですが。

  Quiero pagar con tarjeta de crédito.

🎤 F1-092

- お支払いはあちらのレジでお願いします。

  Por favor, pague en la caja de allá.

- 私に全額支払わせてください。

  Déjeme pagar todo.

- みんなの分も私が払います。

  Voy a pagar por todos.

- 割り勘にしましょうよ。

  Pagaremos cada uno lo suyo, ¿no?

  ¿Por qué no pagamos a medias [a escote]?

- 勘定は別々にお願いします。

  Cuentas separadas, por favor.

- 勘定がまちがっていますけど。

  Hay un error en la cuenta.

1　趣味・娯楽⁽注⁾

(⁽注⁾趣味の対象となる語については、各ジャンルの「◆関連語◆」を参照。)

関連語

◆ 趣味・娯楽 ◆

趣味　hobby (m); afición (f)　　　　娯楽　entretenimiento (m); diversión (f)

気晴らし　recreo (m); recreación (f); distracción (f); diversión (f)

余暇　ocio (m); tiempo (m) libre　　　遊び　juego (m)

遊ぶ　jugar　　　　　　　　　　　休日　día de descanso

…を楽しむ、気晴らしする　recrearse con …; divertirse con …; disfrutar de …;
　　　　　　　　　　　　distraerse con …

…に夢中になる　entusiasmarse por [con] …; enfrascarse en …

…に夢中である　estar entusiasmado/da por …; estar enfrascado/da en …

夢中にさせる　entusiasmar　　　　興味を抱かせる　interesar

…に興味を持った　interesado/da en [por] …　　興味　interés (m)

関心を向けさせる　atraer　　　　　…が好きな、…に凝った　aficionado/da a …

興味深い、おもしろい　interesante　　楽しい、おもしろい　divertido/da

基本的な言い方

🎤 F1-093

• 趣味はなんですか?

　¿Cuál es su hobby? / ¿Qué aficiones tiene? / ¿A qué es
　aficionado/da?

• 私は旅行が趣味です。

　Soy aficionado/da a viajar. / Mi afición es viajar.

• 特に趣味はありません。

　No tengo ningún hobby en particular. / No tengo aficiones
　determinadas.

- 私は趣味が広い。

  Tengo <u>muchos hobbies</u> [varias aficiones].

- 私の趣味は山登りだ。

  Mi <u>hobby</u> [afición] es el <u>alpinismo</u>.

- ガーデニングに興味がある。

  Me interesa la jardinería.

  Estoy interesad**o/d**a en la jardinería.

- きみの趣味は私と同じだ。

  Tu hobby es el mismo que el mío.

  Tienes la misma afición que yo.

- 今は水彩画よりも油絵を描くのに夢中だ。

  Me entusiasmo más por pintar al óleo que a la acuarela.

- 今どきの若者たちの娯楽はなんですか?

  ¿Qué <u>entretenimiento</u> [diversión] les atrae a los adolescentes de hoy?

- ユーチュブでいろいろなテーマのビデオを見ることです。

  Les atrae ver vídeos de Youtube sobre diferentes temas.

- 私には趣味がないので何か役立つ習い事をしようと思います。

  Pienso aprender algo útil como no tengo hobby.

- 暇なときは何をしているのですか?

  ¿Qué hace cuando tiene tiempo libre?

2 旅行／キャンプ／ツーリング／山登り

関連語

◆ 旅行／アウトドア／登山／バードウオッチング ◆

旅行	viaje (m)	旅行に出かける	<u>ir</u> [salir] de viaje
観光	turismo (m)	ツアー、周遊	gira (f)

観光旅行　viaje de turismo　　　　団体旅行　viaje en grupo

バックパッキング　viaje mochilero; backpacking (m)

歩きまわる、巡る　recorrer　　　　バックパッカー　mochilero/ra (m/f)

バックパッキングに出かける　ir de mochilero　　ハイキング、遠足　excursión (f)

ハイキングに行く　ir de excursión

バイク〔自転車〕でツーリングをする　pasear [recorrer] en moto [bicicleta]

サイクリング　cicloturismo (m)　　　　サイクリング愛好者　cicloturista (mf)

自転車パニアバック　alforjas (f▶pl)　　　リュック　bolso (m); mochila (f)

ドライブ　paseo (m) en coche　　　ドライブに出かける　salir de paseo en coche

アウトドア(の)、野外で　al aire libre　　テント　tienda (f) de campaña

キャンプ　campin (m); campamento (m); acampada (f)

キャンプする　acampar(se)

山登り、登山　alpinismo (m); montañismo (m)

登山家　alpinista (mf); montañero/ra (m/f)

ロッククライミング　escalada (f) en roca [de paredes]

アルプス登山　alpinismo (m); ascensión a altas montañas

山歩き、ハイキング、トレッキング　senderismo (m); excursionismo (m)

バードウオッチング　observación (f) de aves

バードウオッチャー　observador/dora (m/f) de aves　　巡礼　peregrinación (f)

◆ 写真 ◆

写真　fotografía [foto] (f)　　　　写真を撮る　sacar fotos

ビデオ撮影する　grabar en vídeo

◆ 狩り／釣り ◆

狩猟　caza (f)　　　　　　　　　狩りをする　cazar

猟銃　escopeta (f)　　　　　　　釣り　pesca (f) (con caña)

釣りをする　pescar　　　　　　　海釣り　pesca en el mar

◇ 釣り ◇

釣り道具　equipo (m) de pesca　　　釣り竿、ロッド　caña (f) de pescar

釣り糸　hilo (m) de pesca　　　　　リール　carrete (m) de pesca

釣り針　anzuelo (m)	浮き　flotador (m)
錘（おもり）　plomo (m)	餌（えさ）　cebo (m)
網、たも　salabre (m)	

◆ 観光地 ◆

観光案内所　oficina (f) de turismo	観光パンフレット　folleto (m) turístico
地図帳　atlas (m, s/pl)	地図　mapa (m)
市街地図　plano (m) de la ciudad	街の中心　centro (m) de la ciudad
バスの路線図　plano de las líneas de autobús	
ホテル　hotel (m)	規模の小さいホテル　hostal (m)
簡易旅館　fonda (f)	避暑　veraneo (m)
避暑に行く　veranear	温泉　aguas (f▶pl) termales
温泉地　balneario (m)	城　castillo (m)
城壁　muralla (f)	遺跡　ruinas (f▶pl); vestigios (m▶pl)
宮殿　palacio (m)	文化遺産　patrimonio (m) cultural
世界遺産　Patrimonio de la Humanidad; Patrimonio Mundial	

遊覧船　barco (m) de recreo	ボート　bote (m)
モーターボート　lancha (f) motora	カヌー　canoa (f)
ヨット、帆船　yate (m), velero (m)	

夏〔冬〕休み　vacaciones de verano [invierno]　　休暇　vacación (f)

❖ 例文にかかわる語 ❖

ascender　上る、上がる	pulverizar　噴霧する
jadear　息を切らす、あえぐ	repelente (m) de insectos　虫除け、防虫剤
linterna (f)　懐中電灯	resollar　息を切らす、あえぐ
pulverizador (m)　噴霧器（ふんむき）、スプレー	rutina (f)　いつもの行動

基本的な言い方

🎤 F1-095

• 余暇を有効に利用しましょう。

Vamos a usar de manera provechosa nuestro tiempo libre.

• 市内をめぐるツアーはありますか?

¿Hay alguna gira para recorrer la ciudad?

• 私たちは夏休みに山へキャンプに出かけます。

Durante las vacaciones de verano vamos a acampar en las montañas.

• 私たちは山へ遠足に行きます。

Iremos de excursión a la montaña.

🎤 F1-096

• 7月には私たちはキャンプに出かけるか避暑に出かけます。

En julio salimos de veraneo o de campin [acampada].

• 私は高い山に登ると息が切れます。

Al ascender a las montañas altas jadeo [resollo] bastante.

• 自然を写真に撮るのはとても楽しい。

Es muy divertido sacar fotos de la naturaleza.

• 母親は子供たち用に虫除けスプレーを使います。

La madre pulveriza un repelente de insectos a sus hijos.

• 自転車でのツーリングは気晴らしの一つです。

El cicloturismo es un medio de recreación.

• 自転車パニアバックを準備する必要があります。

Se necesitan unas alforjas para la bicicleta.

• 新しいマウンテンバイクで1時間も走らないうちに故障した。

Aún no había corrido ni una hora en mi bicicleta nueva de montaña cuando se averió.

　("aún ... cuando ～"は「まだ…なのに、もう～だ」という意味。)

- 仕事が終わったら温泉に行きましょうよ。

Vamos a algún balneario después de acabar el trabajo.

- 遊覧船に乗ろうよ。

¿Por qué no subimos en el barco de recreo?

3 運動／トレーニング／エアロビクス

関連語

◆ 運動／トレーニング ◆

運動　ejercicio (m)	運動する　hacer ejercicio
散歩　paseo (m); caminata (f)	散歩する　pasear; dar un paseo
トレーニング、練習　entrenamiento (m); práctica (f)	
トレーニングをする　entrenarse; practicar	
トレーナー　entrenador/dora (m / f)	温めること　calentamiento (m)
ウォーミングアップをする　calentar los músculos	伸ばすこと　estiramiento (m)
ストレッチング　ejercicio (m) de estiramiento	ストレッチをする　estirarse
鍛える　fortalecer; tonificar	…を柔軟にする　dar flexibilidad a …
ジョギング　footing [jogging] (m)	ジョギングをする　hacer footing
エアロビクス　aeróbic [aerobic] (m); ejercicio (m) aeróbico	
頭の体操　gimnasia (f) mental	腹筋　abdominales (m▶pl)
腹筋運動　ejercicio abdominal	肉体的な　físico/ca

基本的な言い方

🎤 F1-097

- 練習の前にウォーミングアップをしましょう。

Antes del entrenamiento, calentaremos los músculos.

- 毎日運動をしていますか?

¿Hace ejercicio todos los días?

- 痩せるためにエアロビクスをしています。

Hago aeróbic para adelgazar.

- 毎朝ジョギングをしています。

Cada mañana hago footing.

🎤 F1-098

- 運動は脳の活性化につながります。

El ejercicio ayuda a mantener el cerebro en acción.

- 腹筋運動をしないとお腹が出てきます。

Se echa barriga si no se fortalecen los abdominales.

- 私はスポーツジムで身体を鍛えることにしました。

Decidí fortificar mi cuerpo haciendo ejercicio en el gimnasio.

- 3か月前からストレッチングを続けています。

Desde hace 3 meses estoy haciendo ejercicios de estiramiento.

- 寝る前に背中と首を伸ばす運動をするのが私の決まりです。

Es mi rutina estirar la espalda y el cuello antes de dormir.

- 全身を伸ばすと身体が軽く感じます。

Al estirar todo el cuerpo me siento ligero/ra.

- 音楽に合わせてエアロビクスをすると気持ちがいい。

Es agradable hacer ejercicio aeróbico al son de la música.

("al son de ..."は「…の音に合わせて」という意味。)

- エアロビクスは健康状態の改善に役に立つ。

El aerobic sirve para mejorar el estado de salud.

関連語

◆ 読書／作家 ◆[注]

([注] 作家については「I.06.**2**. 職種 ◆関連語◆」参照。)

読書	lectura (f)	読む	leer
物語	historia (f); cuento (m); relato (m)	作品	obra (f); pieza (f)
本	libro (m)	雑誌	revista (f)
新聞	periódico (m)	電子書籍	libro electrónico
小説	novela (f)	短編小説	cuento (m); novela corta
SF小説	novela de ciencia ficción	恋愛小説	novela romántica
推理小説	novela policíaca [policiaca]	歴史小説	novela histórica
演劇、芝居	teatro (m)	エッセイ、随筆	ensayo (m)
詩	poesía (f); poema (m)	批評	crítica (f)
記事	artículo (m)	書評	reseña (f)
伝記	biografía (f)	自伝、自叙伝	autobiografía (f)
寓話	fábula (f)	神話	mitología (f)
百科事典	enciclopedia (f)	風刺画、戯画	caricatura (f)
絵本	libro ilustrado; libro álbum	童話	cuento (m) infantil
漫画	manga (m); comic (m)	子供向けマンガ	tebeo (m)
フィクション	ficción (f)	ノンフィクション	no ficción (f)

新刊書　últimas novedades (f▶pl) en libros

ペーパーバック　libro de bolsillo

ベストセラー　superventas (m, s/pl); best seller [bestseller] (m)

三文小説　novela mediocre

プロローグ	prólogo (m)	エピローグ	epílogo (m)
テーマ	tema (m); asunto (m)	目次、索引	índice (m)

定期購読する、…をとる　suscribirse a ...; abonarse a ...

❖ 例文にかかわる語 ❖

favorito/ta　気に入りの　　　　　　　municipal　自治体の、市〔町；村〕の

基本的な言い方

🎤 F1-099

・どんな本を読みますか?
¿Qué clase de libros lee?

・私は休みの日には小説を読みます。
Los días de descanso leo novelas.

・好きな作家は誰ですか?
¿Quién es su autor/tora favorito/ta?

・今は読書の気分になれない。
Ahora no me dan ganas de leer.

🎤 F1-100

・現在ベストセラーになっている本はどれですか?
¿Cuáles son los libros que ahora se venden más?

¿Qué libros son los bestsellers de hoy?

¿Qué libros alcanzan un gran nivel de ventas?

・セルバンテスの小説はペーパーブックでありますか?
¿Tienen las novelas de Cervantes en libros de bolsillo?

・SF［推理］小説のコーナーはどこですか?
¿Dónde está la sección de novelas de ciencia ficción [policiacas]?

・私はフィクションよりもノンフィクションが好きだ。
Prefiero no ficción a ficción.

・… の伝記が読みたい。
Quiero leer la biografía de …

・電子辞書よりもペーパーバックで読むほうが気楽だ。
Es más cómodo leer libros de bolsillo que los electrónicos.

- 新聞は何をとっていますか？

  ¿A cuál periódico se suscribe?

  ¿A qué periódico se abona?

- 経済の専門紙はいくつか読むようにしています。

  Procuro leer algunos periódicos especializados en economía.

- 私は新聞や雑誌の書評は必ず読みます。

  No dejo de leer las reseñas de periódicos y revistas.

  （"no dejar de ..."は「必ず…する」という意味。）

- 新聞は、スポーツ欄とテレビ欄以外は読みません。

  No leo más que los artículos deportivos y los programas de la
  televisión en el periódico.

- 少なくとも1日に1時間は本を読みます。

  Leo por lo menos una hora al día.

  （"por lo menos"は「少なくとも」、"al día"は「一日に、一日当たり」という意味。）

- 私は町の図書館をよく利用します。

  Frecuentemente hago uso de las bibliotecas municipales.

- 通勤電車の中で本を読みます。

  Leo libros en el tren cuando voy y vengo del trabajo.

- 忙しくて読書する時間がありません。

  No tengo tiempo de leer por estar muy ocupad**o**/d**a**.

5 映画／テレビ

関連語

◆ 映画・テレビ ◆

映画 película (f)	映画館 cine (m)

チケット、切符、入場券 entrada (f); billete (m); boleto (m); ticket (m)

チケット売り場 taquilla (f)	チケットの販売 venta (f) de entradas

チケットを買う comprar la entrada [un boleto]

スクリーン pantalla (f)　　　　席 asiento (m); localidad (f)

予約席 asiento reservado [numerado]

テレビ televisión [tele] (f)　　　放送局（テレビ、ラジオ） emisora (f)

チャンネル、局 canal (m); cadena (f)　テレビ中継 retransmisión (f) en TV

衛星中継 retransmisión por satélite　ケーブルテレビ televisión por cable

放送 emisión (f)　　　　　　　　放送する emitir

再放送 reposición (f); repetición (f)　再放送する reponer

録画 grabación (f)　　　　　　　録画する grabar

生放送〔生中継〕 emisión en vivo　録画で en diferido

◆ 番組／ジャンル／字幕 ◆

番組 programa (m)　　　　　バラエティー番組 programa de variedades

スポーツ番組 programa deportivo　クイズ番組 programa de preguntas

西部劇 película del oeste　　　SF映画 película de ciencia ficción

ホラー映画 película de horror [miedo]　ドラマ drama (m)

ミステリー（映画） película de misterio　テレビドラマ teledrama (m)

サスペンス（映画） película de suspense [suspenso]

ラブストーリー historia (f) de amor　連続ドラマ drama en serie

アニメ dibujos (m▶pl) animados; animación (f)

ドキュメンタリー documental (m, adj)　テレビニュース telediario (m)

字幕 subtítulo (m)　　　　　　字幕入りの subtitulado/da

吹き替え doblaje (m)　　　　　オリジナル版 versión (f) original

❈ 例文にかかわる語 ❈

adepto/ta (m / f) 支持者、信奉者〔しんぽうしゃ〕　　extranjero/ra 外国の

- 私はここ数年映画館へ足を運んでいない。

  Estos años no he ido al cine.

- いっしょに映画を見に行かない?

  ¿No quieres ir al cine conmigo?

- おもしろいテレビ番組がない。

  No hay programas interesantes en la televisión.

- テレビのチャンネルを変えてくれない?

  ¿Quieres cambiar el canal de la televisión?

【映画】 🎤 F1-102

- 最近何か面白い映画を見ましたか?

  Últimamente, ¿ha visto alguna película interesante?

- これは勧善懲悪の映画です。

  En esta película se castigan los actos malos y se alaban [se elogian] los buenos.

- 私は西洋映画の信奉者ではありません。

  No soy adept**o/ta** al cine europeo.

- 映画はオリジナル版で見るのが理想的です。

  Es ideal ver las películas en su versión original.

- 私は日本語の音声で外国映画を見る習慣がついています。

  Estoy acostumbrad**o/da** a ver el cine extranjero con las voces en japonés.

- 私は英語がよくわからないので字幕つきで映画を見ます。

  Como no entiendo bien el inglés, veo las películas subtituladas.

【テレビ】 🎤 F1-103

• テレビでスポーツを見るのがとても好きです。

Me encanta ver los deportes en la televisión.

• テレビのニュースは何チャンネルですか?

¿En qué canal [cadena] van* a echar el telediario?

• お気に入りの番組は録画予約をしておきたい。

Quiero programar la grabación de mis programas favoritos.

• 昨晩のドキュメンタリー映画を録画してくれた?

¿Has grabado la película documental de anoche?

• この番組は再放送です。

Este programa es una reposición.

• 毎週欠かさずお気に入りのテレビドラマを見ています。

Cada semana [Todas las semanas] veo mi teledrama favorito [preferido] sin falta.

• 私はテレビのバラエティー番組は見ません。

No veo programas de variedades en la tele.

• そのテレビ番組を録画で見たい。

Quiero ver ese programa de (la) TV en diferido.

• これは録画放送です。

Esta es la emisión en diferido.

• 過去に放映されたテレビドラマのシリーズを見たい。

Deseo ver las series de algunos teledramas ya emitidos en la tele.

• ここ1週間テレビで放映された番組はすべて見ることができます。

Podemos ver todo lo que se ha emitido en televisión en los últimos 7 días.

• この番組は近いうちに必ず再放送されます。

Seguramente [Sin duda] volverán* a dar [poner] este programa en un futuro cercano.

◆ 音楽／コンサート ◆ (注)

((注) 作家に携わる人については「I.06.**2**. 職種 ◆関連語◆」参照。)

音楽　música (f)	メロディー　melodía (f)
歌　canción (f); canto (m)	歌詞　letra (f)
演奏する　tocar	演奏　interpretación (f)
歌う　cantar	踊る　bailar
聴衆、観客（集合的）　auditorio (m)	聞く　escuchar
楽譜　partitura (f)	五線譜　pentagrama (m)
ト音記号　clave (f) de sol	音符　nota (f) musical
口笛を吹く　silbar	

リズム　ritmo (m)	ソプラノ　soprano (m)
アルト　alto (m)	テノール　tenor (m)
リサイタル　recital (m)	合唱　coro (m)
コンサート　concierto (m)	コンサートホール　sala (f) de conciertos
オーケストラ　orquesta (f)	バンド　banda (f)
トリオ　trío (m)	カルテット　cuarteto (m)
生で、ライブで　en vivo	アンコール　bis (m); repetición (f)
指揮棒　batuta (f)	

◆ 音楽のジャンル ◆

クラシック音楽　música (f) clásica	民俗音楽　música folclórica
民族音楽　música étnica	ポップミュージック　pop (m)
ロック　rock (m)	ジャズ　jazz (m)
ブルース　blues (m, s/pl)	カントリー　country (m)
R&B、リズム&ブルース　R&B (m)	レゲエ　reggae (m)
ソウル　soul (m)	ゴスペル　gospel (m); música gospel
タンゴ　tango (m)	サルサ　salsa (f)

サンバ samba (f)　　　　　　　ルンバ rumba (f)

BGM、バックグランド・ミュージック música de fondo　　ボサノバ bossa nova (f)

ヒーリング・ミュージック、癒し系の音楽 música relajante

◆ 楽器 ◆

楽器 instrumento (m) musical　　打楽器 instrumento de percusión

管楽器 instrumento de viento　　弦楽器 instrumento de cuerda

鍵盤楽器 instrumento de teclado

チェロ violoncelo (m)　　　　　コントラバス contrabajo (m)

ベース bajo (m)　　　　　　　トロンボーン trombón (m)

ホルン corno (m)　　　　　　　シロホン、木琴 xilófono (m)

ドラム batería (f); conjunto (m) de tambores

マリンバ marimba (f)　　　　　アコーディオン acordeón (m)

キーボード teclado (m) electrónico　ピアノ piano (m)

オルガン órgano (m)　　　　　　ギター guitarra (f)

ハープ arpa (f)　　　　　　　　クラリネット clarinete (m)

サクソフォン saxófono [saxofón] (m)　アルト・サックス saxo (m) alto

テナー・サックス saxo tenor　　　フルート flauta (f)

タンバリン pandero (m); pandereta (f)　　バイオリン violín (m)

ハーモニカ armónica (f)　　　　カスタネット castañuelas (f▶pl)

シンバル platillos (f▶pl); címbalos (m▶pl)

◇ 各部位 ◇

弦 cuerda (f)　　　　　　　　弓 arco (m)

鍵盤 teclado (m)　　　　　　（打楽器の）枹、マレット baqueta (f)

マウスピース boquilla (f)　　　ピック púa (f)

❖ 例文にかかわる語 ❖

alegre　陽気な

calma (f)　落ち着き

calmar　落ち着かせる、和ませる

diapasón (m)　音叉

relajarse　リラックスする

tranquilizar　落ち着かせる、和ませる

triste　悲しい

基本的な言い方　🎤 F1-104

- どんな音楽が好きですか?

  ¿Qué música le gusta?

- 音楽の好みは人それぞれです。

  En cuanto a la música cada quien tiene su gusto.

- この歌のメロディーは陽気だ〔悲しい〕。

  La melodía de esta canción es alegre [triste].

- 音楽は私の心を和ませませてくれる。

  La música me tranquiliza.

🎤 F1-105

- なにか楽器は弾けますか? ― バイオリン〔ピアノ〕を少し弾けます。

  ¿Sabe tocar algún instrumento? ― Toco un poco el violín [piano].

- 子供のころチェロを習っていました。

  De niño/ña aprendía el violoncelo.

- 今度の土曜日に何かコンサートがあればいいのになあ。

  ¡Ojalá haya un concierto este sábado!

- クラシック音楽を聴いているとリラックスできる。

  Puedo relajarme con la música clásica.

- このカフェではいつもBGMにジャズが流れています。

  En esta cafetería siempre se oye el jazz como música de fondo.

- 私は生の演奏を聴きにジャズクラブに行きます。

  Voy al club de jazz para escuchar la interpretación en vivo.

・今流れているBGMの演奏が好きです。

Me gusta la música de fondo instrumental que se oye.

・ヒーリング・ミュージックを聴くと気持ちが安らぎます。

Siento calma al escuchar música relajante.

La música relajante sirve para calmar los nervios.

7 芝居／オペラ

関連語

◆ 観劇 ◆

劇場　teatro (m)　　　　　　　桟敷席　palco (m)

前方の席　asiento (m) delantero　　立ち見席　localidad de pie

舞台装置、舞台美術　escenografía (f); decoración (f)

緞帳　telón (m)　　　　　　　迫り　escotillón (m)

楽屋　camerino (m); camarín (m); vestuario (m)

双眼鏡　binoculares (f▶pl); gemelos (m▶pl)

単眼鏡　monocular (m)

劇、芝居　teatro (m)　　　　　戯曲、ドラマ　drama (m)

ショー、見せ物、興行　espectáculo (m)　オペラ、歌劇　ópera (f)

ミュージカル　musical (m)　　　バレー　ballet (m)

喜劇　comedia (f)　　　　　　悲劇　tragedia (f)

台本　libreto (m)　　　　　　台本作者　libretista (mf)

上演　representación (f); función (f)

上演する　representar; poner en escena

シーン、場面　escena (f)　　　舞台空間　espacio (m) escénico

演目　programa (m)　　　　　登場人物　personaje (m)

主役　protagonista (mf); actor/**triz** principal

脇役　personaje secundario	ヒーロー　héroe (m)
ヒロイン　heroína (f)	敵役（かたきやく）　antagonista (mf)
演技　actuación (f)	仕草、身振り（しぐさ）　acción (f); gesto (m)
筋　trama (f)	役　papel (m)
…の役を演じる　desempeñar el papel de ...	主役を演じる　protagonizar

agotarse　売り切れる	resaltar　際立つ、抜きんでる

基本的な言い方 ▶

🎤 F1-106

- 芝居が観たい気分です。

  Se me antoja ver una obra de teatro [teatral].

- 前の方の席がなかなかとれません。

  Es difícil conseguir un asiento delantero.

🎤 F1-107

- シェイクスピアのその作品はどこで上演されていますか?

  ¿Dónde se representa esa obra de Shakespeare?

- 作品の主役を演じるのは誰ですか?

  ¿Quién es el protagonista?

  ¿Quién protagoniza en la obra?

- 1回の上演時間はどれくらいですか? ― 2時間前後です。

  ¿Cuántas horas dura [toma] una representación? ― Dura
  alrededor de 2 horas.

- 公演は1日何回行われますか?

  ¿Cuántas representaciones [funciones] hay al día?

- 開演時間はいつですか?

  ¿A qué hora comienza?

- 今日は1000回公演の最終日です。

  Hoy es el último día de la serie de mil representaciones.

- 売り切れになる前に今度のミュージカルのチケットを買いましょうよ。

  Compraremos las entradas [los tickets] para el nuevo musical antes de que se agoten.

- 観客は役者たちにアンコール求めた。

  Los espectadores pidieron un bis [una repetición] a los actores.

- あの脇役の仕草は名演技だ。

  Ese personaje secundario resalta por su maravillosa actuación.

8 博物館／美術館／建築／美術

関連語

◆ 美術館／博物館 ◆

博物館、美術館	museo (m)	美術館	museo de bellas artes
考古学博物館	museo arqueológico	人類学博物館	museo de antropología

◇ 館内 ◇

パンフレット	folleto (m)	案内	guía (f)
開館時間	hora (f) de apertura	閉館時間	hora de cierre
入場料	precio (m) de entrada	入場無料	entrada gratis
ウエブでの入場券販売	venta (f) de entradas por web		
事前予約	reserva (f) con antelación		
館内ツアー	visita (f) guiada	展示	exposición (f)
展示作品	obra (f) de exposición	展示室	sala (f) de exposiciones
オーディオガイド	audioguía (f)	立ち入り禁止	prohibido entrar
撮影禁止	prohibido sacar fotos	フラッシュ禁止	prohibido usar flash
工房、アトリエ	taller (m)	画廊、ギャラリー	galería (f)
訪れる、見学する	visitar	鑑賞する	apreciar
解釈する	interpretar		

◆ カテドラル／ピラミッド ◆

カテドラル　catedral (f)　　　　　教会　iglesia (f)

修道院　monasterio (m); convento (m)

寺院(仏教)　templo (m) budista　　寺院(イスラーム教)　mezquita (f)

寺院(ユダヤ教)　sinagoga (f)　　　ピラミッド　pirámide (f)

墳墓　túmulo (m) funerario; tumba (f)

◆ 建築 ◆

建築　arquitectura (f)　　　　　様式　estilo (m)

◇ 西洋の建築様式 ◇

有史以前の　prehistórico/ca

古代ギリシア・ローマの　grecorromano/na; clásico/ca

ロマネスク様式の　románico/ca　　ゴシック様式の　gótico/ca

ルネサンス様式の　renacentista　　マニエリスムの　manierista

バロック様式の　barroco/ca　　　ロココ様式の　rococó

新古典主義の　neoclásico/ca　　　近代の　moderno/na

現代の　contemporáneo/a

◆ 美術 ◆

美術　arte (m)　　　　　　　　造形美術　artes plásticas

古美術　arte antiguo; arte de la antigüedad

美術作品　obra de arte　　　　　近代美術　arte moderno

現代美術　arte contemporáneo　　彫刻　escultura (f)

絵画、絵　pintura (f); cuadro (m)　コレクション　colección (f)

イコノグラフィー、図像学　iconografía (f)

骨董品　antigüedades (f▶pl)

◇ 絵画 ◇

油絵　pintura al óleo	絵を描く　pintar
水彩画　acuarela (f)	テンペラ画　temple (m)
アクリル画　pintura acrílica	グアッシュ、不透明水彩　gouache (m)
パステル画　pastel (m)	蝋画法（ろうがほう）　encáustica (f)
フレスコ画　fresco (m)	スプレーアート　pintura en aerosol [spray]
水墨画　pintura china de pincel	版画　grabado (m); estampa (f)
イラスト、挿絵　ilustración (f)	抽象画　pintura abstracta
風景画　paisaje (m)	肖像画　retrato (m)

下絵、スケッチ、デッサン　boceto (m); esbozo (m) ;bosquejo (m)　絵筆　pincel (m)

下絵を描く、スケッチする　hacer un boceto; esbozar　アトリエ　taller (m)

イーゼル、画架（がか）　caballete (m)	カンバス　lienzo (m)
絵の具　pigmento (m)	額縁　marco (m)

◇ 西洋の美術様式 ◇

古典主義　clasicismo (m)	バロック様式　barroquismo (m)
マニエリスム　manierismo (m)	ロマン主義　romanticismo (m)
リアリズム　realismo (m)	自然主義　naturalismo (m)
象徴主義　simbolismo (m)	シュルレアリスム　surrealismo (m)
表現主義　expresionismo (m)	キュビズム　cubismo (m)
アールヌーヴォー　arte nuevo	抽象画　arte abstracto

◇ 彫刻 ◇

材料　materia (f)	石膏（せっこう）　yeso (m)
ブロンズ　bronce (m)	石　piedra (f)
粘土　arcilla (f)	木　madera (f)
花崗岩、御影石（みかげいし）　granito (m)	コンクリート　hormigón (m)

- 次の日曜日、美術館へ行かない?

  ¿No quieres ir al museo el próximo domingo?

- 私は近代絵画よりもバロック絵画を鑑賞するのが好きです。

  Prefiero ver la pintura barroca a la contemporánea.

- 私はロマン派の絵画に惹かれます。

  Me atraen los cuadros de estilo romántico.

- この風景をスケッチしておきたい。

  Quiero hacer un boceto del paisaje.

- 美術館でいっしょにゴヤの絵を鑑賞しませんか?

  ¿No quiere ver conmigo las pinturas de Goya en el museo?

- 美術館は何曜日に閉館しますか?

  ¿Qué día de la semana se cierra el museo?

- 美術館の営業時間を知りたいのですが。

  Quisiera saber el horario del museo.

- 美術館は火曜から日曜まで、10時から18時まで開いています。

  El museo está abierto de 10 a 18 de martes a domingo.

- 美術館では何の特別展示会が催されていますか?

  ¿Qué clase de exhibición especial se ofrece [ponen*] en el museo de bellas artes?

- この美術館で鑑賞を推奨される作品はなんですか?

  En este museo, ¿qué obras nos recomiendan* ver?

- 美術館の特別展示はなんですか?

  ¿Cuáles son las exposiciones específicas del museo?

- 印象派絵画の展示はどこですか?

  ¿Dónde está la exposición de la pintura impresionista?

- 私にはシュルレアリスムの絵画をどう解釈すればよいのかわかりません。

  No sé cómo interpretar las pinturas del surrealismo.

- コルドバのメスキータはイスラム建築だとすぐにわかります。

  La Mezquita de Córdoba es fácilmente reconocible como la arquitectura islámica.

- ロマネスク建築とゴシック建築の主なちがいは何ですか?

  ¿Cuáles son las diferencias principales entre la arquitectura románica y la gótica.

- 散歩のあと歴史博物館でも行きませんか?

  ¿No quiere ir al museo histórico después de dar un paseo?

- 中で写真撮影はできますか?

  ¿Se puede sacar [tomar] fotos dentro?

- 写真撮影は禁止です。

  Está prohibido sacar fotos.

- ここではフラッシュをたいて撮影するのは禁止されています。

  Aquí se prohibe usar flash para sacar fotos.

9 遊び／祭り／イベント

関連語

◆ 遊び ◆

隠れん坊 escondite (m)　　　　　隠れん坊をする jugar al escondite

縄跳びをする saltar a la comba [a la cuerda]　　縄跳び comba (f)

◆ 遊び場 ◆

遊び場 espacio (m) para jugar　　　遊園地 parque de atracciones

公園 parque (m)　　　　　　　　広場 plaza (f)

テーマパーク parque temático　　観覧車 noria (f)

ジェットコースター montaña (f) rusa　ゴーカート coche (m) de choque

すべり台　tobogán (m); resbaladilla (f)　　　　ブランコ　columpio (m)

シーソー　balancín (m); subibaja (f)　　　ジャングルジム　barras (f▶pl) de mono

動物園　zoológico (m)　　　　　　　植物園　jardín (m) botánico

◆ 祭り／イベント ◆

祭り、祭典　fiesta (f); feria (f); festival (m)　　　祝祭　festividad (f)

カーニバル（謝肉祭）　carnaval (m)　　　お祭り騒ぎ　jaleo (m); juerga (f)

イベント　evento (m)　　　　　　イベント会場　lugar (m) para eventos

チャリティー・イベント　evento benéfico

❖ 例文にかかわる語 ❖

alineado/da　整列した	imprescindible　絶対必要な
apartar　とっておく	recordar　思い出す、覚えている
capacidad (f)　可能性	soler　よく…する
celebrar　開催する	

基本的な言い方　　　　　　　　　　　🎤 F1-110

・どこへ遊びに行きましょうか？

　¿A dónde vamos a jugar?

・今流行りの子供たちの遊びはなんですか？

　¿Qué juegos están de moda entre los niños?

・私は小さいころ公園のブランコでよく遊びました。

　De niño/na jugaba [solía jugar] en el columpio del parque.

・子供たちは動物園に行くのが好きです。

　A los niños les gusta ir al zoológico.

【遊び】　　　　　　　　　　　　　　🎤 F1-111

・遊園地へ行って観覧車に乗ってみたい。

　Me gusta ir al parque de atracciones y subir a la noria.

- 子供のころのどろんこ遊びが懐かしい。

  Recuerdo jugar con el <u>lodo</u> [barro] en mi niñez.

- 田舎の大きな家でよく隠れん坊をしたものです。

  Solía jugar al escondite en la casona de mi pueblo.

- ジェットコースターは怖くて乗れません。

  Tengo miedo de subir en la montaña rusa.

- 近ごろ子供たちの遊び場が少なくなってきました。

  Últimamente se ha disminuido el espacio para jugar de los niños.

  Estos años <u>han ido quitando</u> [han ido desapareciendo] los lugares donde juegan los niños.

- 遊びの時間を設けて家族で楽しみましょう。

  Apartaremos un tiempo para disfrutar en familia.

- 何歳になっても遊びは健康に欠かせません。

  En todas las edades el juego es <u>imprescindible</u> [necesario] para la salud.

- 遊びは脳の働きを活性化するのに役立ちます。

  El juego ayuda a desarrollar el cerebro.

- 子供たちは遊ぶことで自分たちの可能性を伸ばそうとしています。

  Cuando los niños juegan, están aprendiendo a desarrollar toda su capacidad.

- 遊びは創造力を刺激します。

  El juego estimula la creatividad.

【イベント】 🎤 F1-112

- あれはなんのイベントですか?

  ¿Qué <u>tipo</u> [clase] de evento es aquello?

- あれはチャリティー・イベントです。

  Es un evento benéfico.

- 娯楽としてのイベントはまるでショーのようだ。

  Los eventos de entretenimiento son todo un espectáculo.

- イベントの期間は、露天商が何軒も連なっている。

  Mientras se celebra el evento, se ponen <u>varios puestos alineados</u>
  [muchas casetas alineadas].

- 学園祭の期間中、キャンパスはお祭り騒ぎだ。

  Durante la fiesta universitaria, el campus está de juerga.

10 おもちゃ／ゲーム

関連語

◆ おもちゃ／ゲーム ◆

おもちゃ　juguete (m)	テレビゲーム　videojuego (m)
ミニチュア、模型　miniatura (f)	ミニチュアカー　coche (m) miniatura
コレクション、収集品　colección (f)	収集する　coleccionar
折り紙　papiroflexia (f); origami (m)	人形　muñeco/ca (m/f)
積み木　cubos (m▶pl) de madera	ブロック　bloque (m)
風船　globo (m)	シャボン玉　pompa (f) de jabón
ルービックキューブ　cubo de Rubik	クロスワードパズル　crucigrama (m)
ジグソーパズル　rompecabezas (m, s/pl)	ヨーヨー　yoyo (m)
ビー玉　canica (f)	独楽（こま）　trompo (m); peonza (f)
花火　fuegos (m▶pl) <u>artificiales</u> [pirotécnicos]	
ぬいぐるみ　peluche (m)	

トランプ　carta (f); naipe (m); baraja (f)	
スペイン式トランプ　baraja española	チェス　ajedrez (m)
オセロ　othello (m)	ドミノ　dominó (m)
碁（ご）　go (m)	将棋（しょうぎ）　shogi (m); ajedrez (m) japonés
カードを切る　<u>barajar</u> [mezclar] las cartas	

◇ トランプ ◇

ハート corazón (m)	スペード espada (f)
ダイヤ diamante (m)	クローバー trébol (m)
キング rey (m)	クイーン reina (f)
ジャック valet (m); jota (f)	ジョーカー comodín (m)

◇ チェス ◇

キング rey (m)	クイーン reina (f)
ビショップ alfil (m)	ナイト caballo (m)
ルーク torre (f)	ポーン peón (m)
チェック jaque (m)	チェックメイト jaque mate
駒 pieza [ficha] (f)	

ビリヤード billar (m)	ビリヤード台 mesa (f) de billar
球 bola (f)	キュー taco (m)
ダーツ dardos (m▶pl)	ダーツボード tablero (m)
矢 flecha (f)	的の中心 diana (f)
投擲 lanzamiento (m)	投げる lanzar
ビリヤード〔ダーツ〕をする jugar al billar [a los dardos]	

達人 maestro/tra; experto/ta　　選ぶ seleccionar

◇ 例文にかかわる語 ◇

diseño (m) デザイン	pieza (f) 一片
multicolor 多色の、多彩な	seleccionar 選ぶ

基本的な言い方　　　　　　　　　　🎤 F1-113

・このゲームはどこで買えますか?

¿Dónde se vende este juego?

- 日本の古いおもちゃを集めたい。

  Quiero coleccionar juegos japoneses antiguos.

- 折り紙を教えてよ。

  Enséñame el origami. / Dime cómo hacer papiroflexia.

- チェスをしませんか?

  ¿No quiere jugar al ajedrez?

🎤 F1-114

- 鶴の折り方を教えてよ。

  Enséñame cómo hacer una grulla de papel.

- 彼らはテレビゲームに夢中になっている。

  Están entusiasmados con [enfrascados en] el videojuego.

- 私は子供の頃からミニチュアカーを集めてきた。

  He coleccionado coches miniatura desde la niñez.

- 子供のころ、よくビー玉遊びをしていた。

  Cuando era niño/ña solía jugar a las canicas.

- 息子たちはおもちゃの車で楽しんでいる。

  Mis hijos se divierten con los coches de juguete.

- 子供たちは多色のブロックを使って遊んでいます。

  Los niños están jugando con bloques multicolores.

- 多くのピースと複雑な絵模様の入ったジグソーパズルを選びましょう。

  Seleccionemos un rompecabezas de diseño complicado con muchas
   piezas.

- このクロスワードパズルはおもしろい。

  Es interesante este crucigrama.

- あの人はルービックキューブの達人です。

  Es maestro/tra en manejar el cubo de Rubik.

- カード遊びは脳の若さを保つのに役立ちます。

  Los juegos de cartas sirven para conservar el cerebro activo.

- スペインのトランプの遊び方を知らないので教えてください。

  Como no sé jugar a la baraja española, me gustaría que me
    enseñara a jugar.

- この地域の花火は規模が大きい。

  Los fuegos artificiales de esta región son de gran envergadura
    [escala].

  ("de gran envergadura"は「大規模な、大がかりな」という意味。)

- ダーツで私が最初に放った矢が的の中心を射た。

  Al primer lanzamiento di en la diana en el juego de los dardos.

11 賭け事／宝くじ

関連語

◆ 賭け事 ◆

賭け事、ギャンブル	juego (m); apuesta (f)	賭ける	apostar
競馬	carrera (f) de caballos	競馬場	hipódromo (m)
競輪	ciclismo (m); carrera de bicicletas		
競輪場	velódromo (m)	競艇	carrera (f) de lanchas
麻雀	mahjong (m)	カジノ	casino (m)
ルーレット	ruleta (f)		
スロットマシーン	tragamonedas (mf▶pl); tragaperras (f▶pl)		
サイコロ	dado (m)	中毒（ギャンブル、ゲーム）	ludopatía (f)
勝つ	ganar	負ける、失う	perder
危険	riesgo (m); peligro (m)	興奮させる	excitar

◆ 宝くじ ◆

宝くじ	lotería (f)	1等賞	premio (m) gordo
福引	rifa (f)	抽選	sorteo (m)
当たる	tocar	確率、見込み	probabilidad (f)

- 私は賭け事をしません。

  No hago apuestas. / Nunca apuesto. / No juego apostando.

- 私はギャンブルで持ち金すべてを失った。

  He perdido todo el dinero en apuestas.

- 宝くじなんて当たった試しがない。

  Nunca me ha tocado la lotería.

- 私はギャンブルが嫌いだ。

  No me gustan los juegos de apuesta.

- ゲームに金を賭けるのはいやです。

  No quiero apostar el dinero al juego.

- 賭け事にはすべてを失うという危険が潜んでいる。

  Apostar contiene riesgos de perder todo.

- カジノは勝たせてはくれるが、いずれ巻き上げられることになる。

  El casino deja a uno/na ganar para que después pierda.

- 宝くじが当たる確率は低い。

  Es baja la probabilidad de que le toque a uno/na la lotería.

- 宝くじが当たったら世界一周の旅に出たい。

  Si me toca la lotería, quisiera viajar por todo el mundo.

- 初めて競馬で金を賭けた。

  Por primera vez aposté a la carrera de caballos.

- スロットマシーンで遊ぶと興奮する。

  Me excita jugar con los [las] tragamonedas.

12 習い事／手芸

関連語

◆ 習い事 ◆

習い事、学習　aprendizaje (m)　習う　aprender

踊り、ダンス　baile (m); danza (f)　社交ダンス　baile de salón

日本舞踊　baile japonés　フラメンコ　flamenco (m)

ヨガ　yoga (m)　太極拳（たいきょくけん）　tai chi (m)

料理　cocina (f)　彫金（ちょうきん）　cincelado (m) de metal

生花　arte floral japonés　書道　caligrafía (f) japonesa

外国語　idioma (m) extranjero; lengua (f) extranjera

茶道　ceremonia (f) del té

◇ 外国語 ◇

英語　inglés (m)　ドイツ語　alemán (m)

フランス語　francés (m)　スペイン語　español (m)

イタリア語　italiano (m)　ポルトガル語　portugués (m)

ラテン語　latín (m)　ギリシア語　griego (m)

アラビア語　árabe (m)　ヒンディー語　hindi (m)

ロシア語　ruso (m)　中国語　chino (m)

韓国語、朝鮮語　coreano (m)　インドネシア語　indonesio (m)

バイリンガル　bilingüe (mf, adj)　グローバル世界　mundo (m) globalizado

◇ コース／費用 ◇

コース　curso (m)　クラス　clase (f)

初級　nivel (m) elemental　初心者　principiante/ta (m/f)

中級　nivel intermedio　上級　nivel superior [avanzado]

費用　costo (m); gasto (m)　費用がかかる　costar

謝礼　remuneración (f)　授業料　tasa (f) (académica)

才能、能力　talento (m)　練習する、稽古する　ensayar(se)

◆ 手芸 ◆

裁縫（さいほう）　costura (f)　編み物　tejido (m)

かぎ針編み　gancho (m)　編む　tejer

刺繍 encaje (m); bordado (m)	刺繍する bordar; recamar
編み棒 aguja (f) de tejer	毛糸 hilo (m) de lana
イニシャル inicial (f)	

❖ 例文にかかわる語 ❖

aprovechar 利用する	preciosidad (f) 美しさ、すばらしさ
estupend**o/d**a 見事な、すてきな	primoros**o/sa** 巧みな、すばらしい

基本的な言い方 ◀ 　　　　　　　　　　　　　　　🎤 F1-117

- 初心者向けの講座はありますか?

  ¿Tienen [Ofrecen; Hay] un curso para principiantes?

- 何か習い事をしていますか? ー 週に1回スペイン語を習いに行っています。

  ¿Está tomando alguna clase? ー Sí, estoy tomando una clase de
  　español una vez a la semana.

- あまり費用がかからなければ料理を習いたい。

  Si no cuesta mucho, me gustaría aprender la cocina.
  Si no es mucho el gasto, deseo asistir a la clase de cocina.

　　　　　　　　　　　　　　　　　　　　　　　　　🎤 F1-118

- グローバル世界ではいろいろな外国語を学ぶと役に立つ。

  En un mundo globalizado es valioso aprender varios idiomas
  extranjeros.

- 英語以外の外国語を勉強してみたいのです。

  Quiero estudiar alguna lengua extranjera excepto el inglés.

- 暇を利用して絵を習いたいのですが。

  Aprovechando mis horas de ocio quisiera aprender cómo pintar.

- 人と触れ合うには社交ダンスを学ぶのがベストのようです。

  Parece que la mejor oportunidad para conectar con las personas es
  　aprender el baile de salón.

  （"conectar con ..."は「…と接触する」という意味。）

• 稽古は週に何回ですか?

¿Cuántas veces se ensaya a la semana?

• 水曜と土曜の夜の2回です。

Dos veces a la semana: los miércoles y los sábados por la noche.

• ずいぶん昔ですが、祖母が裁縫を教えてくれました。

Hace mucho tiempo [muchos años] mi abuela me enseñó a coser.

• 祖母は裁縫に長けていました。

Mi abuela tenía mucho talento para la costura.

• このレース編み、素敵ですね!

¡Este encaje es estupendo!

¡Qué preciosidad de encaje!

• すばらしい刺繍ですこと!

¡Qué bordado tan primoroso!

¡Qué primor de bordado!

• このハンカチに自分のイニシャルを刺繍してみよう。

Bordaré mis iniciales sobre este pañuelo.

13 占い

関連語

◆ 占星術 ◆

占い、占星術、予言　adivinación (f); vaticinio (m); horóscopo (m)

予兆、前兆　presagio (m); augurio (m); señal (m)

手相占い　quiromancia (f); lectura (f) de la palma [las líneas de la mano]

占星術　astrología (f); horóscopo (m)　　カード占い　cartomancia (f)

吉兆　buena suerte (f)　　　　　　　　凶兆　mala suerte

◇ 黄道十二宮 ◇

黄道十二宮　signos (m▶pl) del zodíaco [zodiaco] (m)

白羊宮、牡羊座	Aries (m)	金牛宮、牡牛座	Tauro (m)
双子宮、双子座	Géminis (m)	巨蟹宮、蟹座	Cáncer (m)
獅子宮、獅子座	Leo (m)	処女宮、乙女座	Virgo (m)
天秤宮、天秤座	Libra (f)	天蝎宮、蠍座	Escorpio (m)
人馬宮、射手座	Sagitario (m)	磨羯宮、山羊座	Capricornio (m)
宝瓶宮、水瓶座	Acuario (m)	双魚宮、魚座	Piscis (m)

❈ 例文にかかわる語 ❈

ambigüedad (f)	曖昧、不明確	realizar	行う、実現する
inquietud (f)	不安	torrencial	急流のような
perseverante	辛抱強い、根気の良い	voluntad (f)	意志、決意

基本的な言い方　　　🎤 F1-119

・占い〔占星術〕を信じますか?

¿Cree en la adivinación [el horóscopo]?

・あなたは何座ですか? ― 山羊座です。

¿Cuál es su signo zodiacal?/¿De qué signo del zodíaco es?
　― Soy Capricornio.

・吉兆〔凶兆〕です。

Es un buen [mal] presagio.

🎤 F1-120

・古くから占星術は存在します。

Desde la antigüedad existe el horóscopo.

・手相を占ってもらいたいのですが。

Quisiera que me leyera las líneas de la mano.

- 自分の将来を占ってもらうのは少し怖いような気がします。

  Tengo un poco de miedo de que adivinen* mi futuro.

- 予測のつかない将来に不安を抱いて占いを信じ続ける人がいます。

  Hay gente que sigue creyendo en la adivinación por la inquietud sobre la ambigüedad del futuro.

- これはまちがいなく嵐の前兆です。

  Este es sin duda un augurio de tormenta.

- 黒い雲は大雨の前兆です。

  Las nubes negras son señal de lluvia torrencial.

- 私は占いにトランプを使用します。

  Utilizo las cartas de la baraja para realizar las adivinaciones.

- 私はトランプを使って自分自身を占います。

  Yo hago la adivinanza con las cartas de la baraja para mi mism**o**/m**a**.

- 一般的に牡牛座の人は辛抱強く意志が強いです。

  Las personas de Tauro suelen ser perseverantes y tener una gran fuerza de voluntad.

- 6月22日から7月21日までのあいだに生まれた人は蟹座です。

  Las personas nacidas entre el 22 de junio y el 21 de julio pertenecen a Cáncer.

  (“pertenecer a ...”は「…に属する」という意味。)

- 天秤座の人ってどんな感じの人ですか？

  ¿Cómo son las personas de Libra?

- そうですね、穏やかで社交的で美を愛する人が多いようです。

  Pues, en muchos casos tienden a ser calmadas, sociales y amantes de la belleza.

  (“tender a ...”は「…する傾向がある」という意味。)

関連語

◆ 競技 ◆

スポーツ　deporte (m)	試合、競技、ゲーム　partido (m); juego (m)
大会　competición (f)	世界選手権　campeonato (m) mundial
団体競技　deporte colectivo; deporte de equipo	
個人競技　deporte individual	チーム　equipo (m)
リーグ戦　partido (m) de liga	リーグ　liga (f)
トーナメント　torneo (m)	オープンゲーム、公開競技　abierto (m)
ルール　regla (f); reglamento (m)	

スポーツ選手、競技者　deportista (mf); jugador/dora (m / f); competidor/dora (m / f)
対戦相手、ライバル　adversario/ria (m / f); contrario/ra (m / f); rival (mf)

陸上選手　atleta (mf)	体操選手　gimnasta (mf)
水泳選手　nadador/dora (m / f)	補欠選手　suplente (mf)
ユニフォーム　uniforme (m)	

決勝（戦）　final (f)	優勝を争う　luchar por el campeonato
準決勝　semifinal (f)	準々決勝　cuartos (m▶pl) de final
勝利　victoria (f); triunfo (m)	敗北　derrota (f); pérdida (f)
接戦　partido [juego] reñido	引き分け　empate (m)
ハーフタイム　descanso (m) del partido; medio tiempo (m) del juego	
優勝　campeonato (m)	優勝する　ganar el campeonato
優勝者　campeón/ona (m / f)	優勝カップ　copa (f) de los campeones
記録　récord (m); récords (m▶pl)	世界記録　récord mundial
グランドスラム　Grand Slam (m)	ランキング　ranking (m)

監督　director/tora (m / f)	コーチ　entrenador/dora (m / f)
ビデオ判定　videoarbitraje (m); ojo (m) de halcón	

ボールの軌道　trayectoria (f) de la bola

ファン、サポーター　hincha (mf); animador/dora (m/f)　　応援する　animar

審判　árbitro/tra (m/f); ampáyar [umpire] (mf)

競技場、スタジアム、グラウンド　campo (m) de juegos deportivos; estadio (m); cancha (f)

体育館　gimnasio (m)　　　　　　　　プール　piscina (f)

トラック　pista (f) de atletismo

◆ 野球 ◆

野球　béisbol (m)　　　　　　野球選手　beisbolista (mf)

野球場　estadio (m) de béisbol　　　電光掲示板　marcador (m) electrónico

内野、ダイヤモンド　infield [cuadro] (m)　　外野　outfield [jardín] (m)

ベース　base (f); home (m)　　　　ボール　bola (f); pelota (f)

バット　bate (m); palo (m)　　　　グローブ　guante (m)

ポジション　posición (f)　　　　バッター　bateador/dora (m/f)

内野手　infielder (mf)　　　　外野手　outfielder (mf)

走者　corredor/dora (m/f)

ピッチャー　pitcher (mf); lanzador/dora (m/f)

キャッチャー　catcher (mf); receptor/tora (m/f)

一塁手　(jugador/dora) primera base

二塁手　(jugador/dora) segunda base

三塁手　(jugador/dora) tercera base

遊撃手　parador/dora en corto; shortstop (mf)

センター　jardinero/ra (m/f) central

ライト　jardinero/ra derecho/cha

レフト　jardinero/ra izquierdo/da

◇ 野球 ◇

バッティング　bateo (m)　　　　打つ　batear [golpear]

スイッチヒッター　bateador/dor**a** ambidiestr**o/tra**

サイン　señal (f); señas (f▶pl)　　走る　correr

守る　defender　　　　ヒットエンドラン　bateo y corrido (m)

ストライク　strike (m)　　　　ボール　bola (f)

ワイルドピッチ　wild pitch (m)　　　ボーク　balk (m)

ファウル　foul (m)　　　　フライ　fly (m)

犠牲フライ　fly de sacrificio　　　三振　ponchado [strike out] (m)

デッドボール　base por golpe　　フォアボール　base por bolas

敬遠　base por bolas intencional

バント　toque (m) de bola　　　犠打^{ぎだ}　toque de sacrificio

ヒット　hit (m) (sencillo)　　　二塁打　doble (m)

三塁打　triple (m)　　　満塁　bases llenas

ホームラン　jonrón [home run] (m)　　盗塁　robo (m) de base

セーフ　safe [quieto] (m)　　アウト　out (m)

ダブルプレイ　doble play (m)　　エラー　error (m)

投げる　lanzar　　　ストレート　(bola) recta

カーブ　curva (f)　　スライダー　slider (m)

フォーク　forkball (m); bola de tenedor　　シンカー　sinker (m)

フォー〔ツー〕シーム　cuatro [dos] costuras

作戦　estrategia (f)　　　つなぐ　conectar

得点　punto (m); carrera (f)　　得点を上げる　anotar; marcar

先攻　parte (f) alta　　　後攻　parte baja

地元の　local　　　ビジターの　visitante

◆ サッカー ◆

サッカー　fútbol (m)　　　サッカー選手　futbolista (mf)

競技場　terreno (m) de juego; cancha (f) de fútbol

センターサークル　círculo (m) central　　サイドライン　línea (f) de banda

コーナーフラッグ　banderín (m) de córner　　ゴールライン　línea de meta

ゴール　portería (f); arco (m); meta (f)

ペナルティーエリア　área (m) de penalty; área penal

フォワード　delanter**o/ra** (m / f)

ミッドフィルダー　centrocampista (m/f)　　ディフェンダー　defensor/sora (m/f)

ゴールキーパー　portero/ra (m/f); guardameta (mf); arquero/ra (m/f)

主審　árbitro/tra principal　　　　　線審、ラインズマン　juez (mf) de línea

◇　サッカー　◇

キックオフ　saque (m) de comienzo [inicial]

パス　pase (m)　　　　　　　　　スローイン　saque de banda

ファウル、反則　falta (f)　　　　　ゴールキック　saque de puerta

ディフェンスライン　línea de defensa　　ペナルティ　penalti (m)

ペナルティキック　saque de castigo [penal]

イエロー〔レッド〕カード　tarjeta (f) amarilla [roja]

スローイン　saque de banda　　　コーナーキック　saque de esquina [córner]

フリーキック　saque libre　　　　シュート　chut (m); disparo (m)

シュートする　chutar; disparar　　アシスト　asistencia (f); pase de gol

アシストする　asistir　　　　　　オフサイド　offside [fuera de juego] (m)

得点　puntuación (f)　　　　　　ゴール〔得点〕　gol (m)

ゴールを決める　marcar gol　　　　得点王　goleador/dora (m/f)

アディショナルタイム　tiempo adicional　　違反　infracción (f)

延長戦　prórroga (f); tiempo suplemental

PK戦　tanda (f) de penaltis [penales]

与える　otorgar; conceder　　　　許す　permitir

◆　テニス　◆

テニス　tenis (m, s/pl)　　　　　ラケット　raqueta (f)

ベースライン　línea (f) de fondo　　サイドライン　línea lateral

テニスコート　pista [corte; cancha] (f) de tenis　　ネット　red (f)

◇　テニス　◇

ポイント　punto (m); puntuación (f)　　マッチ　match (m)

セット　set (m)　　　　　　　　シングルス　individual (m)

ダブルス　dobles (m▶pl)　　　　混合ダブルス　dobles mixtos

サーブ　servicio (m)　　　　　　サーブする　servir

サーバー　servidor/dora (m/f)　　レシーバー　recepor/tora (m/f)

イン in [dentro] (m)	アウト out [fuera] (m)
フォール falta (f)	ダブルフォール doble falta (f)
サービスエース ace (m)	ボレー volea (f)
スマッシュ smash (m); mate (m)	ラリー rally (m)
ドロップショット drop shot (m)	スピン spin (m)
バックハンド revés (m)	カウント、計算 conteo (m)
タイブレーク tie break (m); muerte (f) súbita; juego de desempate	
アドバンテージ ventaja (f)	ジュース deuce (m)
マッチポイント punto (m) de decisión [del partido]	
セットポイント set point (m); punto [pelota] de set (m)	

起源 origen (m)	両方の ambos/bas

◆ オリンピック関連 ◆

オリンピック競技大会 Olimpiada (f)　　オリンピック競技 Juegos Olímpicos

冬季オリンピック競技 Juegos Olímpicos de Invierno

パラリンピック競技 Juegos Paralímpicos　オリンピック精神 Olimpiada (f)

オリンピックスタジアム estadio olímpico

◇ メダル ◇

金〔銀；銅〕メダル medalla (f) de oro [plata; bronce]

メダリスト medallista (mf)

メダル授与式 ceremonia de entrega de medallas

参加者 participante (mf)

開会式 ceremonia (f) de inauguración

閉会式 ceremonia de clausura

◆ 主なオリンピック競技種目（夏季競技）◆

陸上競技

陸上競技 atletismo (m)	短距離走 carrera (f) de velocidad

中距離走 carrera de medio fondo [media distancia]

長距離走 carrera de fondo [larga distancia]

マラソン maratón (m)	競歩 marcha (f) atlética

ハードル　carrera con vallas　　リレー　carrera de relevos

走り高跳び　salto (m) de altura　　走り幅跳び　salto de longitud; salto largo

棒高跳び　salto con pértiga　　三段跳び　triple salto; salto triple

砲丸投げ　peso (m)　　槍投げ　jabalina (f)

ハンマー投げ　martillo (m)　　円盤投げ　disco (m)

ウエートリフティング　halterofilia (f); levantamiento (m) de pesas

水泳

ウオータースポーツ　deporte acuático　　水球　waterpolo (m)

水泳　natación (f)　　自由形　estilo (m) libre

クロール　crol (m)　　クロールで泳ぐ　nadar (a) crol

平泳ぎ　estilo braza [pecho]　　バタフライ　estilo mariposa

背泳ぎ　estilo espalda　　個人メドレー　carrera medley

アーティスティックスイミング　natación artística　　飛込み　salto (m)

オープンウォータースイミング　natación en aguas abiertas

球技(注)　(注) 野球、サッカー、テニスは既出。)

ソフトボール　sóftbol (m)　　バスケットボール　baloncesto (m)

3人制バスケットボール（スリーエックススリー）　baloncesto 3X3

7人制ラグビー　rugby a siete　　ゴルフ　golf (m)

バレーボール　vóleibol (m); valonvolea (m)　　ハンドボール　balonmano (m)

ホッケー　hocky (m) sobre césped　　卓球　tenis de mesa; pimpón (m)

ビーチバレーボール　vóleibol de playa (m)　　バトミントン　bádminton (m)

体操競技

体操競技　gimnasia (f) artística　　新体操　gimnasia rítmica

トランポリン　gimnasia (de) trampolín　床　suelo (m)

跳馬　salto (m) de potro　　平行棒　barras (f▶pl) paralelas

あん馬　caballo (m) con arzones　　つり輪　anillos (m▶pl)

鉄棒　barra horizontal　　段違い平行棒（女子）　barras asimétricas

平均台（女子）　barra [viga] de equilibrio

格闘技

格闘技　arte (m) marcial　　ボクシング　boxeo (m)

ファンシング　esgrima (f)　　テコンドー　taekwondo (m)

柔道　judo (m)　　　　　　　　　　空手　kárate [karate] (m)

レスリング（フリースタイル／グレコローマン）
　　　lucha (f) (estilo libre／estilo grecorromano)

◆ 主なオリンピック競技種目（冬季競技）◆

フリースタイルスキー　esquí (m) acrobático [estilo libre]

スノーボード　snowboard (m)　　　　アルペンスキー　esquí alpino

クロスカントリースキー　esquí de fondo　スキージャンプ　salto (m) de esquí

スキーマウンテニアリング　esquí de montaña

ノルディック複合　combinada (f) nórdica

フィギュアスケート　patinaje (m) artístico

ショートトラック　patinaje de velocidad en pista corta

スピードスケート　patinaje de velocidad　アイスホッケー　hocky (m) sobre hielo

カーリング　curling (m)　　　　　　　ボブスレー　bobsleigh (m)

スケルトン　skeleton (m)　　　　　　バイアスロン　biatlón (m)

リュージュ　luge (m)

◆ その他の競技 ◆

自転車（BMXフリースタイル）　ciclismo (m) BMX freestyle

自転車（BMXレーシング）　ciclismo BMX racing

自転車（トラック）　ciclismo en pista　自転車（ロード）　ciclismo en ruta

自転車（マウンテンバイク）　ciclismo de montaña

アーチェリー　tiro (m) con arco　　　トライアスロン　triatlón (m)

近代五種　pentatlón (m) moderno　　セーリング　vela (f)

カヌー（スラローム／スプリント）　piragüismo (m) (slalom／esprint)

スケートボード　skateboard (m); monopatín (m)　　ボート　remo (m)

スポーツクライミング　escalada (f) deportiva　　　サーフィン　surf (m)

スキューバダイビング　buceo (m)　　馬術　equitación (f)

馬場馬術　doma (f)　　　　　　　　　総合馬術　concurso (m) completo

障害馬術　salto (m) de obstáculos　　射撃　tiro (m)

ライフル射撃　tiro con rifle　　　　　グレー射撃　tiro al plato

オートバイ競技　motociclismo (m)　　アメリカンフットボール　fútbol americano

ラグビー　rugby (m)	フットサル　fútbol sala
相撲　sumo (m)	プロレスリング　lucha libre
剣道　kendo (m)	合気道　aikido (m)
カンフー　kung fu (m)	綱引き　juego de la soga; sogatira (f)
ボディービル　culturismo (m)	ビーチハンドボール　balonmano playa
ローラースケート　patinaje sobre ruedas	スカイダイビング　paracaidismo (m)
パラグライダー　parapente (m)	ハンググライダー　ala delta (m)

◆ ボーリング ◆

ボーリング　bolos (m／pl); boliche (m)　ボーリング場　bolera (f)

❖ 例文にかかわる語 ❖

aguantar　我慢する	lograr　達成する、成し遂げる
concebir　把握する、理解する	practicar　実践する、行う
ejecutar　実行する、遂行する	recuperar　とり戻す
experiencia (f)　経験	reflejos (m▶pl)　反射神経
extra　臨時の、余分の	transportar　運ぶ、持ち運ぶ
interrumpir　中断する	volar　飛ぶ

基本的な言い方　　　　　　　　　　　　　🎤 F1-121

• 何か好きなスポーツはありますか? ― いいえ、特にありません。

　¿Le gusta algún deporte? ― No, ninguno en particular.

　("en particular"は「特に」という意味。)

• どのスポーツにより興味がありますか? ― 私はサッカーですね。

　¿Qué deporte le interesa más? ― Me interesa más el fútbol.

　¿Cuál es su deporte favorito? ― Para mí es el fútbol.

• 私は大学生のとき野球をしていました。

　De universitario/ria jugaba al béisbol.

【スポーツをする／観戦する】　　　　　　　　🎤 F1-122

• 私は、スポーツはしません。

Yo no practico ningún deporte.

• 運動神経は鈍いほうです。

No tengo buenos reflejos para los deportes.

• 私にはスポーツの才能がありません。

No tengo talento deportivo.

• 私はテレビでスポーツ中継を見るのが大好きです。

Me encanta ver los partidos deportivos en la televisión.

• 誰か好きな選手はいますか? ― いいえ、特に。

¿Hay algún deportista que le guste? ― Ninguno en especial.

• 試合中継を中断するコマーシャルには我慢できません。

No aguanto los anuncios comerciales que interrumpen la transmisión del partido.

• ゴルフは20年以上やっています。

Yo he jugado al golf por más de 20 años.

• 次のオリンピックはいつですか? ― 2年以内です。

¿Cuándo será la próxima Olimpiada? ― Dentro de 2 años.

【試合／ランキング】　　　　　　　　　　　🎤 F1-123

• バドミントンの決勝戦はかなり接戦だった。

El partido final de bádminton estuvo muy reñido.

• 夜中に試合中継を観ると次の日は寝不足になる。

Si veo los partidos que transmiten* a medianoche, me da sueño al día siguiente.

（"a medianoche"は「真夜中に」、"al dia siguiente"は「翌日に」という意味。）

• 私の好きなプレーヤーがテニスの四大大会〔グランドスラム〕を制した。

Mi tenista favorito/ta ha logrado ganar los cuatro torneos mayores [el Gran Slam] de tenis.

・バスケットボールの試合は夜8時から3チャンネルで放映される。

El partido de baloncesto lo pasan* en el canal 3 a las 8 de la noche.

・わが国は野球のトーナメント戦で優勝した。

Nuestro país ganó el campeonato en el torneo de béisbol.

・この試合での私たちの勝利が私にはまだピンとこない。

Todavía no puedo concebir haber logrado la victoria en este partido.

Todavía no puedo creer que obtuviéramos la victoria en este partido.

・彼女は女子テニスのランキング1位を奪還した。

Ella recuperó el número uno del ranking del tenis femenino.

【野球】 ⏺ F1-124

・次の打者の目的はヒットでつなぐことだ。

El propósito del próximo bateador es conectar hits.

・セカンドランナーがホームまで帰れば、勝利の1点が入ることになる。

Si el corredor de la segunda base llega a home, anotará la carrera de la victoria.

・この状況ではまずアウトを一つとることが重要だ。

En esta situación es importante ante todo conseguir un out.

・あのピッチャーのスライダー〔シンカー〕はかなり打ちにくい。

No es tan fácil batear el slider [sinker] que lanza aquel pitcher.

・Aチームはビジターなので先攻、Bチームは地元なので後攻です。

El equipo A es visitante y batea en la parte alta. El B es local y batea en la baja.

・メジャーリーグに引き分けはない。

No hay empate en las Grandes Ligas del béisbol.

・目下Aチームが攻撃中だ。

De momento el equipo A está a la ofensiva.

- バッターは敬遠された。

  Al bateador le han otorgado* base por bolas intencional.

【サッカー】

🎤 F1-125

- どのチームを応援していますか?

  ¿A favor de qué equipo está?

- 私はレアル・マドリードのファン〔サポーター〕です。

  Estoy a favor del Real Madrid.

  Soy hincha del Real Madrid.

- 今日の試合はどことどこですか?

  ¿Qué [Cuáles] equipos juegan hoy?

- サッカーの日本代表の試合はいつですか?

  ¿Cuándo es el partido de fútbol de la selección japonesa?

- 両チームの実力は拮抗しています。

  Ambos equipos están al mismo nivel de competencia.

- Aチームが3対2で勝利しました。

  El equipo A ganó el partido por 3 a 2.

- 試合は終始一方的な展開でした。

  Ha sido un partido tan desigual.

  El partido se desenvolvió de una manera desigual.

- AチームとBチームが決勝に残った。

  El equipo A y el B van a pasar a la final.

- Bチームが優勝した。

  El equipo B ha ganado el campeonato.

- チームの選手たちはサポーターに感謝している。

  Los jugadores del equipo expresan gratitud [agradecimiento] a sus
    hinchas.

- 彼はチームの誰よりも多く得点を上げてきた。

  Él ha anotado [ha marcado] más puntos que los otros de su equipo.

- ようやくあの有名選手がゴールを決めた。

  Por fin aquel jugador famoso <u>metió</u> [marcó] un gol.

- 彼は効率的なパスの出し方ができる。

  Él puede pasar la pelota con eficacia.

- 彼はこの試合で2度チームメートのアシストをした。

  Él asistió dos veces a su compañero en este partido.

  Él dio dos asistencias a su compañero en este partido.

- われわれはライバルチームの反則によってフリーキックを得た。

  Se dio a nuestro equipo un saque libre como un penalti del rival.

- 相手の選手は何本もシュートを放つが決まらない。

  Los adversarios no pueden marcar gol, aunque han chutado no pocas veces a la portería.

- ボールがゴールラインを割ったのでコーナーキックとなった。

  Se otorga un saque de <u>esquina</u> [córner] porque el balón ha atravesado la línea de meta.

- スローインとなった。

  Se concede un saque de banda.

- アディショナルタイムが残っている。

  Hay un tiempo adicional.

- 両チーム同点だ。

  Ambos equipos tienen la misma puntuación.

- 試合は決着がつかないまま引き分けに終わった。

  El partido no llegando a una conclusión acabó en empate.

- 試合は延長戦に入った。

  El partido entró en la prórroga.

- 延長戦は前半と後半があり、それぞれ15分間だ。

  El tiempo suplementario consiste en dos tiempos extras de 15 minutos cada uno.

- 相手のペナルティエリアで反則があった。

  Hubo un penal en el área del adversario

- 相手にペナルティキックが与えられた。

  Se le permite ejecutar un tiro penal al contrario.

【テニス】

🎤 F1-126

- テニスの点数はどのように数えますか?

  ¿Cuál es el sistema de puntuación de tenis?

- テニスでは0ポイントの代わりに「ラブ」と言います。

  En el tenis dicen* "love" en lugar de 0 puntos.

- テニスの点数は15、30、40のように数えます。

  Los puntos en el tenis son [se marcan] 15, 30, 40.

  Se usa el método de conteo: los números 15, 30, 40.

- 正確にはなぜ15、30、40と数えるようになったのかわかっていません。

  No se sabe exactamente el orígen de los números 15, 30, 40.

- 1セットとるには何ゲームとる必要がありますか?

  ¿Cuántos juegos son necesarios para ganar un set?

- (1セットとるには)6ゲームとる必要があります。

  6 juegos (para ganar un set).

- 1試合で何セット獲得する必要がありますか?

  ¿Cuántos sets hay que ganar en un partido de tenis?

- 3セットマッチだと2セット、5セットマッチだと3セットです。

  En caso de 3 sets, 2 y en caso de 5 sets, 3.

- このセットをとるにはあと1点必要です。

  Falta un punto para ganar el set.

- あのテニス選手は両手でバックハンドを使う。

  Aquel tenista usa ambas manos para el revés.

【その他のスポーツ】

- 夏はサーフィンに限ります。

En verano no hay mejor diversión que hacer surf.

- ダイビングの経験はまだありません。

Todavía no tengo experiencia en bucear.

- クロールはさほど疲れることなく長時間泳ぐことができます。

Se puede nadar a crol por largo tiempo sin cansarse mucho.

- 次の日曜日にみんなでボーリングをしに行こうよ!

Iremos a jugar boliche el próximo domingo, ¿no?

- 5キロ以上の距離ともなれば、私はもう競技には参加できません。

Si la distancia de la carrera es más de 5 kilómetros, no puedo
participar en ella.

（"participar en ..."は「…に参加する」という意味。）

- 私はマラソン選手として20キロ走らなければなりません。

Como maratonista tengo que correr 20 kilómetros.

- 風がいいのでハングライダーで飛んでみよう。

Con el viento a favor vamos a volar con el ala delta.

（"a favor"は「いいように、有利に」という意味。）

- パラグライダーはハンググライダーに比べると持ち運びが便利です。

Es más fácil de transportar el parapente que el ala delta.

1 銀行／郵便局

関連語

◆ 銀行／郵便局 ◆

銀行　banco (m)	郵便局　oficina (f) de correos
口座　cuenta (f) (corriente)	口座番号　número (m) de cuenta
口座名義人、預金者　titular (mf) de la cuenta	
暗証番号　PIN (m); número [código] secreto	
銀行振替　trasferencia (f) bancaria	郵便振替　trasferencia postal
振込む　transferir; hacer una transferencia	
手続き　trámite (m); procedimiento (m)	
送金する　mandar [enviar] dinero	入金する　ingresar [meter] dinero
預金する、預ける　depositar; ahorrar	利子　interés (m)
金をおろす　sacar dinero	手数料　comisión (f)
ATM　cajero (m) automático	キャッシュカード　tarjeta (f) bancaria
紙幣　billete (m)	硬貨　moneda (f)
自動口座振替　domiciliación (f) de pagos	キャンセルする　cancelar
外貨　divisa (f)	為替レート　cotización (f)
外貨自動両替機　máquina (f) de cambio automático de divisas	
配置する　colocar	両替　cambio (m)
両替する　cambiar	小切手　cheque (m)

◇ 郵便 ◇

差出人　remitente (mf)	受取人、名宛人　destinatario/ria (m/f)
郵便番号　código (m) postal	住所　dirección (f); señas (f▶pl)
切手　sello (m)	消印　matasellos (m, s/pl)
封筒　sobre (m)	便箋　papel (m) de escribir
速達　correo (m) urgente [rápido]; expreso (m)	
書留　correo certificado	小包　paquete (m); bulto (m)

印刷物　impresos (m▶pl)　　　　　郵便料金　franqueo (m)

郵便料金表　tarifa (f) de Correos

用紙　papel (m); formulario (m); impreso (m)

❖ 例文にかかわる語 ❖

frágil　壊れやすい　　　　　　　　　recoger　引きとる

nómina (f)　給料　　　　　　　　　　sueldo (m)　給料

基本的な言い方　　　　　　　　　　　　　　🎤 F1-128

・銀行は何時に開店〔閉店〕しますか？

¿A qué hora se abre [se cierra] el banco?

・最寄りの郵便局はどこですか？

¿Dónde está [queda] la oficina de correos más cercana?

・郵便ポストはどこにありますか？

¿Dónde está el buzón?

・お金を引き出さなきゃ。

Tengo que sacar dinero.

・口座を開きたいのですが。

Quisiera abrir una cuenta.

・口座を閉じたいのですが。

Quisiera cerrar la [mi] cuenta.

【銀行／郵便局】　　　　　　　　　　　　　🎤 F1-129

・ATMの操作がわかりません。

No sé cómo usar el cajero automático.

・カードを入れて暗証番号を押してください。

Meta la tarjeta y ponga [marque] su número secreto.

- 暗証番号は人に知られないようにしてください。

  <u>Procure</u> [Trate de] no dar a conocer su número PIN.

  （"dar a conocer"は「知らせる」という意味。）

- 金額を押してください。

  Marque la cantidad.

- 一連の操作をキャンセルしたいのですが。

  Quisiera cancelar todo este proceso.

- 向こうの窓口へ行ってください。

  Vaya a la ventanilla de allá.

- 外国へ送金したいのですが。

  Quiero mandar dinero al extranjero.

- 私の口座から200万円引き出したいのですが。

  Quiero <u>sacar</u> [retirar] dos millones de yenes de mi cuenta.

- 記入する用紙はどれですか？

  ¿Cuál es el formulario para rellenar?

- 500ドルを私の口座に預金したいのですが。

  Quiero depositar quinientos dólares en mi cuenta.

- 明日あなたの銀行口座に10万円が振り込まれます。

  Mañana serán transferidos cien mil yenes a su cuenta
  bancaria.

- 手数料を払わずに何回までお金を引き出せますか？

  ¿Cuántas veces se permite sacar dinero sin pagar una
  comisión?

- 円をユーロに両替したいのですが。

  Quisiera cambiar de yen a euro.

- 今日の為替レートはいくらですか？

  ¿A cómo está el cambio hoy?

- 300ユーロの送金為替を作っていただきたいのですが。

  ¿Podría hacerme un giro postal de trescientos euros?

* 外貨自動両替機はどこにありますか?

¿Dónde está colocada la máquina de cambio automático de divisas?

* 電気、ガス、水道を自動口座振替にしたいのですが。

Quiero usar la domiciliación de pagos de electricidad, gas y agua.

* 私の給料は銀行振込になっています。

El sueldo [La nómina] se transfiere a mi cuenta bancaria.

【郵便／荷物】 🎤 F1-130

* 84円切手5枚ください。

Quiero comprar 5 sellos de 84 yenes.

* 日曜日は、郵便は配達されますか?

¿Se reparte el correo los domingos?

* この品物を郵送したいのですが、最も安上がりな方法を教えてください。

Quiero enviar este objeto. Dígame la manera más económica de hacerlo.

* この小包を日本へ送りたいのですが、航空便でいくらかかりますか?

¿Cuánto cuesta para mandar este paquete a Japón por avión?

* この荷物をスペインまで安く送る手立てはありますか?

¿Hay alguna manera barata de mandar este paquete a España?

* この荷物を一番安い方法でフランスへ送りたいのですが。

Quisiera enviar este bulto a Francia lo más barato posible.

* 郵便料金表はありますか?

¿Tiene(n) la tarifa de Correos?

* 日本まで船便だと何日かかりますか?

¿Cuántos días [Cuánto] se tarda hasta Japón por barco?

* この手紙を速達でお願いします。

Quiero enviar esta carta por correo urgente, por favor.

- 書留でお願いします。

Por correo certificado, por favor.

Quiero certificar esta carta.

- 中身は印刷物のみです。

Tiene dentro solo impresos.

El contenido es solamente impresos.

- 中身は壊れものです。

El contenido es frágil.

- 今日の消印は押してもらえるのですか?

¿Pondrá(n) el matasellos de hoy?

¿La carta llevará el matasellos de hoy?

- 切手が不足していたために手紙が手もとに戻ってきました。

Me han devuelto* esta carta por falta de franqueo.

("por falta de ..."は「…が不足のため」という意味。)

- この荷物を明日の午前中に届けたいのですが。

Quisiera que llegara este bulto mañana por la mañana.

- 送りたい荷物を自宅までとりに来てもらえますか?

¿Podría venir a mi casa para recoger el paquete que quiero mandar?

2 電話／スマホ／メール

◆ 通話／メール ◆

電話　teléfono (m)　　　　　　　公衆電話　teléfono público

携帯電話　móvil (m); celular (m)　　固定電話　teléfono fijo

スマートフォン　teléfono inteligente [smartphone] (m)

プリペイド式携帯電話　móvil de prepago　　　市内通話　llamada (f) urbana

長距離通話　llamada de larga distancia　　電話番号　número (m) de teléfono

フリーダイヤル　llamada (f) gratuita　内線　extensión (f)

外線　línea (f) exterior　　　　　　ダイヤル直通電話　línea directa

個人情報　información personal

…と連絡をとる　contactar con ...; ponerse en contacto con ...

電話をかける　llamar (por teléfono)　電話を切る　colgar el teléfono

留守番電話　contestador (m) automático　　電話帳　guía (f) telefónica

電話料金　tarifa (f) telefónica; importe (m) de la llamada

まちがい電話　llamada equivocada　　番号を確かめる　verificar el número

通話を切る　colgar [finalizar] la llamada　　携帯を切る　apagar el móvil

Eメール　correo (m) electrónico; e-mail (m)　　契約　contrato (m)

アドレス帳　libreta (f) de direcciones

メールアドレス　dirección (f) de correo electrónico

件名　asunto (m)　　　　　　履歴　historial (m)

添付ファイル　archivo adjunto　　添付する　adjuntar

送信する　enviar; mandar　　　受信する　recibir

返信する　responder　　　　　転送する、送り返す　reenviar

削除する　eliminar　　　　　　詐欺　estafa (f)

コンテンツ　contenido (m)　　　拡散する　viralizar

メッセージ、伝言　mensaje (m); recado (m)

迷惑メール　spam (m); correo basura

チャット　chateo　　　　　　チャットする　chatear

SNS　SNS (servicio de red social) (m); redes (f▶pl) sociales

リンク　enlace (m)　　　　　　　　ライン　LINE

＃、ハッシュタグ　(etiqueta de) almohadilla (f)

ツイート　tuit (m)　　　　　　　　ツイートする　tuitear

インスタグラムに投稿する　instagramear; subir a Instagram

インスタグラム　Instagram (m)　　アカウント　cuenta (f)

アカウントを作る　crear una cuenta　CC　CC (copia (f) de carbón) (f)

BBC　BCC (copia de carbón oculta) (f)

❖ 例文にかかわる語 ❖

chequear　チェックする	incluir　含む
corporativo/va　団体の	individual　個人の
engañoso/sa　偽りの、ごまかしの	manejar　操作する
equivocado/da　誤った	personal　個人の
falso/sa　偽りの、ごまかしの	proteger　保護する
fraudulento/ta　偽りの、ごまかしの	registrarse　登録する

基本的な言い方　　　　　　　　　　　　　　　　　　　🎤 F1-131

- （電話口で）サンチェスさんですか？ ― ここにはそのような名前の人はいません。

  ¿Es el señor Sánchez? ― No hay nadie con ese nombre aquí.

- （電話口で）すみません、番号をまちがえました。

  Disculpe; me equivoqué de número.

  （"equivocarse de ..."は「…をまちがえる」という意味。）

- （電話口で）何番にかけていますか？

  ¿Qué número ha marcado?

- この辺に公衆電話はありますか？

  ¿Hay un teléfono público por aquí?

- このスマホの使い方を教えてください。

  ¿Me puede enseñar cómo usar este smartphone?

【電話】

• もう少しゆっくり話してください。

¿Podría hablar un poco más despacio?

• 声が遠いので、大きな声で話してください。

No le oigo bien. Hable en voz alta, por favor.

• 何度も電話されると迷惑です。

Me molesta que me esté llamando tantas veces.

• もう二度と電話しないでください。

¡Que no vuelva a telefonear!

Ya no (me) llame más, ¿eh?

• 電話が突然切れてしまい失礼しました。

Perdone que la línea se haya cortado de repente.

• アリシアに伝言をお願いします。

¿Puedo dejar un recado [mensaje] a Alicia?

• では、のちほどかけ直します。

Pues, volveré a llamar más tarde [después].

• こちらにそのような方はいません。

Aquí no vive tal persona.

Aquí no hay nadie que tenga tal nombre.

• 電話番号は合っていますよね?

Es correcto el número de teléfono, ¿verdad?

• おかけになった番号がまちがっています。

Es número equivocado.

Se ha equivocado de número.

• 偽の〔詐欺行為の〕電話には出ないでください。

No responda [conteste] a llamadas engañosas [fraudulentas].

- ラインでアカウントを作る方法を教えてください。

Enséñeme cómo crear una cuenta de LINE.

- ラインを使って家族にメッセージや写真を送りたいのです。

A través de LINE quiero enviar mensajes o fotos a mi familia.

- あなたにメールが届いています。

Le ha llegado un correo electrónico.

- 連絡先を交換しませんか?

¿No quiere intercambiar su dirección de correo electrónico conmigo?

- 私は1日に何度もメールをチェックしています。

Acostumbro a chequear [mirar] el correo electrónico muchas veces al día.

- 近ごろいろいろな迷惑メールが届きます。

Recientemente me llegan varios correos no deseados.

- 迷惑メールには人を騙したり偽りの情報を提供したりするものがあります。

El spam puede incluir ofrecimientos falsos y fraudulentos.

- 個人情報を保護する方法を教えてください。

¿Puede decirme cómo proteger mi información personal?

- 多くの人たちは歩きながらスマホを操作している[見ている]。

Mucha gente maneja [ve] su smartphone caminando [mientras camina].

- SNSでコンテンツを拡散する一番よい方法ってどんなのかな?

¿Sabes cuál es la mejor manera de viralizar un contenido en las redes sociales?

- 携帯を充電したいのですが、どこでできますか?

Quiero cargar mi móvil, pero ¿dónde (se puede)?

3 パソコン／インターネット

関連語

◆ パソコン／周辺機器 ◆

パソコン　ordenador (m); computadora (f); computador (m)

タブレット　tableta (f)　　　　　　　AI、人工知能　inteligencia (f) artificial

液晶ディスプレイ　pantalla (f) de cristal líquido　OS　sistema (m) operativo

マウス　ratón (m)　　　　　　　キーボード　teclado (m)

CPU、中央処理装置　CPU (unidad central de proceso [procesamiento]) (f)

装置　dispositivo (m)　　　　　　　RAM、記憶装置　(memoria) RAM (f)

インクジェットプリンター　impresora (f) de inyección [chorro de tinta]

レーザープリンター　impresora láser　　インク　tinta (f)

インクカートリッジ　cartucho (m) de tinta　　スキャナー　escáner (m)

トナー　tóner (m)　　　　　　　ハードディスク　disco (m) duro

モデム　módem (m)　　　　　　　ルーター　router (m)

接続端子、コネクター　conector (m)　　接続する　conectar

CD [DVD] プレーヤー　reproductor (m) de CD [DVD]

DVD　DVD (disco versátil digital) (m)　　CD　CD (disco compacto) (m)

LAN　LAN (red de área local) (f)　　LANケーブル　cable (m) LAN

USB　USB (bus universal en serie) (m)　　USBメモリー　memoria (f) USB

USBタイプA [C]　USB tipo A [C]　　USBポート　puerto (m) USB

◇ 印刷の色人 ◇

印刷　impresión (f)　　　　　　　印刷する　imprimir

モノクロ、単色　monocromía (f)　　　単色の　monocromo/ma

多彩色　policromía (f)　　　　　　多彩色の　polícromo/ma

◆ 情報／通信／ソフトウエア／インターネット ◆

プロバイダー　proveedor (m)　　　　サーバー　servidor (m)

ブラウザ　navegador (m)　　　　利用者、ユーザー　usuario/ria (m/f)

ウェブページ　página (f) web　　　　ウェブサイト　sitio (m) web

URL　URL (localizador de recursos uniforme) (f); dirección URL

アクセスする　acceder　　　　インターネット　internet (m) (f)

インターネットをする　navegar por internet　　WiFi、ワイファイ　WiFi (m)

ウィキペディア　Wikipedia (enciclopedia libre) (f)

ログインする　iniciar sesión; ingresar; entrar

ログアウトする　cerrar sesión; desconectar

ブルートゥース　Bluetooth (tecnología de comunicación inalámbrica entre dispositivos) (m)

ソフトウエア　software (m)　　　　フリーウエア　software libre; freeware (m)

シェアウエア　software compartido

知的所有権　derecho (m) de propiedad intelectual

プログラム　programa (m)　　　　プログラミング　programación (f)

ブログ　blog (m) ; bitácora (f) electrónica

ブログを書く　bloguear; escribir en un blog

フォロワー　seguidor/dora (m/f)　　　　ズーム　Zoom (m)

QRコード　código QR (respuesta rápida) (m)

IT、情報技術　tecnología (f) informática

PDF　PDF (formato de documento portátil) (m)

クラウド　cloud (m); nube (f)　　　　SIMカード　tarjeta (f) SIM

HTML、マークアップ言語　HTML (lenguage de marcado de hipertexto) (m)

◆ セキュリティー ◆

セキュリティー　seguridad (f) (informática)

セキュリティソフト　software de seguridad

ウイルス　virus (m)　　　　ウイルスに感染する　infectarse; contagiarse

マルウエア　malware (m)　　　　ウイルス対策ソフト　software antivirus

ファイアーウォール　contrafuegos (m▶pl); firewall (m)

サイバー攻撃　ciberataque (m)　　　　ハッキング　hackeo (m)

ハッカー　hacker (mf); pirata (mf) informático/ca

パスワード　contraseña (f); password (m); clave (f)

◇ 画面上の表示／操作 ◇

ツールバー　barra (f) de herramienta (f)　　　書式　formato (m)

フォルダー　carpeta (f)　　　　　ファイル、データ　archivo (m); dato (m)

アプリケーション　aplicación (f); aplicativo (m)　　アイコン　icono (m)

カーソル　cursor (m)　　　　カーソルでさし示す　apuntar con el cursor

クリック　clic (m)　　　　　　クリックする　hacer clic

ダブルクリック　doble clic　　　　ドラッグする　arrastrar

スクロールする　desplazar　　　　選択する　seleccionar

検索する　buscar　　　　　　コピーする　copiar

カットする　cortar　　　　　ペーストする、貼りつける　pegar

挿入する　introducir　　　　保存する　guardar

アップロードする　cargar; subir　　　ダウンロードする　descargar

フリーズする　congelarse; quedarse congelado/da

修復する　recuperar

バックアップをとる　hacer un respaldo [backup]; realizar una copia de
　　　　　　　　seguridad

同意する　aceptar　　　　インストールする　instalar

アットマーク　arroba (f)　　　　編集する　editar

フォント　fuente (f)　　　　サイズ、大きさ　tamaño (m)

形状　configuración (f)　　　　表　tabla (f); cuadro (m)

文書　texto (m); documento (m)　　　グラフ、図　gráfico (m); diagrama (m)

画像　imagen (f)　　　　動画　vídeo [video] (m)

写真　foto (f)　　　　イラスト　ilustración (f)

ごみ箱　papelera (f) de reciclaje

起動する　encender; iniciar　　　終了する　apagar

初期化、フォーマット　formateo (m)　　　初期化する　formatear

再起動する　reiniciar　　　　リセットする　resetear

圧縮する　comprimir　　　　解凍する　descomprimir

❖ 例文にかかわる語 ❖

amenaza (f) 脅威	de pago 有料の
arreglar 調整する、整える	descifrar 判読する、解読する
aumentar 増やす、拡大する	disminuir 減らす、小さくする
café internet (m) インターネットカフェ	grabar 録音する
cibercafé [ciber café] (m) インターネットカフェ	gratuito/ta 無料の
convertir 変換する	ilegible 読みづらい、判読できない
corregir 訂正する	insertar 挿入する、差し込む
crear 作成する	sustituir とりかえる

基本的な言い方　　　　　　　　　　　　🎤 F1-134

- デスクトップパソコンかノートパソコンを買おうと思います。

  Pienso comprar un ordenador de sobremesa o uno portátil.

- パソコンの電源を入れてください。

  Encienda su ordenador.

- この場所でWi-Fiは使えますか?

  ¿Se puede usar el Wi-Fi en este lugar?

- そのアイコンをクリックしてみてください。

  Haga clic en el icono.

【パソコン／データ関連】　　　　　　　　🎤 F1-135

- ノートパソコンしか持ってきていません。

  Sólo traigo el ordenador portátil.

- 私はキーボードの操作が下手です。

  Manejo mal el teclado.

- このパソコンのキーボードとマウスがしっくりこない。

  No me sienta bien ni el teclado ni el ratón de este ordenador.

- マウスでアイコンをダブルクリックしてください。

  Haga doble clic sobre el icono con el ratón.

- パソコンが起動時にフリーズします。

  Se congela la computadora al inicio.

- 私のパソコンがフリーズしました。

  Mi ordenador se quedó congelado.

- データ〔ファイル〕の修復は可能ですか?

  ¿Es posible recuperar los datos [archivos]?

- 文書は定期的にバックアップをとっておいてください。

  Guarde periódicamente los documentos en un archivo de respaldo.

- データはその都度保存し、バックアップをとってください。

  Cada vez procure conservar los datos y hacer una copia de seguridad.

- 私の捨てたファイルがごみ箱に残っていました。

  Existen en la papelera de reciclaje mis archivos ya tirados.

- インクが切れる前にカートリッジをとりかえよう。

  Voy a sustituir el cartucho de tinta antes de que se agote.

- このQRコードを読みとってください。

  Lea este código QR.

【ソフトウエア／文書】　　　　　　　　　　　　　　🎤 F1-136

- このアプリケーションを開きます〔閉じます〕。

  Voy a abrir [cerrar] esta aplicación.

- ウィキペディアは百科事典として実用的だ。

  Es práctica Wikipedia como enciclopedia.

- そのソフトウエアは有料ですか無料ですか?

  ¿Es de pago o gratuito ese software?

- これらのプログラムはウインドウズPCには必要不可欠です。

  Estos programas son imprescindibles para un PC Windows.

- これらのイラストをワードの文書に挿入する方法を教えてください。

  ¿Podría enseñarme cómo insertar estas ilustraciones en el
  documento Word.

- もう少しフォントを大きく〔小さく〕してもらえますか?

  ¿Se puede aumentar [disminuir] el tamaño de la fuente?

- フォントの形を変えたいと思います。

  Quiero cambiar la configuración de la fuente.

- 文字のサイズが小さすぎて見づらい。

  El tamaño de las letras es tan pequeño que es difícil (de)
  leer.

  ("tan ... que ～"は「あまりにも…なので～だ」という意味。)

- 文字が判読できません。

  Las letras son ilegibles.

  Las letras no se pueden leer [descifrar].

- 文書を添付ファイルで送ります。

  Envío el documento [texto] por medio de archivo adjunto.

  ("por medio de ..."は「…を通して、…によって」という意味。)

- PDFを添付ファイルで送ってください。

  ¿Puede mandarme el PDF como archivo adjunto?

- このファイルをPDFに変換します。

  Voy a convertir este archivo en PDF.

- 添付ファイルは読み終わったら消去してください。

  Elimine el archivo adjunto después de leerlo.

- これら二つの圧縮されたフォルダーを解凍する必要があります。

  Se necesita descomprimir estas dos carpetas comprimidas.

【セキュリティー／ウイルス／パスワード】 ♀ F1-137

• 利用者はマルウエアの脅威を防ぐために適切な対策を講ずるべきです。

El usuario debe de tomar medidas adecuadas para prevenir la amenaza del malware.

• いろいろなタイプのセキュリティソフトがあります。

Existen diversos tipos de software de seguridad.

• 無料で信頼できるアンチウイルスは、何がおすすめですか?

¿Qué antivirus recomienda que sea gratis y fiable?

• コンピューターを保護するための無料ソフトはいくつかあります。

Hay algunos softwares gratuitos que pueden mantener el ordenador bien protegido.

• ハッカーたちはあなたの貴重な情報を盗もうとしています。

Los piratas informáticos tratan de robar su valiosa información.

• このコンピューターはウイルスに感染しています。

Este ordenador se ha infectado con virus.

• この種のウイルスはパソコンに保存されたデータに害を及ぼしかねません。

Esta clase de virus puede dañar datos o archivos almacenados en el ordenador.

• ウイルスから守るソフトをインストールしておこう。

Voy a instalar un software [programa] para proteger el ordenador contra el virus.

• パスワードは頻繁に変えたほうがよろしいです。

Es mejor cambiar frecuentemente la contraseña [el password].

• わかりやすいパスワードは安全性が脅かされます。

Una contraseña fácil de adivinar es un riesgo para la seguridad.

• 強力で安全なパスワードを作るべきだよ。

Tienes que crear una contraseña robusta y segura.

- 私のパスワードは、大文字・小文字、数字、特殊文字が混ざってます。

Mi contraseña tiene mezcladas letras mayúsculas y minúsculas, números y caracteres especiales.

- パスワードを入れたが、ファイルが開かない。

No se abre el archivo aunque metí la contraseña.

【インターネット関連】 🎤 F1-138

- インターネットはどう接続すればよいのですか。

¿Cómo puedo conectar a internet?

¿Cómo puedo tener acceso a internet?

- いくつかソフトウエアをインストールしてみます。

Voy a instalar algunos programas de software.

- この無料アプリをダウンロードします。

Descargaré esta aplicación gratis.

- ユーザー名は変えたほうがよい。

Es mejor cambiar el nombre del usuario.

- このパソコンは起動するとき、いつもパスワードの入力が必要だ。

Cada vez que se inicia este ordenador, se necesita meter la contraseña [clave].

("cada vez que ..."は「…するたびに」という意味。)

- ネットサーフィンは多少の気晴らしになる。

Es algo divertido navegar por internet.

- 家のインターネットの速度を改善したい。

Quiero mejorar la velocidad de internet en casa.

- 仲間とチャットするのは楽しい。

Es un placer chatear con mis compañeros.

- ツイッターのアカウントを開く方法を教えてよ。

Dime cómo abrir una cuenta en Twitter.

- パワーポイントを使って発表するつもりだ。

Pienso hacer una presentación usando PowerPoint.

- ズームの使い方を教えてください。

Enséñeme cómo usar Zoom.

- ズームアプリをインストールする必要があります。

Se necesita instalar la aplicación de Zoom.

- グーグルプレイからそのプログラムにアクセスできます。

Desde Google Play se podrá acceder al programa.

- Webページ作成の方法を説明してください。

Explíqueme cómo crear una página web.

- 私の車はブルートゥースが接続されているので、運転中に電話が可能です。

Como mi coche tiene el Bluetooth, puedo usar el teléfono mientras manejo.

- 私のブログには多くのフォロワーがいます。

Tengo muchos seguidores de mi blog.

- 私のブログをフォローしてくれる人を増やす作戦をいくつか考えているところです。

Estoy pensando en algunas estrategias para obtener más seguidores para mi blog.

- 私は一読者として彼のブログの記事にコメントを残しています。

Como lector/tor**a** pongo mis comentarios en los artículos de su blog.

- 情報を得るのにブログやウェブサイトを見るといいよ。

Te recomiendo ver blogs y páginas de web para sacar informaciones.

- このソフトウエアはウインドウズでもマックでも使えます。

Este software sirve en Windows y también en Mac.

- あなた方の論文を訂正し調整したいので、私のメールアドレスに送ってください。

Mándenme su tesis a mi e-mail para corregirla y arreglarla.

・手持ちのUSBがないので、一つ買わなきゃいけません。

No tengo ni un USB. Tendré que comprar uno.

・このUSBメモリーに私の好きな歌手の歌を録音しておきたい。

Quiero grabar las canciones de mi cantante favorito en esta
memoria USB.

・家でインターネットができればネットカフェに行く必要はない!

¿Quién necesita ir a un cibercafé teniendo internet en casa?

・人々はネットカフェでサーフィンを楽しんでいます。

En los cibercafés se disfruta navegando en la web.

4 文具

関連語

◆ オフィス用機器／文具 ◆

コピー copia (f)	コピーする copiar
コピー機、複写機 fotocopiadora (f)	計算機、電卓 calculadora (f)
シュレッター trituradora (f) de papel	
紙裁断機、カッター cortadora (f) de papel	
文房具 artículos [útiles] (m ▶ pl) de escritorio	
鉛筆 lápiz (m) (de grafito)	芯 mina (f)
シャープペンシル portaminas (m, s/pl); lapicero (m)	
消耗品 artículo [producto] (m) de consumo	ボールペン bolígrafo (m)
鉛筆削り sacapuntas (m, s/pl)	筆ばこ estuche (m)
紙 papel (m)	スケッチブック bloc (m) de dibujo
万年筆 pluma (f)	インク tinta (f)
色鉛筆 lápiz de color	マーカー、フェルトペン rotulador (m)

クレヨン　crayón (m)　　　　　消しゴム　borrador (m)

修正液　líquido (m) corrector　　修正テープ　cinta (f) correctora

定規　regla (f)　　　　　　　三角定規　cartabón (m)

コンパス　compás (m)　　　　テープ　cinta (f) adhesiva

ホッチキス　grapadora (f); engrapadora (f)　　ホッチキスでとめる　engrapar

クリップ　clip (m); sujetapapeles (m, s/pl)

付箋紙　nota (f) adhesiva; post it [posit] (m)

メモ用紙　papel (m) de notas　　メモ帳　libreta (f) de apuntes [notas]

ノート　cuaderno (m); libreta (f); bloc (m)　　手帳　agenda (f)

メモ　apunte (m); nota (f)　　メモする　apuntar; tomar notas

糊、接着剤　pegamento (m); engrudo (m)

スティック糊　barra (f) de pegamento　　ハサミ　tijeras (f▶pl)

カッターナイフ　cúter (m)　　輪ゴム　goma [liga] (f) elástica

アルバム　álbum (m)　　　　画鋲　tachuela (f); chincheta (f)

セロテープ　cinta (f) adhesiva transparente　　ガムテープ　cinta adhesiva

両面テープ　cinta adhesiva de doble cara　　そろばん　ábaco (m)

❖ 例文にかかわる語 ❖

desgastarse　すり減る、消耗する　　satinado/da　光沢[つや]のある

deslizarse　滑らかに進む　　　　superficie (f)　表面

gastarse　すり減る、消耗する　　trazar　線を引く

gastos (m▶pl) de la empresa　経費　　trazo (m)　線

liso/sa　すべすべした、滑らかな

- これらの文書をすぐに10部コピーしてください。

Haga inmediatamente 10 copias de estos papeles.

- 試験中にボールペンのインクがなくなりました。

Se acabó la tinta de mi bolígrafo durante el examen.

- シャープペンシルの芯がすり減りました。

Se ha desgastado la mina del portaminas.

- 消しゴムを貸してください。

Présteme su borrador, por favor.

- このコピー機だと白黒で一枚いくらですか? ― 10円です。

Con esta fotocopiadora, ¿cuánto cuesta una copia en blanco y negro? ― Cuesta 10 yenes.

- 消耗品は経費で落とせます。

Los artículos de consumo pueden pasarse como gastos de la empresa.

- 私が受けている美術の授業では色鉛筆が必要です。

Necesito lápices de color para mi clase de arte.

- 鉛筆の先が減ったので線が少しずつ太くなり始めています。

Como se gastó la punta del lápiz, el trazo comienza a ser cada vez más grueso.

- このボールペンは書きやすいです。

Este bolígrafo se desliza con suavidad sobre el papel.

- 重要だと思われるページには付箋(紙)を貼っておくとしよう。

Pondré notas adhesivas en las páginas que me parezcan importantes.

• 皆さん、レポートはホッチキスで止めて提出してください。

Entréguenme su reportaje engrapado.

Que me entreguen su reportaje uniendo las hojas con la grapadora.

• 数学のテストは定規とコンパスを使ってもかまいません。

Se pueden usar una regla y un compás para resolver el examen de matemáticas.

• この2行を修正液で消しておきますね。

Borraré estos dos renglones con el líquido corrector.

• 私は旅行中に撮った写真をアルバムに保存しています。

Conservo en mi álbum las fotos que he sacado al viajar.

• 私はメモをとるのにタブレットを使うよりも紙に書くほうが好きです。

Para tomar apuntes prefiero escribir en papel a utilizar la tableta.

• 私はメモ用またはスケッチ用にいつもノートを持参しています。

Siempre llevo mi cuaderno para tomar notas o trazar dibujos.

• このスケッチブックは表面がすべすべして光沢があり、鉛筆画にはもってこいです。

Este bloc de dibujo tiene una superficie lisa y satinada, muy conveniente para trazar con lápiz.

05 勉学

1 学校／教育

関連語

◆ 学校／施設 ◆

学校、学舎（まなびや） escuela (f); colegio (m)　　保育園　guardería (f)

幼稚園　jardín (m) de infancia; kindergarten (m)

小学校　escuela primaria　　　　中学校　escuela secundaria

高等学校　bachillerato (m)　　　　大学　universidad (f)

大学院　escuela de posgrado

専門学校　escuela profesional; escuela de formación profesional;
　　　　　 escuela vocacional

講堂　paraninfo (m); sala (f) de conferencias

教室　aula (f); clase (f)

◇ 教室の備品 ◇

教壇　tarima (f) del profesor　　　教師用の机　pupitre (m) del profesor
机　mesa (f)　　　　　　　　　　椅子　silla (f)
黒板　pizarra (f); pizarrón (m)　　白板　pizarra blanca
黒板消し　borrador (m)　　　　　地図　mapa (m)
掲示板　tablón (m) de anuncios　　地球儀　globo (m) terráqueo
チョーク　tiza (f)

会議室　sala de reuniones　　　　音楽室　aula de música

美術室　aula de artes plásticas　　コンピューター室　aula de informática

保健室、医務室　enfermería (f)　　職員室　sala (f) de profesores

体育館　gimnasio (m)　　　　　　ロッカールーム、更衣室　vestuario (m)

講堂　paraninfo (m); salón (m) de actos

研究室（大学）　oficina (f)　　　図書館　biblioteca (f)

◇ 図書館 ◇

受付　información (f)	司書、図書館員　bibliotecario/ria (m / f)
参考図書　libro (m) de consulta	推薦図書　libro recomendado
利用カード　tarjeta (f) [carné (m)] de lector	
貸出カード　tarjeta de préstamo	発行する　expedir
…を借りる　pedir prestado/da …	更新、期限延長　renovación (f)
更新する　renovar	返却する　devolver; regresar
マイクロフィルム　microfilm (m)	マイクロフィッシュ　microficha (f)

学生寮（大学）　colegio (m) mayor [universitario]; dormitorio (m) de estudiantes

寄宿舎　residencia (f) escolar

◆ 入学試験／入学／卒業 ◆

入学願書　solicitud (f) de admisión　　受験生　examinando/da (m / f)

志願者　candidato/ta (m / f); opositor/tora (m / f)

入学試験　examen (m) [prueba (f)] de ingreso [admisión]

推薦入学　admisión por recomendación

推薦状　carta (f) de recomendación

口頭試験　examen oral　　　　面接　entrevista (f)

実技試験　examen [prueba] de práctica

試験の結果　resultado (m) del examen　　合格する　aprobar; pasar

不合格にする、落第させる　suspender; reprobar

入学手続き　trámite (m) de entrada	入学式　ceremonia (f) de entrada
…に入学する　ingresar en …	通う　asistir
留年する　repetir el curso	…を卒業する　graduarse de …
退学させる　expulsar	中退する　abandonar [dejar] la carrera

生徒　alumno/na (m / f); escolar (mf)	学生　estudiante (mf)
新入生　estudiante de nuevo ingreso	学生証　carné (m) de estudiante
卒業生　graduado/da (m / f)	大学院生　posgraduado/da (m / f)

169

◆ 授業／登録／授業料／学位 ◆

教育　educación (f); enseñanza (f)　　　　遠隔教育　educación a distancia

オンライン教育　educación online [en línea]　オンライン授業　curso (m) online

年間コース　año [curso] (m) académico　　2学期制　semestre (m)

3学期制　trimestre (m)　　　　　　　　4学期制　cuatrimestre (m)

必須科目　asignatura (f) obligatoria　　　選択科目　asignatura optativa

登録、履修(届)　matrícula (f); inscripción (f)

登録する、履修届を出す　matricularse; inscribirse

登録科目　asignatura matriculada　　　　単位　crédito (m); unidad (f)

登録変更　modificación (f) de la matrícula　　奨学金　beca (f)

授業料　importe (m); tasas (f▶pl) académicas

授業料を支払う　abonar las tasas académicas

免除する　exentar　　　　　　　　認定、認可　convalidación (f)

教授法　didáctica (f)　　　　　　　教える　enseñar

授業　clase (f)　　　　　　　　　　ゼミ、演習　seminario (m)

勉強する、学ぶ　estudiar; empollar; aprender

授業に出席する　asistir a una clase　　（授業を）受ける　tomar

授業を欠席する　faltar a clase　　　　自習　autoaprendizaje (m)

成績が良い〔悪い〕　sacar buena(s) [mala(s)] nota(s)

休み時間　hora (f) de recreo　　　　研究、調査　investigación (f)

研究する　investigar　　　　　　　論文　artículo (m)

原稿　manuscrito (m)　　　　　　　研究発表　ponencia (f)

研究発表する　presentar una ponencia

学位論文　tesis (f, s/pl); tesina (f)　　卒業証書　diploma (m)

卒業証明書　certificado (m) de graduación

学位をとる　obtener el título　　　　学士号　licenciatura (f)

修士号　máster (m)　　　　　　　博士号　doctorado (m)

❖ 例文にかかわる語 ❖

añadir 加える、足す	PTA (asociación de padres y maestros) (f) PTA
anular とり消す	público/ca 公立の
aprender de memoria 暗記する	pulir 磨きをかける、推敲する
ascender （金額が）達する	recordar 思い出す
comité (m) de educación 教育委員会	residir 居住する
desventaja (f) デメリット	ritmo (m) ペース
entregar 提出する	tarea (f) 作業
escolar 学校の	técnica (f) こつ、秘訣
memorizar 暗記する	terminar 終える
parlamento (m) 台詞	unificar 統一する
plazo (m) 期限	universitario/ria 大学の
privado/da 私立の	ventaja (f) メリット

基本的な言い方 🎙 F1-143

• 私は大学生です。

Soy estudiante universitario/ria.

• あなたの学校は公立ですか、私立ですか?

¿Es pública o privada su escuela?

• 今学期はどの科目を履修しますか?

¿En qué clases piensa matricularse [inscribirse] este semestre?

• これは必須科目ですか選択科目ですか?

¿Es la asignatura obligatoria u optativa?

- どこの大学を志望していますか？

  ¿A qué universidad desea entrar?

- 家から近い大学を希望します。

  Quiero ir a una universidad cerca de mi casa.

- あの大学を受けるには推薦状が3通必要です。

  Aquella universidad requiere 3 cartas de recomendación.

- 私は大学受験で不合格となりました。

  Me suspendieron* [reprobaron*] en el examen de ingreso a la universidad.

  No aprobé [pasé] el examen de ingreso a la universidad.

- ようやく志望校に合格しました。

  Por fin aprobé la prueba de ingreso a la escuela que deseaba ingresar [ir].

- 授業料は年間いくらになりますか？

  ¿A cuánto ascienden las tasas académicas al año?

- 奨学金の申請はしましたか？ 提出期限は明後日です。

  ¿Ya ha solicitado la beca? El plazo es pasado mañana.

- 授業料免除という奨学金をもらえることになりました。

  Me han dado* [han otorgado*] la beca que exenta las tasas académicas.

- きみとしては2学期制がいい、それとも4学期生がいい？

  ¿Cuál es mejor para ti, semestres o cuatrimestres?

- どっちにもメリットとデメリットはある。

  Ambos tienen ventajas y desventajas.

・あなたの大学の授業体制は2学期制ですか？

¿Su universidad tiene el calendario semestral [sistema de semestre]?

・きみは大学の何年生なの？ － 3年生だよ。

¿De qué curso eres? － Soy del tercer curso.

・私は専門学校に通っています。

Asisto a una escuela de formación profesional.

・大学を卒業したら大学院で学びたいです。

Después de graduarme de la universidad me gustaría estudiar un curso de posgrado.

・外国の大学で博士号を取りたいと考えています。

Pienso obtener el doctorado en alguna universidad extranjera.

【授業登録／単位／留年／退学】　　　　　　　　　　　　　　　　🎤 F1-147

・登録の変更をしたいのですが。

Quisiera hacer una modificación de la matrícula.

・履修届はもう提出しましたか〔済ませましたか〕？

¿Ya ha entregado la matrícula de las asignaturas?

・この学科では卒業するのに140単位必要です。

En este departamento se necesitan ciento cuarenta créditos para graduarse.

・科目をいくつか増やしたい〔取り消したい〕のですが。

Quiero añadir [anular] unas asignaturas.

・この科目を他の科目に変更しようと思います。

Pienso cambiar esta asignatura por otra.

・グループ変更をしたのですが。

Me gustaría cambiar de grupo.

- 履修科目の変更は一切認められません。

  No se permite cambiar las asignaturas en que se ha matriculado.

- この科目は2単位ですか4単位ですか?

  ¿Es de 2 créditos o 4 esta asignatura?

- 第二外国語としてスペイン語を履修しようと思う。

  Pienso matricularme en español como segunda lengua.

- 私は経済学を落とした。

  Me suspendieron* en economía.

- 私は卒業するのに6単位不足している。

  Me faltan 6 créditos para graduarme.

- 欠席のためやむなく大学を1年留年することになった。

  Me veo obligado/da a repetir un año de la universidad por inasistencia.

  ("verse obligado / da a …"は「…せざるをえない」という意味。)

- 私は2年のとき大学を退学になった。

  Me expulsaron* de la universidad en el segundo curso.

【オンライン授業】

- 新型コロナウイルス感染症の流行が教育のかたちを変えてしまった。

  La pandemia de la COVID-19 ha transformado la educación.

- オンライン教育では、学生たちは自分のリズムで学習できます。

  En el caso de la educación online los estudiantes pueden aprender a su ritmo.

- 多くの学生たちはオンラインで授業を受けてきました。

  Muchos estudiantes han tomado cursos online.

- 学生たちはどこからでも大学の授業にアクセスできます。

  Los estudiantes pueden acceder a las clases universitarias desde cualquier lugar.

- 先生たちにとってオンライン授業は容易ではありません。

No es tarea fácil para los profesores enseñar las clases online.

- 田舎に住む何人かの学生たちにとってインターネットへの接続が悪すぎます。

Algunos estudiantes que residen en zonas rurales tienen una conexión pésima a internet.

【授業／試験／学生生活】　　　　　　　　　　🎙 F1-149

- 私にとって授業はどれもおもしろい〔退屈〕です。

Para mí todas las clases son interesantes [aburridas].

- 社会学の授業にはどうしても出席したい。

Quiero asistir a la clase de sociología sin falta.

- 眠いので1限目は休むとしよう。

Como tengo sueño, faltaré a la primera hora de clase.

- 試験の直前はよく徹夜で勉強します。

Justo antes del examen suelo estudiar [empollar] toda la noche.

- 今学期はあまり成績は良くなかった。

No he podido sacar buenas notas en este semestre.

- 読めもしないのになぜそんなに本を持っているの?

¿Por qué tienes más libros de los que puedes leer?

- 私は大学の寮で生活することになりました。

Voy a vivir en la residencia universitaria [el colegio mayor].

- 大学へは週に何回通っていますか?

¿Cuántas veces va a la universidad a la semana?

- 大学では演劇部に入っています。

Pertenezco al club de teatro en la universidad.

Soy un miembro del club de teatro en la universidad.

- 土日を除き練習は放課後に行います。

  Excepto los sábados y domingos practicamos [ensayamos] después de las clases.

  （前置詞exceptoは「…を除いて」という意味。）

- 長台詞（ながせりふ）を覚えるのが大変です

  Me cuesta mucho trabajo aprender de memoria los parlamentos largos.

  Tomo mucho tiempo para memorizar los diálogos largos.

- 将来何になりたいですか？ ― まだわかりません。

  ¿Qué quiere ser [hacer] en el futuro? ― No sé todavía.

【図書館】

F1-150

- 図書館には専門書がたくさんあります。

  Hay muchos libros especializados en la biblioteca.

- 図書館の利用カードはどこで発行してもらえますか？

  ¿Dónde puedo obtener una tarjeta de lector para el uso de la biblioteca?

- 貸出カードはどこで発行してもらえますか？

  ¿Dónde se expide un carné de préstamo?

- 大学の図書館で何冊か本を借りようと思う。

  Pienso pedir prestados algunos libros en la biblioteca universitaria.

- これから図書館でちょっとした調べものをしようと思っている。

  Ahora voy a hacer unas pequeñas investigaciones en la biblioteca.

- 速読ができて、なおかつ内容をしっかり記憶できるようなテクニックを学びたいです。

  Quiero aprender la técnica que permite leer los libros rápidamente y recordarlos bien.

・身分証明書がなければ自由に図書館に入ることはできません。

No se da libre acceso a la biblioteca sin el carné de identidad.

・図書館に本を返却しないとね。

Tengo que <u>regresar</u> [devolver] los libros a la biblioteca.

【学位／論文／原稿】 🎤 F1-151

・大学の先生になるには少なくとも修士号をとる必要があります。

Es necesario tener por lo menos el máster para ser profesor/sor**a** de universidad.

・私はすぐに言語学に関する論文を1本提出しなければならない。

Tengo que entregar <u>pronto</u> [inmediatamente] un artículo sobre lingüística.

・他の原稿の文体に合わせてこの原稿の文章を訂正したほうがいい。

Es mejor corregir las frases del manuscrito de acuerdo con el estilo de los demás.

("de acuerdo con ..."は「…に応じた、…と一致した、…と合意した」という意味。)

・異なる原稿の文体を磨き上げ統一する必要があります。

Hay que pulir y unificar el estilo de los diferentes manuscritos.

2 学問／研究

関連語

◆ 各種学問 ◆

科目、教科	asignatura (f); materia (f)	人文科学	ciencias (f▶pl) humanas
社会科学	ciencias sociales	自然科学	ciencias naturales
言語	lengua (f); idioma (m)	文法	gramática (f)
方言	dialecto (m)	母語	lengua materna

文化 cultura (f)	文学 literatura (f)
コミュニケーション comunicación (f)	修辞学、レトリック retórica (f)
言語学 lingüística (f)	応用言語学 lingüística aplicada
心理学 psicología (f)	社会学 sociología (f)
哲学 filosofía (f)	文献学 filología (f)
教育学 pedagogía (f)	倫理学 ética (f)
政治学 politología (f); ciencia (f) política	法律 derecho (m)
経営学 administración (f) de empresas [negocios]	
古文書学 paleografía (f); archivología (f)	経済学 economía (f)
考古学 arqueología (f)	歴史学 historia (f)
宗教 religión (f)	科学 ciencia (f)
化学 química (f)	海洋学 oceanografía (f)
コンピューターサイエンス ciencia computacional [de la computación]	
情報科学 informática (f)	美術 arte (m)
美学 estética (f)	地理学 geografía (f)
地震学 sismología (f)	数学 matemáticas (f▶pl)
算術、算数 aritmética (f)	音楽 música (f)
建築学 arquitectura (f)	生態学 ecología (f)
生物学 biología (f)	微生物学 microbiología (f)
植物学 botánica (f)	人類学 antropología (f)
動物学 zoología (f)	物理学 física (f)
天文学 astronomía (f)	宇宙航空学 astronáutica (f)
医学 medicina (f)	解剖学 anatomía (f)
法医学 medicina legal [forense]	薬学 farmacia (f)
薬理学、薬物学 farmacología (f)	看護学 enfermería (f)
歯学 odontología (f)	獣医学 veterinaria (f)

◆ 教育者／学者 ◆

研究者 investigador/dora (m/f)	専門家 especialista (mf)

教師、先生 profesor/ra (m/f); maestro/tra (m/f)

(profesor/raは中等教育以上の専門科目を教える人、maestro/traは主に初等教育・中等教育に携わる人です。)

◇ 大学 ^(注) ◇

(^(注)大学教員の職位名は国または各大学によって呼び名が異なる場合があります。)

学部　facultad (f)　　　　　　　　学科　departamento (m)

学長　rector/tor**a** (m/f)　　　　　副学長　vicerrecotor/tor**a** (m/f)

学部長　decan**o/na** (m/f)

学科長　jef**e/fa** (m/f) del departamento

教授　profesor/sor**a** (m/f); catedrátic**o/ca** (m/f)

准教授　profesor/sor**a** asociad**o/da**

講師　profesor/sor**a** titular　　　助教　profesor/sor**a** ayudante

非常勤講師　profesor/sor**a** no numerari**o/ria**

招聘教授　profesor/sor**a** visitante
_{しょうへい}

名誉教授　profesor/sor**a** emérit**o/ta**

◇ 小・中・高 ◇

校長　director/tor**a** (m/f)　　　　教頭　subdirector/tor**a** (m/f)

心理学者	psicólog**o/ga** (m/f)	社会学者	sociólog**o/ga** (m/f)
政治学者	politólog**o/ga** (m/f)	歴史学者	historiador/dor**a** (m/f)
経済学者	economista (mf)	文献学者	filólog**o/ga** (m/f)
言語学者	lingüista (mf)	文学者	<u>hombre [mujer]</u> (m/f) de letras
哲学者	filósof**o/fa** (m/f)	倫理学者、道徳家	étic**o/ca** (m/f)
地理学者	geógraf**o/fa** (m/f)	地震学者	sismólog**o/ga** (m/f)
数学者	matemátic**o/ca** (m/f)	音楽家、ミュージシャン	músic**o/ca** (m/f)
生態学者	ecólog**o/ga** (m/f)	生物学者	biólog**o/ga** (m/f)
植物学者	botánic**o/ca** (m/f)	動物学者	zoólog**o/ga** (m/f)
物理学者	físic**o/ca** (m/f)	化学者	químic**o/ca** (m/f)
科学者	científic**o/ca** (m/f)	人類学者	antropólog**o/ga** (m/f)
地質学者	geólog**o/ga** (m/f)	火山学者	vulcanólog**o/ga** (m/f)
考古学者	arqueólog**o/ga** (m/f)	天文学者	astrónom**o/ma** (m/f)
古文書学者	paleógraf**o/fa**; archivólog**o/ga** (m/f)		
海洋学者	oceanógraf**o/fa** (m/f)		

adquirir　手に入れる　　　　　　　específico/ca　特定の

dominar <u>completamente</u> [por completo]　究^{きわ}める

基本的な言い方　　　　　　　　　　　　　🎤 F1-152

- 大学では西洋美術の勉強がしたいです。

  Quisiera estudiar el arte occidental en la universidad.

- 私は将来一つの言語を究めたい。

  Quisiera dominar completamente un idioma en el futuro.

【学問・研究／授業・試験】　　　　　　　　🎤 F1-153

- 私は新しい知識をとり入れたいと思っています。

  Me interesa adquirir nuevos conocimientos.

- 専攻は決まりましたか？ － はい、経済学にします。

  ¿Ya ha decidido qué va a estudiar específicamente? － Sí, la
  economía.

- 自然科学よりも人文科学に興味があります。

  Tengo más interés por las ciencias humanas que las
  naturales.

  Me interesan más las ciencias humanas que las naturales

- 大学院ではコンピューターサイエンスを専攻しています。

  Mi campo específico es la ciencia computacional en el curso
  de posgrado.

- 動物が好きなので将来動物学者になりたいです。

  Como me gustan los animales, quisiera ser zoólogo/ga en el futuro.

3 留学／ビザ

◆ 留学 ◆

留学する　estudiar en el extranjero　　滞在期間　período (m) de estancia

必要書類に記入する　rellenar los documentos necesarios

海外で生活する　vivir en el extranjero

奨学金　beca (f)　　　　　　　　　　　奨学生、給費生　becario/ria (m/f)

◆ ビザ ◆

ビザ　visa (f); visado (m)　　　　　　申請　solicitud (f)

ビザを申請する　solicitar un visado　　ビザを発行する　expedir el visado

ビザを取得する　obtener un visado

ビザを延長する　<u>prolongar</u> [prorrogar] el visado

ビザの期限が切れる　vencer el visado

永住権　derecho (m) de residencia permanente

❖ 例文にかかわる語 ❖

aceptar　受け入れる	mensualidad (f)　月々の支払い(額)
derecho (m)　権利	profundizar　深める、掘り下げる
juntar　収集する	recopilar　収集する
manutención (f)　維持	

基本的な言い方　　　　　　　　　　　　　　　　　　🎙 F1-154

・学校を卒業したら留学したいです。

　Quiero estudiar en el extranjero después de graduarme del
　　colegio.

・ビザの申請はどこですればよろしいですか?

　¿Dónde se puede solicitar <u>la visa</u> [el visado]?

- そろそろビザの期限が切れます。

  Ya se va a vencer el visado dentro de poco. / Ya se me va a vencer el visado dentro de poco.

  （後者の文は特に自分自身のビザの場合をさします。）

- ビザの更新をしたいのですが。

  Quisiera renovar la visa [el visado].

【留学】　　　　　　　　　　　　　　　　　　　　🎤 F1-155

- スペイン語圏の国へ留学したいです。

  Deseo estudiar en algún país hispanohablante.

- どこの国ですか？ ― ラテンアメリカのどこかの国です。

  ¿En qué país? ― En uno de los países latinoamericanos.

- どれくらいの期間ですか？ ― 1年ほどです。

  ¿Cuánto tiempo? ― Más o menos [Aproximadamente] un año.

- カナダへ留学するのにお金を貯めているところです。

  Sigo ahorrando dinero para estudiar en Canadá.

- スペインの大学で夏季講座を受けたいと思っています。

  Me gustaría tomar el curso de verano en alguna universidad española.

- 外国語は留学すると上手に話せるようになりますか？ ― あなた次第です。

  ¿Será posible hablar bien un idioma estudiando en el extranjero? ― Depende de usted.

  （"depender de ..."は「…による、…次第である」という意味。）

- その国で生活しながらその国の文化を掘り下げたい。

  Viviendo en ese país quisiera profundizar en su cultura.

- 大学を卒業してからメキシコへ留学したいと考えている。

  Después de graduarme de la universidad pienso ir a México para estudiar.

- 入学を希望するいくつかの大学の情報を集めている。

  Estoy juntando información sobre algunas universidades adonde quiero entrar.

Sigo recopilando datos acerca de algunas universidades en las que
deseo ingresar.

("acerca de ..."は「…に関して」という意味。)

- 毎月の生活費を両親に送ってもらっている。

Mis padres me mandan mensualmente los gastos de estancia.

Mis padres me envían una mensualidad para cubrir los
gastos diarios de manutención.

- 私は研鑽を積みたいので、どこか外国の研究機関が迎え入れてくれることを願っている。

Espero que me acepten* en algún <u>centro</u> [instituto] de investigación en el extranjero para profundizar mis estudios.

【ビザ／奨学金／永住権】　　　　　　　　　　🎙 F1-156

- 何はともあれビザを取得しなければなりません。

Antes de nada hay que obtener un visado.

("antes de nada"は「何はともあれ、何よりもまず」という意味。)

- ビザの延長をしたいのですが。

Quisiera prolongar mi visado.

- そのためにはどの書類が必要ですか?

¿Cuáles son los documentos necesarios para eso?

- 何らかの奨学金がないと留学は無理です。

No es posible estudiar en el extranjero sin alguna beca.

- 外務省の奨学制度があります。

Hay becas del Ministerio de Asuntos Exteriores.

- 各種奨学金の申請は当事者がオンラインで行うことになっています。

La solicitud para las becas se realizará online por **el/la**
interesad**o/d**a.

- 永住権を取得したいのですが。

Quiero tener el derecho de residencia permanente.

06 仕事

1 仕事／業界

◆ 仕事のかたち ◆

仕事、職業 trabajo (m); labor (m); oficio (m); empleo (m); profesión (f); ocupación (f)

（全般的に「仕事」という意味で同意語として用いられますが、特にprofesiónは知識を必要としたり、資格を必要としたりする職業をさし、ocupaciónは必ずしも知識を必要としない職業をさします。）

労働者、工員 trabajador/dor**a** (m／f); obrer**o/ra** (m／f)

働く trabajar   仕事を探す buscar un trabajo

仕事を見つける encontrar un trabajo   就職 colocación (f)

就職する colocarse   就業時間 jornada laboral

フルタイム jornada (f) a tiempo completo   残業時間 hora(s) (f) extra(s)

アルバイトする trabajar por horas

パートタイム、アルバイト jornada a tiempo parcial; trabajo por horas; trabajo temporal

出張 viaje (m) de negocios   オフィス oficina (f)

リモートワーク trabajo online [remoto]

オンラインで仕事をする trabajar online [en línea]

テレワーク teletrabajo (m); telework (m)

テレワーカー teletrabajador/dor**a** (m／f)

リモートワーカー trabajador/dor**a** remot**o/ta**

◆ 業界 ◆

商業、商売、ビジネス comercio (m); negocio (m)   貿易 comercio (m) exterior

◇ 貿易 ◇

輸出 exportación (f)		輸出する exportar	
輸入 importación (f)		輸入する importar	

教育　enseñanza (f)　　　　　出版（業）　negocio editorial

マスコミ　medios (m▶pl) de comunicación masiva [de masas]

福祉（事業）　obra (f) social　　　建設業　industria constructora

観光（業）　turismo (m)　　　　農業　agricultura (f)

林業　silvicultura (f)　　　　　漁業　industria (f) pesquera

製造業　industria manufacturera [fabril]

金融業　negocio financiero　　　不動産業　industria inmobiliaria

IT産業　industria informática　　自動車産業　industria automovilística

運送業　industria de transporte　　エネルギー産業　industria energética

家電業　industria electrodoméstica　　食品産業　industria alimentaria

石油化学工業　industria petroquimica　　繊維工業　industria textil

製薬業　industria farmacéutica　　タバコ産業　industria tabacalera

鉄鋼業　industria siderúrgica　　冶金工業　industria metalúrgica

航空宇宙工業　industria aeronáutica [aeroespacial]

軍事産業　industria militar　　　自営業　negocio independiente

会社　compañía (f); empresa (f)　　工場　fábrica (f)

保険会社　compañía de seguros　　警備会社　compañía de seguridad

物流システム、物流管理　logística (f)　　運送会社　empresa (f) de mudanzas

◆ 会社組織 ◆

株式会社　S. A. (sociedad anónima) (f)

有限会社　S. L. (sociedad limitada) (f)

本社　casa (f) matriz　　　　　支社　sucursal (f)

子会社、系列会社　filial (f)　　　組織　organización (f)

部署、部局　negociado (m)　　　部　departamento (m)

課　sección (f)

創設者、創業者　fundador/dora (m/f)　　事業主、経営者　empresario/ria (m/f)

社長　presidente/ta (m/f); director/tora (m/f)

管理者、指導者　supervisor/sora (m/f)　　秘書　secretario/ria (m/f)

スタッフ、人員	personal (m)（集合的）	事務員	oficinista (mf)
上司	jefe/fa (m/f)	部下	subordinado/da (m/f)
従業員、社員	empleado/da (m/f)	サラリーマン	asalariado/da
正社員	empleado/da fijo/ja	肩書き	título (m)
契約社員	empleado/da contratado/da		

同僚　compañero/ra (m/f); camarada (mf); colega (mf)

名刺　tarjeta (f) de presentación; tarjeta de negocios

顧客　cliente (mf)

◇ 会社関連 ◇

管理、経営、運営	gestión (f)	管理〔経営;運営〕する	gestionar
設備	equipamiento (m); instalación (f)	業務	operación (f) de negocios
テレビ会議	telereunión (f); teleconferencia (f)	会議	reunión (f)
集まる	reunir	稼ぐ	ganar
給料、賃金	salario (m); sueldo (m)	収入	ingresos (m▶pl)
臨時収入	ingreso extraordinario	ボーナス	bonificación (f)
平均年収	salario medio al año	税金	impuesto (m)
申告	declaración (f)	年金	pensión (f)
保険	seguro (m)	生命保険	seguro de vida
契約書、保険証書	póliza (f)	（契約の）条項	cláusula (f)
契約	contrato (m)	契約する	contratar
契約者、名義人	tomador/dora (m/f); contratante (mf)	保険料	prima (f)
指名する、指定する	designar	保険金受取人	beneficiario/ria (m/f)
有給休暇	vacaciones (f▶pl) pagadas		
休暇願い	solicitud (f) de vacaciones		
育児休暇	baja (f) por maternidad [paternidad]	育児	puericultura (f)

計画、案	plan (m); proyecto (m)	計画を立てる	planear
特許権、著作権、使用料	regalía (f); canon (m); derecho (m) de autor [autoría]		
サンプル、見本	muestra (f)	議論	debate (m)
前例、先例	precedente (m)	許可	licencia (f)
競争	competencia (f)	協定、とり決め	convenio (m)
予算	presupuesto (m)	経費	gastos (m▶pl) de la empresa

好景気　prosperidad (f)　　不景気、不況　recesión (f)

組合　sindicato (m)　　組合に入る　ingresar en un sindicato

ストライキ　huelga (f)　　ストライキ中である　estar en huelga

インフレ　inflación (f)　　デフレ　deflación (f)

再編成される、改組される　reorganizarse　　実施される、実現される　efectuarse

❖ 例文にかかわる語 ❖

asumir　引き受ける、責任を負う

balance (m)　バランス

citar　引用する

COVID-19 (f)　新型コロナウイルス感染症

descuidado/da　放置された、ほったらかしの

duro/ra　厳しい、困難な

estéril　不毛な

evitar　避ける

fastidiar　うんざりさせる

físico/ca　肉体の

gratificante　満足感を与える、喜ばしい

harto/ta　うんざりした

monótono/na　単調な

pandemia (f)　パンデミック、流行病

presentar　提出する

provechoso/sa　役立つ

reducir　減らす

relegar　追いやる、左遷する

servir　役に立つ

suceder　続いて起こる

variar　変化する

基本的な言い方

🎤 F1-157

・どんな仕事をしていますか？

¿Qué clase de trabajo tiene? / ¿En qué trabaja?

・その会社で何年働いていますか？

¿Cuántos años lleva trabajando en esa compañía?

・私は名刺を50枚作りました。

Hice 50 tarjetas de negocios.

・名刺をどうぞ。

Aquí tiene mi tarjeta de negocios.

- 名刺を切らせています。

Se me agotaron las tarjetas de negocios.

【業界】 🎤 F1-158

- 企業は経営の根本的な変化を迫られています。

Las empresas tienen que hacer cambios fundamentales en
  gestionar.

- 出版業界は不況の波をかぶっています。

El mundo editorial está en un período de recesión.

- パンデミック後のリモートワークはどのようなかたちになるのでしょうか?

¿Cómo se efectuará el trabajo remoto después de la
  pandemia?

- 数年内にいくつかの企業は再編されるでしょう。

Dentro de unos años se reorganizarán algunas empresas.

【仕事のかたち】 🎤 F1-159

- フルタイムの仕事を探しています。

Estoy buscando un trabajo a tiempo completo.

- 昨年から本屋でパートタイムとして働いています。

Desde el año pasado trabajo por horas en una librería.

- 私の仕事はとても単調です。

Mi trabajo es muy monótono.

- 私は自営業を営んでいます。

Tengo un negocio independiente.

- 私の仕事は肉体労働でかなりきついです。

Mi trabajo es físico y muy duro.

- 私の仕事はお客様のクレームの処理です。

Mi trabajo es atender a las reclamaciones [quejas] de los clientes.

- 新型コロナウイルスの流行をきっかけに仕事の形態が変わりました。

  La manera de trabajar ha cambiado desde la pandemia de la COVID-19.

- 私はインターネットを使って仕事をしています。

  Hago negocios por internet.

- 近頃はテレワークとしての仕事が増えてきている。

  Últimamente ha aumentado el teletrabajo.

- 私は会社の近くに住んでいないのでリモートワークが許されている。

  Como no resido [vivo] cerca de la compañía, me permiten* trabajar de forma remota.

【仕事に対する思い】   🎤 F1-160

- この仕事は多くの人の役に立ちます。

  Este trabajo es útil [provechoso] para muchas personas.

  Este trabajo sirve a mucha gente.

- 大変ですが、やりがいのある仕事です。

  Aunque es duro, es un trabajo gratificante.

  El trabajo es pesado, pero merece la pena de hacerlo.

  ("merecer la pena ..."は「…の価値がある」という意味。)

- 私は仕事と家庭を両立させることができない。

  Es imposible mantener el balance entre mi trabajo y la vida familiar.

  No puedo compaginar el trabajo con mi vida familiar.

  ("compaginar ... con ~"は「~と…を両立させる」という意味。)

- 彼は仕事には身を入れるが、家族を疎かにしている。

  Él atiende bien sus negocios, pero tiene descuidada a su familia.

- 今の仕事にはうんざりだよ。

  Estoy harto de mi trabajo.

  Me fastidia el trabajo actual.

- 私がおかれているポストは場ちがいのように思える。

  Me siento relegad**o/d**a en el puesto en que trabajo.

  Me siento fuera de lugar en mi trabajo [donde trabajo].

【業務について】 🎙 F1-161

- この業務の指揮は部長がとります。

  El jefe del departamento asume la dirección del negocio.

- あなたの提示した方法はこれまでに先例がありません。

  No hay precedente en cuanto al método que planteó usted.

- 会議では不毛な議論はやめましょう。

  Trataremos de evitar un debate estéril.

- 物事はわれわれの計画どおりに進まない。

  Las cosas no suceden de acuerdo con nuestro plan.

【給料】 🎙 F1-162

- 初等教育に携わる先生の給料はいくらですか？

  ¿Cuánto gana un maestro de educación primaria?

- 大学教授の給料はどれくらいですか？

  ¿Cuál es el sueldo de un profesor universitario?

- それは職種や経験など、いろいろな要素よって異なります。

  Ese varía conforme a mútiples factores: su categoría, años
  de experiencia, etc.

  （"conforme a..."は「…に応じて」という意味。）

- 多くの会社が従業員の給料の増額〔減額〕を検討しています。

  Muchas compañías planean aumentar [reducir] el sueldo de sus
  empleados.

【育児／育児休暇】　　　　　　　　　　　　　　　　　🎤 F1-163

・両親にとって育児はとても大切なことです。

Para los padres es muy importante la puericultura.

・この会社の女性社員には育児休暇を申請する権利があります。

Las trabajadoras de esta compañía tienen derecho a solicitar la baja por maternidad.

・私は半年間の育児休暇中です。

Estoy de baja por maternidad durante un medio año.

・休暇願を提出しようと思っている。

Pienso presentar una solicitud de vacaciones.

【保険】　　　　　　　　　　　　　　　　　　　　　🎤 F1-164

・私は家族を守るために生命保険の契約をしました。

Para proteger a mi familia contraté un seguro de vida.

・私が契約書で指名した人に保険が支払われることになっています。

El seguro se pagará a la persona que designé en la póliza.

【著作権】　　　　　　　　　　　　　　　　　　　　🎤 F1-165

・使用料なしの条件で許可を得、何枚かの写真をダウンロードしました。

Descargué algunas fotos bajo una licencia sin regalía.

・作品を引用するには作者の許可が必要です。

Necesitamos permiso del autor para citar sus obras.

関連語

◆ **各種職業** ◆ (注)

((注)「医学関係」、「スポーツ関係」、「教育関係」については各項目の章を参照。)

IT技術者　ingenier**o/ra** (m/f) en TI (tecnología de información)

プログラマー　programador/dor**a** (m/f); desarrollador/dor**a** (m/f) de software

電気技師　electricista (mf)

溶接工　soldador/dor**a** (m/f)

整備士、メカニック　mecánic**o/ca** (m/f)

旋盤工　torner**o/ra** (m/f)

配管工　fontaner**o/ra** (m/f)

測量技師　agrimensor/sor**a** (m/f)

大工　carpinter**o/ra** (m/f)

石工、左官、レンガ職人　albañil (mf)

建築家　arquitect**o/ta** (m/f)

皮革職人　peleter**o/ra** (m/f)

ガラス職人　cristaler**o/ra** (m/f)

陶芸家　ceramista (mf)

錠前職人　cerrajer**o/ra** (m/f)

花火師　pirotécnic**o/ca** (m/f)

家具職人　ebanista (mf); mueblista (mf)

農場主、農場経営者　granjer**o/ra** (m/f)

飼育係　criador/dor**a** (m/f)

農夫、農婦　agricultor/tor**a** (m/f)

木こり　leñador/dor**a** (m/f)

漁師　pescador/dor**a** (m/f)

酪農家　lecher**o/ra** (m/f)

養蜂家　apicultor/tor**a** (m/f); colmener**o/ra** (m/f)

仕立て屋、テーラー　sastr**e/tra** (m/f)

狩人　cazador/dor**a** (m/f)

占い師　adivinador/dor**a** (m/f); quiromántic**o/ca** (m/f)

商人、商店主　comerciante (mf)

果物屋　fruter**o/ra** (m/f)

肉屋　carnicer**o/ra** (m/f)

魚屋　pescader**o/ra** (m/f)

パン屋　panader**o/ra** (m/f)

花屋　florer**o/ra** (m/f)

宝石商　joyer**o/ra** (m/f)

骨董屋　anticuari**o/ria** (m/f)

金物商　ferreter**o/ra** (m/f)

庭師　jardiner**o/ra** (m/f)

店員　vendedor/dor**a** (m/f)

レジ係　cajer**o/ra** (m/f)

料理長、シェフ　chef (mf) 　　　　　調理師、コック　cocinero/ra (m/f)

パティシエ、菓子職人　pastelero/ra (m/f) 　　栄養士　nutricionista (mf)

〜〜〜〜〜〜〜〜〜〜〜〜〜〜〜〜〜〜〜〜〜

職人、工芸作家　artesano/na (m/f); artífice (mf)

写真家、カメラマン　fotógrafo/fa (m/f)

彫刻家　escultor/tora (m/f) 　　　　　画家　pintor/tora (m/f)

作家　escritor/tora (m/f) 　　　　　　作者　autor/tora (m/f)

絵本作家　autor/tora de libros ilustrados 　　小説家　novelista (mf)

劇作家　dramaturgo/ga (m/f) 　　　エッセイスト、随筆家　ensayista (mf)

詩人　poeta (mf) 　　　　　　　　　脚本家、シナリオライター　guionista (mf)

ジャーナリスト、記者　periodista (mf) 　報道記者　reportero/ra (m/f)

作者不詳　anónimo (m) 　　　　　　ペンネーム　seudónimo (m)

翻訳家　traductor/tora (m/f) 　　　　通訳　intérprete (mf)

評論家、解説者　crítico/ca (m/f); comentarista (mf)

編集者　editor/tora (m/f) de publicaciones

校正者　corrector/tora (m/f) ortográfico/ca

漫画家　caricaturista (mf); dibujante (mf) de manga

アニメーター　animador/dora (m/f)

速記者　taquígrafo/fa (m/f) 　　　　ゴーストライター　escritor/tora fantasma

三文文士　escritorzuelo/la (m/f) 　　三文詩人　poetastro/tra (m/f)

〜〜〜〜〜〜〜〜〜〜〜〜〜〜〜〜〜〜〜〜〜

映画監督　director/tora (m/f) de cine; cineasta (mf)

舞台監督　director/tora de teatro 　　演出家　director/tora de escena

プロデューサー　productor/tora (m/f)

スタントマン　especialista (mf) de cine; doble (mf) (de riesgo)

役者、俳優　actor/actriz (m/f)

声優、吹き替え声優　actor/actriz de voz [doblaje]; doblador/dora (m/f)

シナリオ、台本、ニュースの原稿　guión (m)　　　　配役　reparto (m)

プロモーションビデオ　video (m) promocional　　吹き替え　doblaje (m)

コマーシャル　anuncio (m); comercial (m)

音楽家、ミュージシャン　músic**o/ca** (m/f)　　　演奏家　intérprete (mf)

歌手　cantante (mf)　　　　　　　　　　声楽家　vocalista (mf)

　（cantanteは全般的に歌い手をさし、vocalistaはそれぞれの音域〔ソプラノ、テノール、バスなど〕
　で歌をうたう人のことで、特にクラシック音楽の歌手をさします。）

指揮者　conductor/tor**a** (m/f); director/tor**a** (m/f)

作詞家　letrista (mf)　　　　　　　　作曲家　compositor/tor**a** (m/f)

編曲家　arreglista (mf)　　　　　　　ピアニスト　pianista (mf)

ギタリスト　guitarrista (mf)　　　　　バイオリニスト　violinista (mf)

ビオラ奏者　viola (mf)　　　　　　　　ダンサー　bailarín/rin**a** (m/f)

館長（博物館、美術館）　director/tor**a** (m/f) del museo

学芸員　conservador/dor**a** (m/f); curador/dor**a** (m/f)

ユーチューバー　youtuber (mf)　　　地図製作者　cartógraf**o/fa** (m/f)

アナウンサー、ニュースキャスター　locutor/tor**a** (m/f)

スポークスマン　portavoz (mf)

イベントのコーディネーター　coordinador/dor**a** (m/f) de eventos

DJ　DJ (Disk-jockey) (mf)　　　　オペレーター　operador/dor**a** (m/f)

スタイリスト　estilista (mf)　　　　　エステティシャン、美容師　esteticista (mf)

デザイナー　diseñador/dor**a** (m/f)　ファッションモデル　modelo (mf)

ネイリスト　manicur**o/ra** (m/f); manicurista (mf)

ウエディングプランナー　organizador/dor**a** [planificador/dor**a**] (m/f) de bodas

グラフィックデザイナー　diseñador/dor**a** gráfic**o/ca**

インダストリアルデザイナー　diseñador/dor**a** industrial

フラワーデザイナー　diseñador/dor**a** floral

婦人服デザイナー　modista (mf)　　　お針子　costurera (f)

理髪師　barber**o/ra** (m/f); peluquer**o/ra** (m/f)

入れ墨師　tatuador/dor**a** (m/f)

〜〜〜〜〜〜〜〜〜〜〜〜〜〜〜〜〜〜〜〜〜〜〜〜〜

不動産業者　agente (mf) inmobiliari**o/ria**

税理士　asesor/sor**a** fiscal [de impuestos]

金融アナリスト　analista (mf) financier**o/ra**

公認会計士　contador/dor**a** (m/f) públic**o/ca**　　監査役　auditor/tor**a** (m/f)

ブローカー、仲買人　bróker [broker] (mf)

投資家　inversor/sor**a** (m/f)　　　　起業家　emprendedor/dor**a** (m/f)

ファイナンシャルプランナー　planificador/dor**a** (m/f) financier**o/ra**

〜〜〜〜〜〜〜〜〜〜〜〜〜〜〜〜〜〜〜〜〜〜〜〜〜

皇帝、天皇　emperador (m)　　　　女帝、皇后　emperatriz (f)

国王　rey (m)　　　　　　　　　　女王、王妃　reina (f)

大統領　president**e/ta** (m/f)　　　首相　primer/mer**a** ministr**o/tra** (m/f)

政治家　polític**o/ca** (m/f)　　　　大臣、閣僚〔かくりょう〕　ministr**o/tra** (m/f)

議員　congresista (mf); senador/dor**a** (m/f); diputad**o/da** (m/f)

外交官　diplomátic**o/ca** (m/f)

国家公務員　funcionari**o/ria** (m/f) estatal

地方公務員　funcionari**o/ria** municipal　　　　独裁者　dictador/dor**a** (m/f)

◇　国家　◇

国家、国　nación (f)　　　　　　宮廷、都　corte (f)

領土　territorio (m)　　　　　　祖国　patria (f)

政府　gobierno (m)　　　　　　政党　partido (m)

省庁　ministerio (m)　　　　　　国会、議会　parlamento (m); dieta (f)

憲法　constitución (f)　　　　　法律、法　ley (f)

〜〜〜〜〜〜〜〜〜〜〜〜〜〜〜〜〜〜〜〜〜〜〜〜〜

官僚主義　burocracia (f)　　　　民主主義　democracia (f)

社会主義　socialismo (m)　　　　共産主義　comunismo (m)

絶対主義、専制政治、独裁政治	absolutismo (m); despotismo (m); autocracia (f); dictadura (f)
君主制 monarquía (f)	縁者優遇、閥族主義 nepotismo (m)

大使 embajador/dor**a** (m/f)	領事 cónsul (mf)

◇ 公館 ◇

大使館 embajada (f)	領事館 consulado (m)

裁判官 juez (mf)	陪審員 miembro (m) del jurado
弁護士 abogad**o/da** (m/f)	公証人 notari**o/ria** (m/f)
顧問弁護士 abogad**o/da** <u>consultor/tor**a**</u> [asesor/sor**a**]	
司法書士 escriban**o/na** (m/f) juríd**ic**o/c**a**	
行政書士 escriban**o/na** administrativ**o/va**	
軍人、兵士 militar (mf); soldado (mf)	刑事 detective (mf)
検察官 fiscal (mf)	警察官 policía (mf)

◇ 犯罪 ⁽注⁾ ◇

(⁽注⁾ハラスメントに関しては、「I. 13. 各種トラブル ◆関連語◆ ◆ハラスメント◆」参照。)

犯罪 crimen (m); delito (m); delincuencia (f)	
罪を犯す cometer un <u>crimen</u> [delito]	
犯罪者、犯人 criminal (mf); delincuente (mf)	
盗み、盗難 robo (m); hurto (m)	盗む robar
泥棒 ladrón/ron**a** (m/f)	盗癖 cleptomanía (f)
殺人 homicidio (m); asesinato (m)	殺す matar; asesinar
詐欺 estafa (f); engaño (m); fraude (m)	強盗、襲撃 atraco (m); asalto (m)
暴力 violencia (f)	性的暴力 agresión (f) sexual
強姦する violar; forzar	誘拐 rapto (m); secuestro (m)
誘拐する raptar; secuestrar	贈賄 soborno (m)
汚職 corrupción (f)	容疑者 sospechos**o/sa** (m/f)
逮捕する arrestar; detener	告発する acusar
被告人 acusad**o/da** (m/f)	訴訟 pleito (m)
民事〔刑事〕訴訟 pleito <u>civil</u> [criminal]	裁判 justicia (f); juicio (m)

判決　sentencia (f)　　　　　　　有罪　culpabilidad (f)

有罪の　culpable　　　　　　　　無罪を言い渡す　absolver

無罪　inculpabilidad (f); inocencia (f)　　無罪の　inocente

テロリスト　terrorista (mf)　　　　刑務所　cárcel (f)

宇宙飛行士　astronauta (mf); cosmonauta (mf)

船長　capitán/tan**a** (m / f) de barco

パイロット　piloto (mf) de aerolínea　　副操縦士　copiloto (mf)

キャビンアテンダント　azafat**o/ta** (m / f); auxiliar (mf) de vuelo

グランドスタッフ　personal (m) de tierra（集合的）

航空整備士　mecánic**o/ca** (m / f) de aviones

航空管制官　controlador/dor**a** (m / f) de tráfico aéreo

税関職員　aduaner**o/ra** (m / f)

入国審査官　funcionari**o/ria** de control de inmigración

検疫官（けんえきかん）　inspector/tor**a** (m / f) sanitari**o/ria**

運転手　conductor/tor**a** (m / f); chófer [chofer] (mf)

タクシー運転手　taxista (mf)　　　　カーレーサー　piloto (mf) de carreras

救助隊　equipo (m) de rescate [salvamento]

消防士　bomber**o/ra** (m / f)

建設工事従事者　obrer**o/ra** (m / f) de construcción

ごみ収集業者　recolector/tor**a** (m / f) de basura

保険業者　agente de seguros　　　管理人、守衛　conserje (mf)

警備員　guardia [guarda] (mf) de seguridad; guardián/dian**a** (m / f)

聖職者　clero (m)（集合的）　　　　聖職者　sacerdot**e/tisa** (m / f)

牧師（プロテスタント）　pastor (m)　　神父（カトリック）　padre (m)

修道士　monje (m)　　　　　　　　修道女　monja (f)

僧侶（仏教）　bonzo (m)

托鉢僧〔たくはつそう〕　monje (m) mendicante

主夫　dueño [amo] (m) de casa

主婦　dueña [ama] (f) de casa

家政婦　empleada (f) doméstica

保育士　puericultor/tora (m/f)

ホームヘルパー　cuidador/dora (m/f) a domicilio de personas mayores

社会福祉士　consejero/ra (m/f) de bienestar social

介護福祉士　cuidador/dora de inválidos

カイロプラクター、整体師　quiropráctico/ca (m/f)

鍼灸師〔しんきゅうし〕　especialista en acupuntura y moxibustión

ベビーシッター　cuidador/dora de niños; niñero/ra (m/f)

気象予報士　meteorólogo/ga (m/f)

ネーチャーガイド　guía (mf) de naturaleza

自然保護官、レンジャー　conservador/dora (m/f) de la naturaleza

観光の専門家　técnico/ca en turismo

添乗員、ツアーコンダクター　guía (mf) turístico/ca

◇ 地方機関ほか ◇

県庁　sede (f) del gobierno provincial	市役所　ayuntamiento (m)
消防署　estación (f) de bomberos	裁判所　tribunal (m)
税務署　administración (f) tributaria	墓地　cementerio (m)

❖ 例文にかかわる語 ❖

burbuja (f) inmobilitaria　不動産バブル	hábito (m)　習慣
campo (m)　分野	motivar　触発する
desastre (m)　災厄〔さいやく〕	orientar　指導する
desfile (m) de moda　ファッションショー	paraje (m)　場所
éxito (m)　成功	redactar　執筆する、文を書く
grandioso/sa　壮大な、堂々たる〔そうだい〕	seminario (m)　セミナー

基本的な言い方 🎙 F1-166

・英語を使える仕事がしたいです。

Me gustaría trabajar <u>utilizando</u> [usando] el inglés.

・私の将来の夢はパイロットになることです。

Mi sueño para el futuro es ser piloto.

・将来どのような仕事をしたいのかまだわかりません。

No sé todavía a qué trabajo quiero dedicarme.

（"dedicarse a ..."は「…に従事する」という意味。）

🎙 F1-167

・私は教師〔会社員；大工；弁護士〕です。

Soy <u>profesor/sor**a**</u> [emplead**o**/d**a** de una compañía; carpinter**o**/r**a**; abogad**o**/d**a**].

・私はジャーナリストとして社会問題に関する記事を書いています。

Como periodista redacto artículos sobre los problemas sociales.

・あの舞台監督による舞台芸術は見事でした。

Fueron espléndidas las artes escénicas de aquel director de teatro.

・私の仲間はユーチューバーとして彼の分野で人々に刺激を与えています。

Mi amigo como youtuber motiva al público en su campo.

・私の伯母〔叔母〕は栄養と健康な食事療法を指導する栄養士です。

Mi tía es una nutricionista que orienta sobre nutrición y hábitos de alimentación saludables.

・すぐれた舞台監督は作品を見事にヒットさせます。

Un buen director de escena lleva la obra a un éxito grandioso.

・アニメーターは、安い給料で長時間労働です。

Los animadores trabajan muchas horas con sueldos bajos.

- IT技術者の平均年収はどれくらいですか?

  ¿Cuál es el salario medio al año para un ingeniero en TI?

- 私はスペイン語の吹き替えで『トトロ』を観ました。

  Vi la película de *Totoro* doblada al español.

- 写真家としての私の仕事は趣味みたいなものです。

  Mi trabajo como fotógraf**o/fa** es como un hobby.

- すぐれた起業家になれるよう私はいくつかの講座やセミナーに参加しようと思います。

  Para ser un/un**a** buen/**n**a emprendedor/dor**a** pienso asistir a algunos cursos y seminarios.

- 有名なデザイナーのファッションショーが見てみたいです。

  Quisiera ver un desfile de moda por un/un**a** diseñador/dor**a** famos**o/s**a.

- あのネールアーティストはとても腕がいい。

  Esa manicurista es experta en arreglar las uñas.

- クルーザーの船長になるにはどうすればよいですか?

  ¿Cómo se llega a ser capitán de crucero?

- 自然の景色を知る最良の方法は、ネーチャーガイドについて歩きまわることです。

  El mejor modo de conocer un paraje natural es recorrerlo acompañad**o/d**a por un/un**a** guía de naturaleza.

- 私たちはお巡りさんが警護しているのを見ると安心します。

  Nos sentimos seguros al ver a un policía haciendo guardia.

- 警察の目的は市民の安全を守り、犯罪を減らすことです。

  El objeto del policía es proteger la seguridad de los ciudadanos y reducir la delincuencia.

- 不動産屋さんは私たちに家を見てもらおうと案内してくれた。

  El agente inmobiliario nos llevó a una casa para que la viéramos.

- 不動産バブルが引き起こした悲惨さは予想以上に大きかった。

  Los desastres que causó la burbuja inmobiliaria fueron mayores de lo que se creía.

3 天職／昇進・降格／人事異動・転職／失業／定年・退職

◆ 天職 ◆

天職　vocación (f)　　　　　　使命　misión (f)

◆ 昇進・降格／人事異動／転職 ◆

昇進する　ascender　　　　　　昇進させる　promocionar

転職する　cambiar de trabajo [compañía; profesión]

人事異動　rotación (f) de personal　　降格する　bajar de categoría

◆ 解雇／失業 ◆

解雇　despido (m)　　　　　　解雇する　despedir

仕事を辞める　dejar el trabajo; darse de baja

失業　desempleo (m); paro (m)

失業者　desempleado/da (m/f); parado/da (m/f)

失業する　perder el trabajo　　失業率　tasa (f) de paro [desempleo]

失業手当　subsidio (m) de desempleo　　再就職する　recolocarse

◆ 定年・退職 ◆

退職　jubilación (f)　　　　　　退職する　jubilarse

早期退職　prejubilación (f)　　定年退職　retiro (m) por edad

退職者　jubilado/da (m/f); retirado/da (m/f)

退職金　pensión (f) de retiro

※ 例文にかかわる語 ※

adular　へつらう、おもねる	precisamente　まさに
lisonjear　へつらう、おもねる	relativamente　比較的
montar　立ち上げる	separado/da　離れた

- 私は定年までここで仕事を続けたいです。

  <u>Deseo</u> [Quiero] seguir trabajando aquí hasta jubilarme.

- 私はこの会社で仕事を続けることに希望が持てません。

  No veo ninguna esperanza trabajando en esta compañía.

  （この文は実際に働きながら発言している状況です。<ruby>側<rt>はた</rt></ruby>から見た印象をいう場合はtrabajandoをとります：No veo ninguna esperanza en esta compañía. この会社に期待は持てません。）

- この先この会社で昇進できるかわかりません。

  No sé si podré ascender en esta compañía en el futuro.

【天職】　　　　　　　　　　　　　　　　　　　　　　　　🎤 F1-169

- この仕事はまさに私の天職です。

  Este trabajo es precisamente mi vocación.

  Encontré un trabajo de acuerdo a mi vocación.

  Este trabajo se ajusta perfectamente con mi vocación.

  （"ajustarse con ..."は「…とぴったり合う」という意味。）

- 私は医者としての使命を果たそうと思います。

  Pienso cumplir con mi misión de médico.

  （"cumplir con ..."は「…の責任を果たす、…を成し遂げる」という意味。）

【昇進／降格／人事異動】　　　　　　　　　　　　　　　　🎤 F1-170

- あの若者は昇進することしか頭にない。

  Aquel joven sólo tiene interés en ser promocionado.

- 私は上司におべっかを使ってまで昇進したくない。

  No quiero ascender <u>lisonjeando</u> [adulando] a mi jefe.

- 彼女は同僚たちよりも昇進が早かった。

  Ella ha sido promocionada más rápido que sus <u>compañeros</u> [camaradas].

- どの従業員にも昇格の権利はあります。

  Cualquier emplead**o/da** tiene derecho a ascender de puesto en su empleo.

- 次の人事異動で彼は降格になるだろう。

  Él bajará de categoría en la próxima rotación de personal.

- 友人はロスの支社に転勤になりました。

  Mi amig**o/ga** se trasladó a la sucursal de Los Ángeles.

  ("trasladarse a ..."は「…へ移動する」という意味。)

- 部署を変わりたいです。

  Quisiera cambiar de negociado.

- 同じ社内で課の移動は可能ですか?

  ¿Es posible cambiarse de sección en la misma compañía?

- 私は単身赴任となります。

  Viviré separad**o/da** de mi familia por el trabajo.

【転職】 Q F1-171

- 仕事を変えたいと思っています。

  Pienso cambiar de <u>trabajo</u> [profesión].

- 仕事を変えてよかったと思っています。

  Ha sido mejor haber cambiado de trabajo.

【解雇／失業】 Q F1-172

- 現在、失業手当で生活をしています。

  Ahora vivo con el subsidio de desempleo.

- この国の失業率は比較的高い。

  La tasa de <u>paro</u> [desempleo] es relativamente alta en este país.

- 失業者の数は月に3000人以上にのぼる。

  El paro sube a más de tres mil personas al mes.

- 会社では定年退職により、3名の欠員が生じた。

Ha habido 3 bajas por jubilación en la empresa.

- 大学教授の定年は65歳です。

La edad a la que se jubilan los profesores universitarios es de 65 años.

- 私は定年まで5年あります。

Faltan 5 años para mi jubilación.

- 65歳になって定年を迎えても、まだどこかで働き続けたい。

Aunque llegue a los 65 años y me jubile, me gustaría seguir trabajando en donde sea.

- 退職したら退職金で車を買いたい。

Después de jubilarme quiero comprar un coche con la pensión de retiro.

- 同僚たちとうまくいかないので会社を辞めます。

Voy a dejar la compañía porque no me llevo bien con mis colegas.

- 起業するので退職する予定です。

Estoy planeando crear [montar] una empresa, de modo que me retiraré.

（"de modo que ..."は「それで…、したがって…」という意味。）

- 彼は職務怠慢でクビになった。

Lo despidieron* por no haber cumplido sus deberes.

- 再就職するために私はどうすればよいでしょうか？

¿Qué debo hacer para recolocarme en otra compañía?

- 彼はある警備会社に警備員として再就職した。

Él se recolocó de guardia en una compañía de seguridad.

07 交通事情／乗り物

1 交通事情

関連語

◆ 交通事情 ◆

道路網　red (f) de carreteras	幹線道路　carretera (f); autovía (f)
高速道路　autopista (f)	JCT、ジャンクション　enlace (m)

IC、インターチェンジ　entrada (f) y salida (f) de autopista

舗装道路　camino pavimentado [asfaltado]

デコボコ道　camino escabroso [de baches]

道路標識　letrero (m) [señal (f)] de tráfico

区間、区域　tramo (m)	車線　carril (m)

広い〔狭い〕　ancho/cha [estrecho/cha; reducido/da]

混雑した　congestionado/da	料金　peaje (m)
料金所　puesto (m) de peaje	合流点　empalme (m)

時速…キロ　...Km/h (kilómetros por hora)　超える、超過する　exceder

法廷最高速度　velocidad (f) máxima permitida

速度制限　límite (m) de velocidad　守る〔無視する〕　respetar [ignorar]

交差点　cruce (m) de calles; intersección (f)

白線〔黄色線〕　línea (f) blanca [línea amarilla]

渋滞　atasco (m) de tráfico; retenciones (f▶pl)

ラッシュアワー　hora (f) punta [horas punta]

信号　semáforo (m)	横断歩道　paso (m) de cebra [peatones]
通り、道　calle (f); camino (m)	歩道　acera (f); paso para peatones

踏切　paso (m) a nivel; cruce (m) del ferrocarril

遮断機　barrera (f)	ロータリー　glorieta (f); rotonda (f)
トンネル　túnel (m)	動く　moverse

通行する　circular

右〔左〕側通行　circulación (f) por la derecha [izquierda]

禁止する　prohibir　　　　　　　　通行止め　prohibido pasar

一方通行　dirección (f) única; un sentido (m)　　止まれ!　¡Alto!; ¡Stop!

追い越し禁止　prohibido adelantar　　進入禁止　prohibido entrar

右〔左〕折禁止　prohibido girar a la derecha [izquierda]

Uターン禁止　vuelta en U prohibida　方向転換　cambio (m) de dirección

Uターン　cambio de sentido; vuelta (f) [giro (m)] en U

駐車場　aparcamiento (m); estacionamiento (m)

駐車スペース　lugar (m) para estacionar　　　駐車する　aparcar; estacionar

駐車禁止　prohibido aparcar [estacionar]　　ガレージ、車庫　garaje (m)

パーキングメーター　parquímetro (m)

身体障害者用駐車スペース　aparcamiento para minusválidos

違反　infracción (f)　　　　　　　　罰金　multa (f)

課する　imponer

車、乗り物　coche (m); automóvil (m); vehículo (m)　　車体　carrocería (f)

❖ 例文にかかわる語 ❖

borroso/sa　不鮮明な	pillar　捕らえる
girar　まわる	separar　分ける
nervioso/sa　緊張した	tenso/sa　緊張した

基本的な言い方　　　　　　　　　　　　　　　　🎤 F1-174

• 一般道を通って行きましょう。

Vamos por el camino ordinario.

• 通行人には十分気をつけてください。

Tenga mucho cuidado con los peatones.

• 信号は赤〔青〕です。

El semáforo señala [está en] rojo [verde].

- 近くの駐車場を探そう。

  Buscaremos un aparcamiento cercano.

- 100キロのスピードで車を走らせるのは怖いです。

  Tengo miedo de correr a una velocidad de cien kilómetros.

【交通事情】 🎤 F1-175

- 朝の出勤時はラッシュアワーを避けられない。

  Es imposible evitar las horas punta al ir a trabajar en la mañana.

- このまま進むと渋滞に巻き込まれますよ。

  Si seguimos adelante [conduciendo] nos pillará un atasco de
    tráfico.

- 私たちは長い渋滞に巻き込まれています。

  Nos encontramos con retenciones largas en la carretera.

- 車は長いあいだ止まったままです。

  Los vehículos no se han movido por un largo rato.

- 高速道路は混んでいます。

  La autopista está congestionada por el tráfico.

- 高速道路の合流には気を使います。

  Me pongo nervioso/sa [tenso/sa] al entrar en la autopista.

- 道が混んでいるので迂回路を使ったほうがいい。

  Es mejor ir por otro camino ya que hay mucho tráfico en éste.

  （"ya que ..."は「…なので」という意味。ésteはcaminoをさします。）

- ロータリーをまわるときは注意が必要です。

  Hay que tener cuidado al circular por una glorieta [rotonda].

- この横断歩道の信号はなかなか青にならない。

  El semáforo de este paso de peatones tarda mucho en ponerse
    verde.

  （"tardar en ..."は「…に時間がかかる」、"ponerse ..."は「…になる」という意味。）

- 信号はいつ青に変わるのだろう?

¿Cuándo se cambiará a verde el semáforo?

- 信号無視は危険です。

Es peligroso ignorar [no respetar] los semáforos.

- 信号が赤に変わりました。

El semáforo se cambió a rojo.

Ahora el semáforo indica "Alto".

- 車線を二分する白線がぼやけています。

Es borrosa la línea blanca que separa el camino en dos carriles.

- ここでUターンしてください。

De una vuelta en U aquí.

- ここはUターン禁止です。

Aquí está prohibida la vuelta en U.

- 商業地域では一方通行です。

Las calles en las zonas comerciales son de dirección única.

- 制限速度は守るべきです。

Hay que respetar los límites de velocidad.

- この車は時速50キロで走行しています。

Este coche está circulando a una velocidad de 50 Km/h.

- 街中では時速60キロを超えてはいけません。

Dentro de la ciudad no se debe exceder los 60 Km/h.

【駐車・駐車場／罰金】 🎙 F1-176

- 最寄りの駐車場はどこですか?

¿Dónde está el aparcamiento más cercano?

- 車はどこに止めればよろしいですか?

¿Dónde aparco [estaciono] mi coche?

• そちらに駐車場はありますか?

¿Hay un estacionamiento allí?

¿Hay un lugar para estacionarse por allá?

• 駐車場のスペースがかなり狭すぎます。

Es demasiado estrecho [reducido] el espacio de aparcar.

• この地域一帯の通りに駐車場はありません。

En las calles de toda esta zona no hay nigún estacionamiento.

• ここは駐車禁止だ。

Aquí se prohíbe estacionar.

Está prohibido aparcar aquí.

• この通りに駐車すると罰金をとられます。

Si aparca el coche en esta calle, le impondrán* una multa.

• 私は駐車違反で罰金をとられた。

Me cobraron* una multa por la infracción de aparcamiento.

• 夏は日陰に駐車するようにしています。

En verano trato de aparcar el coche a la sombra.

2 徒歩／自転車／バイク

関連語

◆ 徒歩／自転車／バイク ◆

歩行	caminata (f)	歩く	caminar; andar
歩行者	peatón/tona (m/f)	通行人	transeúnte (mf)
散歩する	pasear; dar un paseo	徒歩で	a pie; caminando; andando
自転車	bicicleta [bici] (f)	バイク	motocicleta [moto] (f)
マウンテンバイク	bicicleta de montaña	スクーター	escúter [scooter] (m)
自転車に乗る	montar en bicicleta	自転車をこぐ、ペダルを踏む	pedalear
自転車〔バイク〕で行く	ir en bicicleta [moto]	地図	mapa (m)
目的地、行き先	destino (m)	大通り	avenida (f)
並木道	alameda (f)	角(かど)	esquina (f)

◇ 自転車／バイク ◇

ブレーキ	freno (m)	ブレーキをかける	frenar
変速機	componentes (m▶pl) de cambios		
チェーン	cadena (f)	タイヤ	neumático (m); llanta (f)
サドル	sillín (m); asiento (m)	パンク	pinchazo (m)
パンクする	pincharse; reventarse		

※ 例文にかかわる語 ※

bruscamente	急に	funcionar	機能する、作動する
campestre	田舎の	hallar	見つける
cortar	切る	indicar	さし示す
doblar	曲がる、曲げる	refrescar	気分を爽快(そうかい)にする
encontrar	見つける		

• この地図上だと、私たちは今どこにいますか?

¿Dónde estamos ahora en este mapa?/¿Puede indicar el lugar donde estamos en este mapa?

• 地図に記されたこの場所へ行きたいのですが。

Quisiera ir a este lugar indicado en el mapa.

• ここからは遠いですか、そうでもないですか?

¿Está lejos de aquí o no?

• そこへはどのようにして行けばよろしいですか?

¿Cómo puedo [se puede] ir hasta ahí?

【徒歩／自転車／バイク】

• 歩いて目的地まで行けますか?

¿Se puede ir caminando [a pie] hasta el destino?

• 私はかなり歩いたあと、ようやく目的地に着いた。

Después de una larga caminata por fin llegué a mi destino.

• 二つ目の角を右に曲がると大通りに出ます。

Al girar a la derecha en la segunda esquina saldrá a la avenida.

• その角を左へ曲がってまっすぐに行くとその建物が見えます。

Encontrará [Hallará] el edificio si dobla a la izquierda en esa esquina y sigue todo derecho [recto].

• 三つ目の通りの交差点右側に有名なデパートがあります。

Hay [Se ve] un almacén grande al lado derecho del cruce de la tercera calle.

• 城へ行くまでの地図をこの紙に書いてもらえませんか?

¿No podría dibujar en este papel un mapa para ir al castillo?

・自転車で田舎道を走るのは爽快だ。

Es agradable pedalear en el campo.

Me refresca andar en bicicleta en los caminos campestres.

・急ブレーキをかけるのは危険だ。

Es peligroso frenar bruscamente.

・私は学校までバイクで通っている。

Voy a la escuela en moto.

【故障】 F1-179

・私の自転車のチェーンが切れた。

Se cortó la cadena de mi bicicleta.

・パンクしている。

Es un pinchazo.

・私の自転車がパンクした。

Se reventó un neumático de mi bicicleta.

・変速機の調子がおかしい。

No funciona bien la caja de cambio de velocidades.

3 公共交通機関／その他の乗り物

関連語

◆ 公共交通機関 ◆

公共交通機関　transportación (f) pública

乗客　pasajero/ra (m/f); viajero/ra (m/f)

乗る　subir　　　降りる　bajar

◆ 飛行機／船 ◆

飛行機　avión (m)　　ジェット機　avión a [de] reacción; (avión) jet (m)

ヘリコプター　helicóptero (m)　　船　barco (m)

高速船　nave (f) de gran [alta] velocidad

フェリー　transbordador (m); ferry (m)　　　　クルーザー　crucero (m)

◇ 飛行機／船 ◇

国際〔国内〕線　línea (f) internacional [nacional]

飛行機の便　vuelo (m)　　　　搭乗券　tarjeta (f) de embarque

タッグ(手荷物受領証)　talón (m) de equipaje

酸素マスク　máscara (f) de oxígeno　　救命胴衣　chaleco (m) salvavidas

離陸　despegue (m)　　　　　離陸する　despegar

着陸　aterrizaje (m)　　　　着陸する　aterrizar

出発　salida (f)　　　　　出発する　salir

到着　llegada (f)　　　　　到着する　llegar

港　puerto (m)　　　　桟橋、埠頭　muelle (m); dársena (f)

防波堤　rompeolas (m, s/pl); espigón (m); malecón (m)

出航する　zarpar　　　　　出航　zarpa (f)

入港する　entrar en el [al] puerto　　入港　entrada (f) en el [al] puerto

甲板、デッキ　cubierta (f)　　　船室　camarote (m)

◆ 鉄道／バス ◆

列車　tren (m)　　　　　ローカル列車　tren local

高速列車　tren de alta volocidad　　急行列車　tren expreso [rápido]

SL、蒸気機関車　tren [locomotora] (f) de vapor

夜行列車　tren nocturno

アベ(スペイン高速鉄道)　AVE (Alta Velocidad Española)

新幹線　Shinkansen [tren bala] (m)

地下鉄　metro (m)　　　　路面電車　tranvía (m)

バス　autobús (m)　　　　観光バス　autobús turístico

スクールバス　ómnibus (m) escolar

◇ 鉄道／バス ◇

食堂車　vagón (m) comedor	寝台車　coche (m) cama
駅　estación (f)	路線　línea (f)
路線図　mapa [plano] (m) de las líneas	長距離　larga distancia (f)
切符　billete (m); boleto (m)	切符売り場、窓口　taquilla (f)
片道(往路；復路)　ida (f); vuelta (f)	往復　ida y vuelta

プラットホーム　andén (m); plataforma (f)

自動改札口　puerta (f) automática de billetes

切符販売機　máquina (f) expendedora de billetes

売店、キオスク　quiosco (m)	時刻表　horario (m)
運賃(表)　tarifa (f) de transporte	乗り換え　transbordo (m)

乗り換える　transbordar; hacer transbordo

回数券(バス；地下鉄)　bono (m) (bonobús; bonometro)

敬老パス　tarjeta (f) pensionista	定期券　abono (m) transporte
待合室　sala (f) de espera	バス停　parada (f) de autobús

コインロッカー　consigna (f) automática

◆ 施設 ◆

空港　aeropuerto (m)	飛行場(発着場)　aeródromo (m)
ヘリポート　helipuerto (m)	駅(鉄道)　estación (f)

◆ 他の乗り物／ドローン ◆

飛行船　zepelín (m)	気球　globo (m) aerostático
ケーブルカー　funicular (m)	ロープウェイ　teleférico (m)
トラック　camión (m)	ダンプカー　camión volquete [basculante]
トレーラー　remolque (m)	ブルドーザー　bulldozer (m)
トラクター　tractor (m)	消防車　coche (m) de bomberos
レッカー車　grúa (f)	駕籠　litera (f)
スノーモービル　moto (f) de nieve; motonieve (f)	ドローン　dron (m)

215

cima (f)	頂上	pulsar	指で押す
incendio (m)	火災	seguridad (f)	安全性
máximo (m) de carga	最大積載量	verificar	確かめる

基本的な言い方 ◀　　　　　　　　　　　🎤 F1-180

- 飛行機で行きますか、それとも列車とバスにしますか？

  ¿Quiere ir en avión o en tren y autobús?

- バス乗り場はどこですか？

  ¿Dónde está la parada de autobuses?

- このバスは…まで行きますか？

  ¿Este autobús va a ...?

- 最寄りの地下鉄の駅はどこですか？

  ¿Dónde está la estación de metro más cerca de aquí?

【公共交通機関】　　　　　　　　　　　🎤 F1-181

- バスの路線図はありますか？

  ¿Tienen un plano de las líneas de autobuses?

- …へ行くにはどこで乗り換えればよろしいですか？

  ¿En qué estación se hace transbordo para ir a ...?

  ¿Dónde se cambia de <u>tren</u> [autobús] para llegar a ...?

- 次の駅で2番線に乗り換えてください。

  <u>Transborde</u> [Haga transbordo] a la línea 2 en la próxima estación.

- …は何番目の駅ですか？ ― 4番目です。

  ¿Cuántas <u>estaciones</u> [paradas] hay hasta ...? ― Hay 3.

  （スペイン語の発想では「…まで何駅ありますか？ ― 3駅です」となります。）

- 窓側［通路側］の席で指定席を予約したいのですが。

  Quisiera reservar un asiento junto a la ventana [al pasillo].

  （"junto a ..."は「…のすぐ近くに」という意味。）

- 列車はダイヤ通りに着きますか？

  ¿Llegará el tren conforme al horario?

  （"conforme a ..."は「…通りに」という意味。）

- 指定の列車に乗り遅れたのですが、どうすればよろしいですか？

  Perdí el tren de asiento reservado al que iba a subir. Dígame qué hago [haré].

- 次の駅で降ります。どなたかブザーを押してください。

  Voy a bajar en la próxima parada. Por favor, ¿alguien podría pulsar [tocar] el timbre?

- 定期券はどこで買えますか？

  ¿Dónde puedo comprar un abono transporte?

【その他】

F1-182

- 気球で空を飛んでみたいものです。

  Me interesa volar en globo aerostático.

- ドローンで上空から写真を撮ってみたいです。

  Quisiera sacar fotos desde lo alto del cielo con el dron.

- ドローンを飛ばすには周囲の安全を確認する必要があります。

  Para volar un dron hay que verificar la seguridad del contorno.

- 山頂までロープウェイで登れます。

  Se puede subir en teleférico hasta la cima de la montaña.

- 近くで火事なのだろうか、消防車が何台か通りすぎて行く。

  Temo que habrá un incendio cerca porque pasan algunos coches de bomberos.

・このダンプカーの最大積載量は10トンです。

Este camión volquete tiene un máximo de carga de 10 toneladas.

4 タクシー

◆ タクシー ◆

タクシー　taxi (m)	無線タクシー　radiotaxi (m)
列を作る、並ぶ　hacer cola; ponerse en fila	タクシー乗り場　parada (f) de taxi
急いでいる　tener prisa	タクシーを呼ぶ　llamar un taxi
タクシーを拾う　coger [tomar] un taxi	近道 atajo (m)
まわり道　desvío (m)	タクシーメーター　taxímetro (m)
料金　tarifa (f)	徴収する　cobrar

❋ 例文にかかわる語 ❋

inmediatamente (f)　すぐに、直ちに　　　pronto　すぐに、直ちに

基本的な言い方　　　　　　　　　　🎤 F1-183

・タクシー乗り場はどこですか?

¿Dónde está la parada de taxis?

・すぐにタクシーを呼んでください。

¿Podría llamarme un taxi pronto [inmediatamente]?

・タクシーはすぐに来ますか?

¿Ahora mismo vendrá el taxi?

🎤 F1-184

• 人が列を作っているあの場所がタクシー乗り場ですか？

¿Es la parada de taxis aquel lugar donde se hace cola?

¿Ahí donde se pone en fila la gente es la parada de taxis?

• 行き先が近くでもかまいませんか？

¿No le importa que sea cerca?

• ホテル・アルハンブラまでお願いします。

Lléveme al Hotel Alhambra

Hasta el Hotel Alhambra, por favor.

• 急いでいます。近道でお願いします。

Tengo prisa. Por favor, ¿puede tomar un atajo?

• いくらですか？

¿Cuánto cuesta [es]?

¿Cuánto (me) cobra?

5 自動車学校／免許

関連語

◆ 自動車学校／免許 ◆

自動車学校、教習所　escuela (f) de conductores; autoescuela (f)

手続き　trámite (m); procedimiento (m)　　運転する　conducir; manejar

支払い方法　medio (m) de pago　　　　支払う　pagar

AT、オートマ車　coche (m) automático　　MT、マニュアル車　coche manual

学習教習時間　horas (f▶s/pl) de enseñanza teórica

技能教習時間　horas de práctica de manejo

学科試験　examen (m) teórico　　実地試験　prueba (f) de práctica

運転免許証　carné [carnet] (m) de conducir; licencia (f) de conducir

国際運転免許証　carné internacional de conducir

路上運転を向上させる　mejorar la conducta vial　　更新する　renovar

- 車の免許をとりたい。

  Quiero obtener un carné de conducir.

- どこの自動車教習所がおすすめですか?

  ¿Cuál autoescuela me recomendaría?

- 短期間で免許がとりたい。

  Deseo sacar en poco tiempo una licencia de conducir.

- マニュアル車よりもオートマチック車を希望します。

  Prefiero el coche automático al manual.

- 私が持っている免許はオートマ車用です。

  Mi carnet de conducir es para el coche automático.

- マニュアル車の免許は持っていません。

  No tengo licencia (de conducir) para un coche manual.

- 国際運転免許証で乗れますか?

  ¿Puedo conducir con el carné internacional?

- 国際免許証をとりたいのですが。

  Quisiera obtener [sacar] un carné internacional de conducir.

- 免許取得のための手続き方法を教えてください。

  Dígame los trámites para obtener un carné.

  ¿Cuál es el procedimiento para sacar una licencia?

- 自動車学校に通わなければいけませんか?

  ¿Tengo que asistir a una autoescuela?

- そろそろ免許の更新をしないとね。

  Dentro de poco necesito renovar el carné de conducir.

6 車・マイカー

関連語

◆ 車種／仕様 ◆

日本車　coche japonés　　　　輸入車　coche importado

A[B、C、D …]セグメントの車　coche del segmento A [B, C, D …]

セダン　(coche) sedan (m)　　　ハッチバック　(coche) hatchback (m)

大型車　coche grande [de gran tamaño]　　小型車　coche pequeño

コンパクトカー　coche compacto; coche de medio tamaño

ワゴン車　furgoneta (f)　　　　中古車　coche usado

SUV(スポーツタイプの多目的乗用車)　SUV (vehículo utilitario deportivo) (m)

スポーツカー　coche deportivo　　　クーペ　(coche) coupé (m)

クロスオーバー　(coche) crossover (m)　　ミニバン　miniván (f)

キャンピングカー　cámper (m); autocaravana (f)

◇ 運転手 ◇

初心者　novato/ta (m/f); principiante (mf)

ベテラン　veterano/na (m/f); experto/ta (m/f)

ハイブリッド車　coche híbrido　　　ガソリン車　coche (de) gasolina

ディーゼル車　coche diésel　　　EV、電気自動車　vehículo eléctrico

PHEV、プラグインハイブリッド車　vehículo eléctrico híbrido enchufable

FCV、燃料電池車　vehículo de célula [pila] de combustible

◆ 駆動関連 ◆

FF、前輪駆動　tracción (f) delantera　FR、後輪駆動　tracción trasera

AWD、4輪駆動　tracción integral　　トランスミッション　transmisión (f)

CVT、連続可変トランスミッション　transmisión CVT (transmisión continuante variable)

変速装置　caja (f) de cambios [velocidades]

ギアチェンジする　cambiar de marcha [velocidad]

変速レバー　palanca de cambios　　エンジン、モーター　motor (m)

馬力 caballo (m) (de potencia)   トルク torque (m)

Nm、ニュートン・メートル Nm (Newton metro) (m)

◆ 外装 ◆

外装 diseño (m) exterior   ボンネット、エンジンフード capó (m)

ラゲッジルーム、トランク maletero (m); cajuela (f)   マフラー silenciador (m)

ドア puerta (f)   ドアの取っ手 tirador (m)

LEDヘッドライト faros (m▶pl) delanteros LED; luces (f▶pl) delanteras LED

LEDバックライト retroiluminación LED

デイライト luces diurnas   ハイビーム luces altas

ロービーム luces bajas   ポジションランプ luces de posición

フォグライト faros antiniebla   ハザードランプ luces de peligro

バックセンサー sensor (m) de reversa   フロントガラス parabrisas (m, s/pl)

断熱性ガラス cristal (m) calorífugo   サイドミラー espejo (m) lateral

ワイパー limpiaparabrisas (m, s/pl)   ワイパーのゴム escobillas (f▶pl)

タイヤ neumático (m); llanta (f)   ホイール rueda (f)

ホイールベース distancia (f) entre ejes   プラットフォーム plataforma (f)

バンパー parachoques (m, s/pl) ; paragolpes (m▶pl)

シャーシー chasis (m)   フェンダー guardabarros (m, s/pl)

車軸懸架式サスペンション suspensión rígida   サスペンション suspensión (f)

独立懸架式サスペンション suspensión independiente

トーションビーム式サスペンション suspensión de barra de torsión

マルチリンク式サスペンション suspensión multilink [multi brazo]

◆ 内装 ◆

内装 diseño interior   車内 habitáculo (m)

鍵、キー llave (f)   運転席 asiento (m) de conductor/tora

後部座席 plaza (f) trasera; asiento (m) trasero

助手席 asiento de copiloto

シートベルト cinturón (m) de seguridad

チャイルドシート silla (f) para niños   フロアーマット alfombrilla (f)

エアーバック bolsa (f) de aire   ダッシュボード salpicadero (m)

グローブボックス　guantera (f)　　　　ドリンクホルダー　portabebida (f)

ステアリング、ハンドル　volante (m)　　センターコンソール　consola (f) central

ルームミラー、バックミラー　(espejo) retrovisor (m)

防眩ミラー　(espejo) retrovisor antideslumbramiento

アンビエントライト　iluminación ambiental [de ambiente]

照明　iluminación (f)　　　　　　　デジタル化　digitalización (f)

GPS（全地球測位システム）　GPS (sistema de posicionamiento global) (m)

ナビ　navegador (m); copiloto (m)　　ディスプレイ　pantalla (f)

調整する　ajustar　　　　　　　　　理想的なルート　ruta (f) idónea

接続する　conectar　　　　　　　　リアルタイム　tiempo (m) real

ヘッドアップディスプレイ　pantalla de visualización frontal

マルチメディアシステム　sistema (m) multimedia　　投影される　proyectarse

タッチパネル　panel (m) táctil　　　ウインカー　intermitente (f)

クルーズコントロール　control (m) crucero

速度計、スピードメーター　velocímetro (m)　　速度　velocidad (f)

バックビューカメラ　cámara (f) de marcha atrás

360度カメラ　cámara de 360 grados

ETCカード　tarjeta (f) ETC (cobro electrónico de peajes)

暖房　calefacción (f)　　　　　　　冷房　aire (m) acondicionado

紫外線　rayos (m▶pl) UV (ultravioleta)　　カットする、遮る　bloquear

◇　車を動かす　◇

エンジンをかける　arrancar el motor; poner el motor en marcha

エンジンを切る　apagar [parar] el motor　　バックする　dar marcha atrás

アクセルを踏む　pisar [apretar] el acelerador　　アクセル　acelerador (m)

ブレーキ　freno (m)　　　　　　　　ブレーキを踏む　pisar el freno

クラッチ　embrague (m)　　　　　　エンジンをふかす　embalar

アイドリングストップ　paro (m) al ralentí [idle stop] (m)

アイドリング　ralentí (m)　　　　　車を止める　parar el coche

◇ 燃料／燃費 ◇

燃料　carburante (m)	燃費　consumo (m) de combustible
ガソリン　gasolina (f)	軽油　gasóleo (m); diésel (m)

レギュラー　gasolina <u>de bajo octanaje</u> [con menor octanaje; regular; normal]

ハイオク　gasolina <u>de alto octanaje</u> [con mayor octanaje; súper]

充電　carga (f)	バッテリーに充電する　cargar la batería
不利な点、弱み　contra (m); desventaja (f)	利点、強み　pro (m); ventaja (f)

ガソリンスタンド　estación (f) de gasolina; gasolinera (f)

ガソリンタンク　depósito (m); tanque (m)

満タンにする　llenar el depósito (del coche)

◇ 保証 ◇

保証　garantía (f)	保証する　garantizar

❈ 例文にかかわる語 ❈

agotarse　尽きる	desperdiciar　浪費する
apretar　押す	distancia (f)　距離
asequible　手の届く	emisión (f)　排出
caber　入る	mayoría (f)　大半の人
causar　引き起こす	molestar　迷惑をかける
consumir　消費する	pulgada (f)　インチ
contaminación (f)　汚染	suministrar　補給する
conveniente　役立つ、便利な、ふさわしい	tintar　染色する
CO_2 (dióxido de carbono)　Ｃ Ｏ₂、二酸化炭素	titubear　ためらう
cromado/da　クロームめっきを施した	útil　役立つ、便利な、ふさわしい
desempañar　曇りをとる	

基本的な言い方 ◀ 　　　　　　　　　　🎤 F1-187

• 車はお持ちですか?

¿Tiene (usted) coche?

• 私は手頃な値段の車を買おうと思います。

Pienso comprar un coche de un precio asequible.

• ここ街中では小型車が便利です。

Aquí en la ciudad es conveniente [útil] un coche pequeño.

• ガソリンを入れないといけません。

Hay que echar gasolina.

• ガソリンスタンドはどこにありますか?

¿Dónde está la estación de gasolina?/¿Dónde hay una
　gasolinera?

【車種／仕様】　　　　　　　　　　🎤 F1-188

• 私はコンパクトなSUVに興味があります。

Me interesa un SUV compacto.

• キャンプに出かけるにはSUVとキャンピングカーのどちらがよいですか?

¿Cuáles son mejores para hacer camping los SUV o los cámpers?

• きみの車はオートマ車なの、それともマニュアル車?

¿Tu coche es automático o manual?

• 新車よりは中古車を買うほうがいい。

Prefiero comprar un coche usado a uno nuevo.

• 多くの人はまだ電気自動車を買うのをためらっています。

La mayoría titubea en comprar un coche eléctrico.

• これはプラグインハイブリッド車 (PHEV) です。

Este es un coche de sistema hibrido enchufable.

- ディーゼル車を買うメリット、デメリットはなんですか？

¿Cuáles son las ventajas y desventajas de comprar un coche diésel?

- ディーゼル車の利点の一つは、ガソリン車にくらべて二酸化炭素の排出量が少ないことです。

Una de las ventajas de los coches diésel es que tienen menos emisión de CO_2 que la gasolina.

- ガソリン車はディーゼル車よりも燃費が悪いです。

El consumo de los coches de gasolina es más alto que el de los de diésel.

- 電気自動車はガソリン車にくらべて航続距離が短いです。

El coche eléctrico corre menos distancia que el de gasolina.

- バッテリがなくなったようなので充電してください。

Tengo la batería descargada. Cárguela, por favor.

- 電気自動車は充電に何時間がかかりますか？

¿Cuánto tiempo se tarda en cargar la batería de un coche eléctrico?

- 電気自動車を家で充電すると8時間かかります。

Se tarda [Se toma] 8 horas en cargarse un coche eléctrico en casa.

- この車のトランスミッションは6速マニュアルです。

La transmisión de este coche es de 6 velocidades con modo manual.

- それぞれのトランスミッションには利点もあり欠点もあります。

Cada transmisión tiene sus pros y sus contras [sus ventajas y sus desventajas].

- この車は18インチのタイヤを履いています。

Este vehículo lleva las llantas de 18 pulgadas.

・この車は、ライトは前も後ろもLEDです。

Este coche dispone de los faros LED y también las luces traseras LED.

（"disponer de ..."は「…を備える、持つ」という意味。）

・この車の荷室にトランク3個は入らないでしょう。

No cabrán tres maletas en el maletero de este coche.

【車内】
🎤 F1-190

・夏は車内の温度が極端に上昇します。

En verano sube extremadamente la temperatura del habitáculo.

・この部分はクロームめっきが施されています。

Esta parte está cromada.

・これは紫外線の98 ％をカットできます。

Es capaz de bloquear el 98 % (por ciento) de los rayos UV.

・フロントガラスの曇りをとるにはどのボタンを押せばよいのですか?

¿Qué botón aprieto para desempañar el parabrisas?

・後部の窓ガラスはスモークガラスです。

Los cristales de las ventanillas traseras están tintados.

・フロントガラスと両サイドの窓は有害な紫外線をカットします。

El parabrisas y las ventanas laterales bloquean los rayos UV nocivos [dañinos].

・防眩ミラーのおかげで後続車のヘッドライトが気にならない。

Gracias al retrovisor antideslumbramiento, no me molestan los faros de los vehículos de atrás.

・目的地までの理想的なルートを計算するようにナビを設定しよう。

Vamos a ajustar el navegador para calcular la ruta idónea al destino.

・ナビでガソリンスタンドを探そう。

Buscaremos una estación de gasolina por el sistema de navegación (del coche).

- カーナビのGPSがおかしい。

La navegación GPS no funciona bien.

- インターネットに接続すれば、リアルタイムで情報が得られます。

Conectando con internet, se puede recibir informaciones en tiempo real.

- もう1度エアコンの温度を下げてください。

Baje un grado más el aire acondicionado.

- この車のフロントガラスには速度や他の情報が映し出されます。

En el parabrisas de este coche se proyectan la velocidad y otras informaciones.

- バックするとき360度カメラはとても助かります。

Me ayuda bastante la cámara de 360 grados cuando doy marcha atrás.

【アイドリング／アイドリングストップ】 　　🎤 F1-191

- この車は停車時にアイドリングストップします。

Al pararse el coche, se apaga el motor.

- 停車中はエンジンを切るべきですか、アイドリングさせておくべきですか?

¿Debemos apagar el motor o dejarlo al ralentí al parar el coche?

- アイドリングは有害です。

El ralentí es dañino.

- アイドリングは空気の汚染につながります。

El ralentí causa la contaminación del aire.

- アイドリングストップするだけで、空気汚染を避けることができます。

Sólo apagando el motor, se puede evitar la contaminación del aire.

- アイドリングはガソリンの消費につながります。

Dejando el coche en ralentí se consume más gasolina.

En ralentí el motor desperdicia combustible.

• 信号が赤のとき、私はアイドリングストップします。

Yo apago el motor de mi coche cuando el semáforo está en alto.

【燃料／燃費】 F1-192

• そろそろガソリンがなくなってきた。

Está muy baja la gasolina.

Nos queda poca gasolina.

Ya casi se está agotando la gasolina.

• 給油の方法を教えてください。

Enséñeme cómo suministrar [echar] la gasolina.

• ガソリンを満タンにしておこう。

Llenaré el depósito de la gasolina.

• まちがってディーゼル車にガソリンを入れてしまった。どうしよう?

Eché por equivocación gasolina al motor diésel. ¿Qué hago?

("por equivocación"は「まちがって、誤って」という意味。)

• ガソリン代が値上がりしています。

Ha subido el precio de la gasolina.

• この車はハイオクです。

Este coche usa gasolina súper [de alto octanaje].

• この車にはレギュラーガソリンを入れないでください。

No eche gasolina regular [normal] en este coche.

• 私の車はディーゼル車なので軽油です。

Se usa el gasóleo para mi coche diésel.

• 長旅の前にガソリンを満タンにしておきたいです。

Quiero llenar el depósito antes del largo viaje.

・私は車中泊をしてみたいと思っています。

Deseo pasar la noche en mi coche.

Me gustaría quedarme toda una noche en mi coche.

・この車には3年間保証がついています。

Este coche tiene 3 años de garantía.

・この中古車には何年間の保証がついていますか?

¿Cuántos años de garantía tiene este coche de segunda mano?

7 レンタカー

関連語

◆ レンタカー ◆

レンタカー　coche de alquiler		営業所　agencia (f)
借りる　alquilar; pedir prestado/da ...		
返却する　devolver; regresar		
自動車保険　seguro (m) de automóviles		賠償、補償　indemnización (f)
まかなう　cubrir		人身障害　lesión (f) personal

基本的な言い方　　　　　　　　　　　🎙 F1-195

・どこでレンタカーを借りられますか?

¿Dónde se puede alquilar un coche? / ¿Dónde puedo alquilar un coche?

・スマホで予約ができます。

Puede hacer una reservación con el teléfono inteligente.

• この付近にレンタカーの営業所はありますか？

Por aquí cerca, ¿hay una agencia de alquiler de coches?

• レンタル料金は1日いくらですか？

¿Cuánto cuesta alquilar un coche al día?／¿Cuál es la tarifa
 [el costo] de alquiler por día?

【レンタカー】　　　　　　　　　　　　　　　　　　🎤 F1-196

• レンタカーを借りて旅行しよう。

Vamos a alquilar un coche para viajar.

• コンパクトカー〔キャンピングカー；スポーツカー〕を借りたい。

Quisiera alquilar un coche compacto [de camping; deportivo].

• 1週間ハイブリッド車をお借りしたいのですが。

Me gustaría alquilar un coche híbrido por una semana.

• 車は翌日の夜8時までにご返却ください。

Devuelva el coche antes de las 8 de la noche del día siguiente.

• 燃費のよい車を選べますか？

¿Puedo escoger uno de los coches que no consuma mucha gasolina?

• 燃料の極度の消費は避けたいのです。

Quiero evitar el consumo excesivo de combustible.

• 燃料の節約を心がけています。

Procuro el ahorro de combustible.

• 返却時はガソリンを満タンにするのですか？

¿Tengo que devolver el coche con el depósito [tanque] lleno?

• 車はここで借りて別の町で乗り捨てたいのですが、よろしいですか？

¿Es posible alquilar un coche aquí y devolverlo en otra ciudad?

• 契約書のここにサインしてください。

Por favor, firme aquí en el contrato.

- 自動車保険はレンタル料金に含まれていますか?

  ¿Se incluye en el precio de alquiler el seguro de automóviles?

  ¿El coste de alquiler cubre el seguro de automóviles?

- 人身障害の場合どの程度賠償されますか?

  ¿Hasta cuánto cubre la indemnización en caso de lesión personal?

8 車の点検／故障／修理

関連語

◆ 点検／故障／修理 ◆ (注)

((注)車以外については「I.01.**5**. 苦情／故障」参照。)

点検する　revisar; chequear; examinar	点検　revisión (f); chequeo (m)
エンジンオイル　aceite (m) del motor	潤滑油 (じゅんかつゆ)　lubricante (m)
アドブルー　AdBlue (m)	触媒 (しょくばい)　catalizador (m)
故障　avería (f)	故障する　averiarse; descomponerse
修理　arreglo (m); reparación (f)	修理する　arreglar; reparar
バッテリーがあがる　descargar(se) la batería	
亀裂 (きれつ)〔ひび〕が入る　resquebrajarse; agrietarse	
タイヤの空気圧　presión (f) de los neumáticos	
維持費　coste [costo] (m) de mantenimiento	

❖ 例文にかかわる語 ❖

aconsejable　推奨できる (すいしょう)	periódico/ca　定期的な
inesperado/da　不慮の、予期しない (ふりょ)	recomendable　推奨できる

基本的な言い方

• 私の車が故障しました。

Se ha descompuesto mi coche. / Se averió mi coche.

• 修理をお願いします。

Quisiera que me lo arreglara(n).

• 車の修理が完了するのはいつですか?

¿Cuándo estará reparado el coche?

• 車の修理は何日かかりますか?

¿Cuántos días se tarda la reparación de mi coche?

【チェック・点検】

• 今月は車の定期点検があります。

Este mes me toca la revisión periódica de mi coche.

• 定期的に点検をしておくと不慮の事故が避けられます。

Las revisiones periódicas pueden evitar accidentes inesperados.

• 近頃エンジンの調子があまりよくありません。

Estos días el motor no funciona [marcha] bien.

• エンジンの音がおかしいので点検してください。

El motor suena raro. Revíselo [examínelo], por favor.

• 何よりもまずエンジンを点検しないといけません。エンジンの故障は結構高くつきますから。

Ante todo hay que revisar el motor cuyo fallo saldrá mucho más caro.

• アドブルーを補充したいのですが。

Quiero añadir AdBlue.

• ディーゼルエンジンのアドブルーは汚染を排除するには不可欠です。

El AdBlue de los motores diésel es imprescindible para eliminar la contaminación.

- エンジンオイルの量を確認しておくとよいでしょう。

  Es <u>recomendable</u> [aconsejable] comprobar el nivel del aceite del motor.

- オイルをチェックしてください。

  Revise el aceite, por favor.

- タイヤに空気を入れたいのですが。

  Quisiera poner aire a los neumáticos.

- タイヤの空気圧を知りたいのですが。

  Quiero saber la presión de los neumáticos.

【故障／修理】

- バッテリーが上がったようで、エンジンがかかりません。

  Parece que está descargada la batería y no arranca el motor.

  No se pone en marcha el motor porque se ha descargado la batería.

- オイルの焼けた匂いがし、エンジンから煙が出ています。

  Huele a aceite quemado y sale humo del motor.

  ("oler a ..."は「…くさい、…のにおいがする」という意味。)

- 後部のタイヤがパンクしました。

  Está pinchado un neumático de atrás.

- タイヤを全部変えてください。

  ¿Podría cambiar los cuatro neumáticos?

- 車のフロントガラスに小石によるヒビが入りました。

  El parabrisas del auto se ha resquebrajado por un guijarro.

  El parabrisas del coche ha sido agrietado por una piedra.

【維持費】

- 外国車は日本車よりも維持費が高くつきます。

  El costo de mantenimiento de los coches extranjeros es más caro que el de los japoneses.

9 交通事故

関連語

◆ 事故 ◆

交通事故　accidente (m) de tráfico; siniestro (m) vial

事故を引き起こす　provocar un accidente　　横転する　volcarse

事故にあった　accidentado/da　　巻き込む　involucrar

接触する　rozar　　追突する　chocar

交通規制　restricciones (f▶pl) de tráfico

ぶつける　dar un golpe　　轢<ひ>く　atropellar

傷をつける　rayar; lesionar　　へこませる　abollar

居眠り運転をする　conducir medio dormido/da

酒に酔った状態で　en estado etílico　　逃げる　fugarse; escaparse

責任者、犯人　responsable (mf)　　応急処置　primeros auxilios (m▶pl)

ひっかき傷　rasguño (m); arañazo (m)　　外傷、損傷　traumatismo (m)

むち打ち症　traumatismo [latigazo] (m) cervical

重傷者　herida (mf) grave　　事故証明書　certificado (m) de accidente

死者　fallecido/da (m/f); muerto/ta (m/f)

死亡事故　siniestro mortal

※ 例文にかかわる語 ※

administrar　与える

atraparse　捕らえられる、動けなくなる

automovilístico/ca　自動車の

avisar　知らせる

ilegal　違法の

número (m) de la placa　車のナンバー

基本的な言い方

- 信号を無視しないようにしてください。

Respete [No deje de respetar] las señales del semáforo.

- 携帯を見ながら運転しないようにしてください。

No conduzca usando el móvil.

- 交通事故が起きました。

Ha ocurrido un accidente de tráfico.

- すぐに警察を呼んでください。

Llame pronto a la policía.

【交通事故】

- 車に跳ねられそうになった。

Por poco me pilló un coche.

("por poco"は「すんでのところで」という意味。)

Apenas me salvé de ser atropellado/da.

- 私は信号が赤になったのですぐにブレーキをかけた。

Viendo que el semáforo se cambió a rojo frené pronto.

- 交通事故に巻き込まれました。

He sido involucrado/da en un accidente de tráfico.

- 信号待ちで後ろから追突された。

Alguien chocó mi coche por atrás.

Chocaron* mi auto por detrás.

- 私は車を傷つけられ、へこませられた。

Me rayaron* y abollaron* el coche.

- あのドライバーはスピードの出しすぎで、何人か歩行者をはねてしまった。

Aquel conductor atropelló unos peatones por ir con exceso de velocidad

- あれはひき逃げです。

Es un accidente de atropello y fuga.

236

Alguien fue atropellado y el responsable se ha fugado [se escapó].

Se fugó después de atropellar a alguien.

- どうしよう、他の車にぶつけてしまいました。

Choqué con otro coche. No sé qué hacer.

Le di un golpe a otro coche. ¿Qué hago [haré]?

- 高速道路での事故によって車が1台横転していた。

Hubo un accidente en la autopista y se volcó un coche.

- 居眠り運転による死亡者または重症者を出す事故があちこちで発生しています。

Hay accidentes automovilísticos que resultan en muerte o lesiones graves por conducir medio dormido/da.

- 事故のため…と〜の間が通行止めになっています。

Se prohíbe el paso de vehículos entre ... y ~ por haber sucedido un accidente.

- 私の車と別の車が接触したが、相手の車は逃走した。

Un coche se rozó con el mío y se escapó.

- 前の車が赤信号を無視し交差点で事故を起こした。

El coche delante de mí ignoró la luz roja provocando un accidente en el cruce.

- 飲酒運転は違法です。

Es ilegal manejar el coche en estado etílico.

【事故後の対処】   🎤 F1-204

- 事故にあった人の応急処置をできる人はいますか？

¿Hay alguien que sepa administrar primeros auxilios a una persona accidentada?

- 車内で両足を挟まれ動けません。

Se me han atrapado las piernas dentro del coche y no puedo moverme.

• その車の番号はわかりませんでした。

No <u>vi</u> [pude ver] el número de la placa de aquel coche.

• 誰か警察に連絡してもらえませんか?

¿Hay alguien que pueda llamar a la policía?

• この車はレンタカーです。レンタカーの会社に連絡をとってもらえませんか?

Este coche es de alquiler. ¿Podría avisar a la compañía de coches de alquiler?

• 事故証明書をもらえますか?

¿Me podría <u>dar</u> [hacer] un certificado de accidente?

En cierro

08 宇宙／太陽系／地球／自然

1 宇宙／太陽系／地球

関連語

◆ 宇宙／太陽系 ◆

宇宙	universo (m)	太陽系	sistema (m) solar
惑星	planeta (m)	小惑星	asteroide (m)
銀河、天の川	vía (f) láctea ; galaxia (f)	太陽	sol (m)
彗星（すいせい）	cometa (m)	衛星	satélite (m)
地球	globo (m); Tierra (f)	地球の軌道	órbita (f) terrestre
月	luna (f)	月の軌道	órbita lunar
火星	Marte (m)	水星	Mercurio (m)
木星	Júpiter (m)	金星	Venus (m)
土星	Saturno (m)	天王星	Urano (m)
海王星	Neptuno (m)	星	estrella (f)
北極星	estrella polar	流れ星	estrella fugaz
星座	constelación (f)	隕石	meteorito (m)

◇ 太陽／月 ◇

核	núcleo (m)	黒点	mancha (f) solar
クレーター	cráter (m)		

◇ 太陽と月の現象 ◇

日蝕（にっしょく）	eclipse (m) solar	金環蝕（きんかんしょく）	eclipse anular
月蝕	eclipse lunar	満月	luna llena
新月	luna nueva	三日月	luna creciente [menguante]
半月	luna en cuarto creciente [menguante]		

◆ 地球 ◆

北半球	hemisferio (m) norte [boreal]
南半球	hemisferio sur [austral]

239

北極　Polo (m) Norte [Ártico]　　　　南極　Polo Sur [Antártico; Austral]
北回帰線　trópico (m) de Cáncer　　　南回帰線　trópico de Capricornio
赤道　ecuador (m)

大陸　continente (m)　　　　　　　アジア　Asia (f)
ヨーロッパ　Europa (f)　　　　　　アフリカ　África (f)
アメリカ　América (f)　　　　　　　オセアニア　Oceanía (f)
南極大陸　Antártida (f); Antártica (f): continente (m) antártico

◇ 方位 ◇

北　norte (m)　　　　　　　　　　南　sur (m)
東　este (m)　　　　　　　　　　　西　oeste (m)
北東　nordeste [noreste] (m)　　　　北西　noroeste (m)
南東　sudeste [sureste] (m)　　　　南西　suroeste (m)

◇ 飛行物体／基地／装置 ◇

スペースシャトル　transbordador (m) espacial　　ロケット　cohete (m)
宇宙探査機　sonda (f) espacial　　　宇宙ステーション　estación (f) espacial
人工衛星　satélite (m) artificial
未確認飛行物体、UFO　OVNI (objeto volador no identificado) (m)
未確認空中現象、UAP　FANI (Fenómeno Aéreo no Identificado; Fenómenos
　　　　　　　　　　　　Aéreos no Identificados)
エイリアン、地球外生物　alienígena (mf); extraterrestre (mf)

天文台、観測所　observatorio (m)　　プラネタリウム　planetario (m)
望遠鏡　telescopio (m)　　　　　　電波望遠鏡　radiotelescopio (m)
観察する　observar

❖ 例文にかかわる語 ❖

anillo (m)　輪　　　　　　　　　　dimensión (f)　空間、ディメンション
atravesar　横切る　　　　　　　　drástico/ca　激烈な
colosal　巨大な　　　　　　　　　estrellado/da　星を散りばめた

hielo (m)	氷	ocultar	覆^{おお}い隠す

hielo (m)　氷

lanzar　打ち上げる

nocturno/na　夜の

ocultar　覆い隠す

visible　見える

基本的な言い方　　　　　　　　　　　🎙 F1-205

・われわれは宇宙の神秘に惹^ひかれます。

Nos atrae el misterio del universo.

・あっ、流れ星だ。

Ah, es una estrella fugaz. / Mira, (atraviesa) una estrella fugaz.

・UFOを見たことある？

¿Has visto un OVNI?

・プラネタリウムを訪れるのは楽しい。

Es divertido visitar el planetario.

【宇宙／太陽系】　　　　　　　　　　　🎙 F1-206

・夜空を見ていると北半球では北極星が見える。

Observando el cielo nocturno se ve la estrella polar en el hemisferio boreal.

・木星は太陽系の中でも一番大きな惑星です。

Júpiter es el planeta más grande del sistema solar.

・金星は太陽系の2番目の惑星です。

Venus es el segundo planeta del sistema solar.

・土星には輪があり、名前はローマ神話のサトゥルヌスに由来している。

Saturno tiene anillos. Su nombre proviene del dios romano Saturno.

("provenir de ..."は「…に由来する」という意味。)

・比較的大きな隕石が地球に落下した。

Cayó en la Tierra un meteorito relativamente grande.

- 太陽が月に隠された。日食だ。

  La luna ocultó al sol. Es eclipse solar.

- まもなくスペースシャトルが打ち上げられる。

  Dentro de poco se lanzará el transbordador espacial.

- コペルニクスクレーターは望遠鏡で見える。

  Es visible el cráter Copernicus con el telescopio.

- 天文学者とて広大な宇宙空間をすべてイメージするのはむずかしい。

  Aun para los astrónomos es difícil imaginar todas las dimensiones colosales del universo.

- ここ何十年かで北極の氷が極端に減少してきている。

  En las últimas décadas se ha disminuido drasticamente el hielo del Ártico.

【大陸／山脈】 F1-207

- これはアジア、ヨーロッパ、アフリカ、アメリカ、オセアニア、南極大陸の六大州〔陸〕に分けたものです。

  Esta es una división en 6 continentes: Asia, Europa, África, América, Oceanía y Antártida.

- ヒマラヤはアジア大陸の中で最も大きな山脈です。

  El Himalaya es la cordillera más grande del continente asiático.

【星／月】 F1-208

- 星が出ている。

  Se ven las estrellas.

  Es una noche estrellada.

- 月が出ている。

  Hay luna.

  Se ve la luna.

• 満月だ。

Hay luna llena.

Se ve la luna llena.

• 三日月が出ている。

Hay luna creciente.

Se ve la luna creciente.

2 自然・風景(注)

(注) 例文のいくつかの単語については「I.08.**3**. 自然にかかわる事象 ◆関連語◆」参照.)

関連語

◆ 自然・風景 ◆

自然 naturaleza (f)	風景 paisaje (m)
陸地、地面、土地 tierra (f)	山 montaña (f); monte (m)
山脈、連邦 cordillera (f); sierra (f)	火山 volcán (m)
台地、高原 meseta (f); altiplanicie (f)	

◇ 山 ◇

頂上 cumbre (f); cima (f); pico (m)	表面 superficie (f)
中腹、山腹 ladera (f); falda (f)	麓(ふもと) pie (m) de la montaña
噴火する entrar [estar] en erupción; hacer erupción	
噴火 erupción (f)	

丘 colina (f)	峠 paso [puerto] (m) de montaña
平原、平野 llanura (f); llano (m); explanada (f)	密林、ジャングル selva (f)
森、森林 bosque (m)	林、雑木林 arboleda (f)
断崖、絶壁 barranco (m); acantilado (m)	
谷、渓谷(けいこく) valle (m)	深い渓谷 cañón (m)
草原、牧草地 pradera (f); prado (m)	窪地(くぼち)、低地 depresión (f)

小道 senda (f)	砂漠 desierto (m)
砂丘 duna (f)	洞窟 cueva (f)

◇ 岩石／土砂 ◇

岩 roca (f)	石 piedra (f)
砂 arena (f)	泥 barro (m); lodo (m)
粘土 arcilla (f)	土(つち) tierra (f)

大洋、海洋 océano (m)	海 mar (m) (f)
半島 península (f)	岬(みさき) cabo (m)
海岸 costa (f)	浜辺 playa (f)
湾 golfo (m)	入江、入海(いりうみ) bahía (f)
湖 lago (m)	潟(かた) laguna (f)
池 estanque (m); charca (f)	沼 pantano (m)
川 río (m)	小川 riachuelo (m); arroyo (m)
岸辺、川辺 orilla (f)	島 isla (f)
滝、瀑布(ばくふ) cascada (f); catarata (f); caída (f)	

❖ 例文にかかわる語 ❖

agitado/da 荒れた、波立った	división (f) 分けること、分割
agradable 心地よい	espectáculo (m) 光景
apacible のどかな、やかな	faro (m) 灯台
bañarse 水浴する	hermoso/sa 美しい
belleza (f) 美しさ	pelado/da 丸裸の、丸出しの
bello/lla 美しい	placentero/ra 心地よい
calma (f) 静けさ	plácido/da のどかな、穏やかな
calmado/da のどかな、穏やかな	revuelto/ta 荒れた、波立った
caudaloso/sa 水量の豊かな	romperse （波が)砕ける
cautivar 魅了する	sereno/na のどかな、穏やかな
cubierto/ta 覆われた	tranquilo/la のどかな、穏やかな

基本的な言い方

• 遠くの山々が美しい。

Es <u>hermosa</u> [bella] la sierra de más allá.

• 田園風景はのどかだ。

El paisaje rural es <u>tranquilo</u> [apacible; plácido].

• 山腹にはたくさんの草花がある。

Hay muchas plantas y flores en la ladera de la montaña.

• 海は穏やかだ。

El mar está <u>sereno</u> [en calma].

• 海は荒れている。

El mar está <u>agitado</u> [revuelto].

Se levantan alto las olas.

(alto［高く］は副詞なので変化しません。)

【自然／風景】

• 圧倒的なスケールを誇る水量の豊かな瀑布(ばくふ)は、自然の美しい姿を見せてくれる。

Las caídas muy grandes y caudalosas ofrecen hermosos
　　espectáculos de la naturaleza.

• 山頂は白く雪で覆われている。

La cima de la montaña está cubierta con la blanca nieve.

• 山腹〔山肌〕がむき出しになっている。

Está pelada la <u>ladera</u> [superficie] de la montaña.

• 私は海と山の景色の美しさに見とれてしまった。

Quedé cautivad**o/da** con la belleza del paisaje del mar y la
　　montaña.

• 私は野生植物を見に山へ行きます。

Voy a la montaña para ver las plantas silvestres.

• 島の火山が噴火している。

Está en erupción el volcán de la isla.

- 森で新鮮な空気を吸うとリフレッシュできる。

Se relaja un**o/na** respirando el aire fresco en el bosque.

- 夏になるとよく子供たちが近くの小川で水浴びする。

En verano los niños suelen bañarse en el riachuelo cercano.

- 美しい海岸沿いに蒸気機関車が走っている。

Una locomotora de vapor corre a lo largo de la bella playa.

（"a lo largo de ..."は「…に沿って」という意味。）

【海】

- 波が高い。

Hay olas altas.

Las olas son altas.

Hay fuerte marejada [mucho oleaje].

- 波の音が気持ちいい。

El sonido de las olas es agradable [placentero].

Me es grato el sonido de las olas.

- 私は海岸に波が打ち寄せる光景を見るのが好きだ。

Me gusta [encanta] ver el ir y venir de las olas en la playa.

- 満潮時には島までの小道が消える。

Al subir la marea desaparece el caminito hasta la isla.

- 波が岩にあたって砕けている。

Las olas se rompen contra las rocas.

3 自然にかかわる事象

関連語

◆ 四季・二十四節気 ◆

季節　estación (f) 　　　　四季　cuatro estaciones

春　primavera (f) 　　　　夏　verano (m); estío (m)

秋　otoño (m) 　　　　　冬　invierno (m)

春分　equinoccio (m) de primavera

秋分　equinoccio de otoño

夏至　solsticio (m) de verano 　　冬至　solsticio de invierno

春〔夏;秋;冬〕の　<u>primaveral</u> [veranieg**o/ga** (estival); otoñal; invernal]

時期、季節　época (f); temporada (f)

◆ 自然に関連する語 ◆ ^(注)

(^(注)自然災害に関しては「I.10.**2**. 環境　◆関連語◆ ☆自然災害☆」参照。)

天気　tiempo (m) 　　　　　気候　clima (m)

天気図　mapa (m) del tiempo 　　気象衛星　satélite (m) meteorológico

梅雨　<u>estación</u> [temporada; época] (f) de lluvias

天気予報　pronóstico (m) <u>del tiempo</u> [meteorológico]

予知する、予測する　predecir; pronosticar 　　前線　frente (m)

高気圧　altas presiones (f▶pl); anticiclón (m) 　　温度　temperatura (f)

低気圧　bajas presiones 　　　降水量　precipitaciones (f▶pl)

降水確率　porcentaje (m) de lluvia; probabilidad (f) de lluvia

氷河　glaciar (m) 　　　　　氷河期　glaciación (f)

寒波　ola (f) de frío 　　　　旱魃　sequía (f)

青空　cielo (m) azul 　　　　晴れた　despejad**o/da**

日の当たった、晴れ渡った　solead**o/da** 　　晴れる　despejarse el cielo

雲　nube (f) 　　　　　　　曇った　nublad**o/da**

黒雲　nubarrón (m) 　　　　曇る　nublarse

積乱雲、入道雲　cumulonimbo (m); cumulonimbus (m, s/pl)

綿雲、うろこ雲　cirrocúmulo (m); nubes aborregadas　　霜　escarcha (f)

雨　lluvia (f)　　　　　　　　　　　　雨が降る　llover

にわか雨　aguacero (m); chubasco (m); chaparrón (m)

大雨　lluvia torrencial　　　　土砂降りになる　llover a cántaros

ずぶ濡れになる　mojarse [calarse] hasta los huesos

霧雨　llovizna (f)　　　　　　　　霧雨が降る　lloviznar

霧　niebla (f)　　　　　　　　　　濃い　denso/sa; espeso/sa

視界　visibilidad (f)　　　　　　　酸性雨　lluvia ácida

かすみ、もや　neblina (f)　　　　　みぞれ　aguanieve (f)

あられ、ひょう　granizo (m)　　　あられ〔ひょう〕が降る　granizar

雪　nieve (f)　　　　　　　　　　　雪が降る　nevar

雪片　copos (m▶pl) de nieve　　　大雪　gran nevada (f)

積雪、降雪　nevada (f)　　　　　　雪崩　alud (m) de nieve

凍った　helado/da　　　　　　　　凍る　helarse

(雪が)積もる　acumular(se)　　　(雪が)溶ける　derretirse; deshacerse

風　viento (m)　　　　　　　　　　(風が)吹く　soplar

そよ風　brisa (f)　　　　　　　　北風　aquilón (m); viento del norte

疾風、突風、強風　ráfaga (f); racha (f); vendaval (m)

(雨・風が)止む　parar; cesar　　凪、穏やかな天候　bonanza (f)

竜巻、トルネード　remolino (m); tornado (m)　　雷、雷鳴　trueno (m)

雷が鳴る　tronar　　　　　　　　(雷が)おちる　caer

稲妻、閃光　relámpago (m)　　　稲妻が光る　relampaguear

虹　arco iris [arcoíris] (m)　　虹が出る　salir [aparecer] el arco iris

満潮　pleamar (f); marea (f) alta　干潮　bajamar (f); marea baja

さざなみ、小波　escarceo (m); oleaje (m) ligero　波　ola (f); oleaje (m)

大波、うねり　marejada (f)　　　津波　tsunami (m)

嵐、暴風雨　borrasca (f); tempestad (f); tormenta (f); tifón (m);
　　　　　　huracán (m); ciclón (m)

洪水、氾濫　aluvión (m); inundación (f); diluvio (m)　　災害　desastre (m)

氾濫させる　desbordar　　　　　水浸しにする、水没させる　anegar

土砂崩れ　corrimiento [derrumbamiento] (m) de tierras

地震　terremoto (m)

震央、震源地〔しんおう〕　epicentro (m)

海底地震　maremoto (m)

地震の規模、マグニチュード　magnitud (f)

日の出　salida (f) del sol

日の入り　puesta (f) del sol; ocaso (m)

日が昇る　salir el sol

日が沈む　ponerse el sol

昼　día (m)

夜　noche (f)

夜明け、明け方　alba (f); amanecer (m); amanecida (f); madrugada (f); aurora (f)

明け方〔黄昏時〔たそがれどき〕〕の薄明かり　crepúsculo (m) matutino [vespertino]

ほの暗さ　penumbra (f)

夜が明ける　amanecer; clarear el día

夕焼け　arrebol (m)

日が暮れる　atardecer

暗くなる　oscurecer

明るさ　claridad (f)

明るい　claro/ra

暗がり、暗闇　oscuridad (f); tinieblas (f▶pl)

暗い　oscuro/ra

眩しい〔まぶ〕　deslumbrante

輝く　resplandecer; brillar

かすかな　leve; tenue

ぼんやりした　borroso/sa; difuso/sa

ぼんやり〔かすかに〕に見える　vislumbrar

暑さ　calor (m)

暑い　caluroso/sa

蒸し暑い　bochornoso/sa

べたべたした　pegajoso/sa

汗　sudor (m)

汗をかく　sudar

息苦しい　sofocante

暖かい　templado/da

日差しを浴びた　soleado/da

生暖かさ〔なま〕　tibieza (f)

涼しさ、爽やかさ　frescura (f)

涼しい　fresco/ca

湿度、湿気　humedad (f)

不安定な、変わりやすい　inestable; variable

湿気のある　húmedo/da

乾燥した　seco/ca

寒さ　frío (m)

寒い　frío/a

❖ 例文にかかわる語 ❖

acercarse　近づく

acortarse　短くなる

abrigarse　寒さから身を守る

aguar　台無しにする、水をさす

alargarse　長くなる

añorar　郷愁にかられる、懐かしむ

aviso (m)　警告

azotar　襲う

broncearse　日焼けする

capa (f)　層

cercanía (f)　接近

daño (m)　被害、損害

desgraciadamente　残念なことに

dispersar　散らす

empapado/da　ずぶ濡れの

enrojecido/da　赤くなった

entumecido/da　麻痺した、かじかんだ

evacuar　避難する

experimentar　体験する

impedir　妨げる

intensidad (f)　激しさ

intenso/sa　激しい、厳しい

mejorarse　良くなる、回復する

melancólico/ca　憂鬱な

nostalgia (f)　郷愁、ノスタルジア

notable　著しい

pegar　照りつける

penetrante　身にしみる(ような)

penetrar　しみ込む、入り込む

pérdidas (f▶pl)　被害、損害

pudrirse　腐る

rayar　夜が明ける、縞模様をつける

recientemente　近ごろ、最近

reflexión (f)　熟考

riguroso/sa　激しい、厳しい

romper　顔を出す、現れる

sentir nostalgia　郷愁にかられる、懐かしむ

sueño (m)　眠気

temblar　震える

variación (f)　変化

🎤 F1-212

・そろそろ夜明けだ。

Ya aparece la aurora. / Ya romperá [rayará] el alba.

・今は早く夜が明ける。

Ahora amanece temprano.

・日が昇るところだ。

Está amaneciendo.

・日が沈んでいく。

Va poniéndose el sol.

🎤 F1-213

・季節によって風景が変化します。

El paisaje cambia de acuerdo a cada estación.

・日本には四季があります。

En Japón hay cuatro estaciones.

・日本では四季の変化が見られます。

En Japón podemos ver [notar] la variación de las cuatro
estaciones.

・四季をとおして自然の美しさを体感できます。

Podemos experimentar la belleza de la naturaleza a través de las
cuatro estaciones del año.

・北半球では夏至は1年のうちで一番長い日にあたります。

El solsticio de verano es el día más largo del año en el hemisferio
norte.

3-1 春⟨注⟩

(⟨注⟩植物については「I.09.**2**. 植物·樹木 ◆関連語◆」参照。)

基本的な言い方

- もう春ですね。

Ya es primavera, ¿no? / Estamos en primavera, ¿verdad?

- 春にはツツジが花を咲かせます。

En primavera florecen las azaleas.

- 桜が満開です。

Los cerezos están en plena floración.

("en pleno/na ..."は「…のただ中に」という意味。)

El viento primaveral es fresco.

- 私にとって春は眠くなる季節だ。

En primavera me da sueño.

- これから徐々に温かくなっていく。

Poco a poco (el clima) se va haciendo templado.

- 日ごと暖かくなってきている。

Cada día (el clima) se hace más templado.

- 日が長くなってきている。

Se han alargado los días.

Los días van siendo más largos.

- 夜はまだ少し肌寒い。

En la noche todavía se siente un poco de frío.

- 今日、春一番が吹いた。

Hoy sopló el primer vendaval de primavera.

- 今日は春分の日だ。

Hoy es el día de equinoccio de primavera.

- 春は新芽が出る季節だ。

  La primavera es la estación en que aparecen nuevos brotes.

- 桜が少しずつ咲き始めている。

  Los cerezos empiezan a florecer poco a poco.

3-2 夏

- 初夏は葉っぱの緑が鮮やかだ。

  A principios de verano el color verde de las hojas es muy
  <u>brillante</u> [vivo].

  （"a principios de ……"は「…の初めに、…の初旬に」という意味。）

- もうすぐ夏休みだ。

  Están cerca las vacaciones de verano./ Ya casi estamos en las
  vacaciones de verano.

- 今が夏の真っ盛りだ。

  Precisamente estamos en pleno verano.

- 猛暑はまだ続くようだ。

  Todavía seguirá el calor intenso.

🎤 F1-217

- 今日は夏至です。

  Hoy es el solsticio de verano.

- 海へ泳ぎに行かない？

  ¿No quieres ir al mar para nadar?

- 小麦色に日焼けしたい。

  Quiero broncearme al sol.

• 日差しがとても強い。

La luz del sol es muy fuerte.

El sol es bastante fuerte.

• 今年は例年にない暑さだ。

Este verano el calor es más riguroso que otros años [los años pasados].

Este verano hace mucho más calor que de ordinario.

（"de ordinario"は「日常的に、普通」という意味。）

• ここは直射日光があたる。

Aquí el sol pega directamente.

• 気温が35度を超した。

La temperatura subió a más de 35 grados.

• 今日の最高気温は37度です。

La temperatura máxima de hoy es de 37 grados.

• 暑さのため夜は寝苦しい。

No se puede dormir bien por el calor sofocante.

El exceso de calor nos impide dormir bien.

• この暑さじゃ、汗がとまらない。

Con este calor no dejo de sudar.

• 暑い！ 汗だくだ。

¡Qué calor! Estoy sudando mucho [empapado/da de sudor].

• 蛍が光っている。

Se ven las luces de las luciérnagas.

• 夏場は食べ物が腐らないようにしなくちゃね。

En verano hay que cuidar que no se pudra la comida.

• 夏ばてで食欲がない。

Sufriendo el calor veraniego, no me dan ganas de comer.

• エアコンの温度を上げて[下げて]ください。

Suba [Baje] la temperatura del aire acondicionado.

• エアコンの温度を27度に上げました。

He subido la temperatura del aire acondicionado a 27 grados.

• 夏が終わりそうで終わらない。

Parece que ya se termina el verano, pero en verdad no.

• だんだん日が短くなってきた。

Gradualmente se acortan más los días.

Los días se han hecho cortos poco a poco.

3-3 秋

基本的な言い方　　　　　　　　　　　　🎤 F1-218

• まだ残暑が続いている。

Todavía sigue haciendo calor como en el verano.

• 秋たけなわだ。

Estamos en pleno otoño.

• 秋晴れだ。

Es un buen día otoñal [de otoño].

• 秋は気持ちがいい。

El otoño es agradable. / Uno/na se siente bien en otoño.

🎤 F1-219

• 日が短くなっている。

Los días se van acortando.

Se han acortado los días.

• 今日は秋分の日です。

Hoy es el día del equinoccio otoñal.

- 秋は食欲が進む。

En otoño se mejora el apetito.

Se me abre el apetito en otoño.

- この季節は紅葉がとても美しい。

En esta época se ven muy bonitas las hojas coloradas.

- 黄色くなったイチョウの葉が見事だ。

Son espléndidas las hojas de gingko (teñidas) de color amarillo

- 秋は山々の紅葉が美しい。

En otoño las hojas rojas [enrojecidas] son muy bellas en las
montañas.

- 紅葉を見に行こうよ。

Vamos a ver el cambio de color de las hojas otoñales.

¿Por qué no disfrutamos viendo las hojas teñidas de rojo?

- あちこちで枯れ葉が風に吹き散らされている。

El viento dispersó [ha dispersado] algunas hojas secas de los
árboles.

- 街路樹が落葉している。

Ya se han caído las hojas de los árboles de las avenidas.

- 今日は運動会にはもってこいの日和だ。

Hoy es un buen día para eventos deportivos.

- 秋は熟考するにはよい季節だ。

El otoño es una buena estación para la reflexión.

- 秋になると気持ちが自然と調和する。

En otoño me siento en armonía con la naturaleza.

("en armonía con ..."は「…と調和して」という意味。)

3-4 冬

🎤 F1-220

• この地方の冬は厳しい。

El invierno de esta región es bastante severo. / El frío de esta provincia es extremado. / Hace demasiado frío en esta provincia.

• そろそろ暖房が必要だ。

Dentro de poco tendremos que poner la calefacción.

• 寒さで手がかじかむ。

Tengo las manos entumecidas por el frío.

• 冬物の服を準備しなくては。

Hay que sacar la ropa de invierno.

🎤 F1-221

• 今日は冬至だ。

Hoy es el solsticio de invierno.

• 気温がかなり低い。

La temperatura es demasiado baja.

• 気温がマイナスになった。

La temperatura llegó hasta bajo cero.

• 気温はマイナス10度だ。

La temperatura es de 10 grados bajo cero.

• 今年は少し早めに雪が降り始めた。

Este año empezó a nevar un poco antes que de costumbre.

（"de costumbre"は「いつも、いつもの」という意味。）

• 道路の一部が凍っている。

Algunas partes de las calles se han helado.

Están heladas algunas partes del camino.

- 身体が震えるほど寒い。

Hace tanto frío que <u>no paro de temblar</u> [estoy temblando].

（"tanto ... que ～"は「あまりにも…なので～だ」、"parar de ..."は「～するのを止める」という意味。）

- 空気が乾燥しているので加湿器が必要だ。

Como el aire está seco, necesitamos un humidificador.

- 寒さ対策として暖かい服装をしなくちゃ。

Tengo que abrigarme bien para protegerme del frío.

3-5 空模様をたずねる

基本的な言い方　　　　　　　　　　　　　　　🎤 F1-222

- 明日の天気はどうだろうか?

¿Qué tiempo hará mañana?

- 明後日は天気がよい[悪い]だろうか?

¿Hará <u>buen</u> [mal] tiempo pasado mañana?

- 向こうは雨だろうか?

¿Estará lloviendo allá?

- 雪は降るだろうか?

¿Nevará?／¿Va a nevar?

🎤 F1-223

- 向こうはどのような気候だろうか?

¿Cómo es el clima allá?

- 明日の天気予報はどうなんだろう?

<u>¿Cuál es</u> [Qué dice] el pronóstico del tiempo para mañana?

- 天候が急変しないだろうか?

¿No se cambiará de repente el clima?

（"de repente"は「突然、急に」という意味。）

- 先週日曜日の天気はどうだった？

  ¿Qué tiempo hizo el domingo pasado?

- 日の出〔日の入り〕は何時頃だろうか？

  ¿A qué hora será la <u>salida del sol</u> [puesta del sol]?

3-6 晴れ／気持ちのよい天気

基本的な言い方

🎤 F1-224

- 今日はよい天気だ。

  Hoy hace buen tiempo.

- 今日は暖かい。

  Hoy está templado.

- 気持ちのよい天気だ。

  Hace un tiempo agradable.

- 太陽が出ている。

  Hace sol.

🎤 F1-225

- 天気は徐々に回復している。

  El tiempo va mejorando <u>a paso lento</u> [lentamente; poco a poco].

  ("a paso lento"、"lentamente"は「ゆっくり、徐々に」という意味。)

- ぽかぽかした陽気だ。

  Se siente la tibieza del sol.

  El clima de hoy es templado y agradable.

- 空は晴れている。

  El cielo está despejado.

- 空が青く澄んでいる。

  El cielo está claro.

  ¡Qué azul está el cielo!

- 日差しが明るい。

  Es un día soleado.

- 雲はほとんどない。

  Hay pocas nubes.

- よい天気だ！ 家にいるより外に出かけよう。

  ¡Qué buen tiempo! ¿Por qué no salimos en lugar de estar en casa?

  ("en lugar de ..."は「…の代わりに」という意味。

- 雲一つないね。散歩に出かけようよ。

  No hay ni una nube en el cielo. Vamos a dar un paseo.

- 爽やかなそよ風が吹いている。

  Está soplando una brisa refrescante.

3-7 悪天候／じめじめする／水不足

基本的な言い方 🎤 F1-226

- 今日の午後は天気が悪い。

  Hoy en la tarde hará mal tiempo.

- 今日は朝から最悪の天気だ。

  Hoy desde la mañana ha hecho un tiempo pésimo.

  (pésimo / maはmalo / laの絶対最上級。)

- 気まぐれな天気だ。

  El tiempo es variable. / El clima es inestable.

- 近頃の天気は予測できない。

  Recientemente no se puede predecir el clima. / Hoy (en) día es difícil pronosticar el tiempo.

🎤 F1-227

- 晴れていたかと思いきや、また降り出した。

  Estando despejado el cielo, volvió a llover.

・じめじめしている。

Hay mucha humedad.

Está muy húmedo.

・湿度が高くてむしむしする。

El clima es muy húmedo y hace un calor bochornoso.

La humedad es alta y un**o/na** se siente pegajos**o/s**a.

・息苦しいほどの暑さで、仕事に集中できない。

Hace un calor sofocante, así que no puedo concentrarme en mi trabajo.

("concentrarse en ..."は「…に集中する」という意味。

・ここしばらく水不足が続いている。

Desde hace algún tiempo falta agua.

("desde hace ..."は「…前から、…以来」という意味。)

・何か月も干ばつが続いている。

Ha durado la sequía durante meses.

3-8 寒暖

基本的な言い方　　　　　　　　　　　　🎙 F1-228

・暑い〔寒い〕。

Hace calor [frío].

・涼しい。

Hace fresco.

・今日はかなり〔少し〕暑い。

Hoy hace mucho [un poco de] calor.

（上記の文はどれも「無主語」ですが、「自分自身」が感じる暑さ・寒さを表す場合、動詞tenerを用います。〔例〕私は暑い〔寒い〕。Tengo calor [frío].

- もうすぐ寒波が到来するようだ。

No tardará en <u>azotar</u> [llegar] aquí una ola de frío.

- 今朝は寒さが骨身に染みる。

Esta mañana hace un frío penetrante.

Esta mañana el frío me penetra hasta los huesos.

- 朝夕はめっきり冷え込む。

Hace un frío notable por la mañana y por la noche.

- 夜はかなり寒い。

En la noche hace bastante frío.

3-9 夜

基本的な言い方

- 外はもう暗くなった。

Ya se hizo oscuro afuera.

- 気持ちのいい夜だ。

Es una noche agradable.

- 夜は外出を避けたほうがいい。

Es preferible no salir a la calle en la noche.

Será mejor quedarse en casa durante la noche.

- 通りは夜の闇に包まれている。

Las calles están completamente oscuras en la noche.

- 真っ暗で何も見えない。

No <u>veo</u> [se ve] nada en la oscuridad.

3-10 雲・風/台風・洪水/地震/被害

基本的な言い方

- 少し曇っている。

  Está <u>un poco</u> [algo] nublado.

- ほとんど雲はない

  Hay pocas nubes.

- 風が強い。

  Hace mucho viento. / Sopla el viento fuerte.

- 台風の前触れか、海はすごく穏やかだ。

  Sea por la cercanía del tifón o no, el mar está muy <u>sereno</u>
  [tranquilo].

【雲・風】

F1-233

- ところどころ雲が出ている。

  Está nublado a trechos.

  （"a trechos"は「ところどころ、断片的に」という意味。）

- 風のせいか雲が流れている。

  Las nubes pasan llevadas por el viento.

- 黒雲が垂れ込めている。

  El cielo está cubierto de nubarrones.

- 山に雲がかかっている。

  Hay nubes encima de la montaña.

- うろこ雲が浮かんでいる。

  Se ven las nubes aborregadas.

【台風・洪水／地震／被害】

F1-234

- 今年は台風が何度も日本を通過した。

  Este año los tifones han pasado varias veces por Japón.

- 台風は何県にもわたり甚大な被害をもたらした。

  El tifón causó grandes daños [muchas pérdidas] en varias
  provincias.

- 嵐で屋根瓦が数枚吹き飛んだ。

  La borrasca se llevó unas tejas.

- 川が氾濫しそうだ。

  El río está a punto de desbordarse.

  ("a punto de ..."は「まさに…するところ」という意味。)

- 台風によってこの町は洪水に見舞われた。

  El tifón provocó [causó] una inundación en esta ciudad.

- 雨によっていくつかの川が氾濫し、周囲の村が水没した。

  La lluvia desbordó unos ríos y anegó los pueblos de alrededor.

- ハリケーンがこの国に甚大な被害をもたらした。

  El huracán provocó un desastre enorme en este país.

- …地方でマグニチュード8.0の大きな地震があった。

  Hubo [Ocurrió] un gran terremoto de magnitud 8.0 (ocho punto
  cero) en la región ....

- 高台へ避難するよう警告が出された。

  Nos advirtieron* [avisaron*] que evacuáramos a los lugares altos.

- 今朝、洪水警報が発令された。

  Esta mañana se dio el aviso de peligro de inundación.

3-11 雨

基本的な言い方

• 雨が降りそうだ。

Está por llover. / Está a punto de llover.

• 雨が降っている。

Está lloviendo.

• 午後は雨になるかも。

Vendrá la lluvia por la tarde. / Lloverá en la tarde.

• 傘を忘れないように。

No olvides de llevarte el paraguas.

• 雨が上がったようだ。

Parece que dejó de llover. / Al parecer ya paró la lluvia.

【雨】

• あいにくの雨だ。

Desgraciadamente está lloviendo.

• ここ数日は雨が降り続いている。

Estos días ha estado lloviendo sin cesar.

Ha seguido lloviendo estos días.

• 雨が降っているので少し憂鬱だ。

Como está lloviendo, estoy un poco melancólic**o/ca**.

• 長いあいだ雨が降っていない。

Hace mucho que no ha llovido.

No ha llovido por mucho tiempo.

• 今日午後の降水確率は50%だ。

Hoy en la tarde la probabilidad de lluvia es del 50%.

- 日曜日の午後の降水量は増すでしょう。

El domingo por la tarde las precipitaciones ganarán intensidad.

- 天気予報によれば、今週末は雨が降りそうだ。

Según el pronóstico del tiempo, va a llover [lloverá] para este fin de semana.

- ひょっとしてにわか雨になるかも。

Tal vez [Quizá] nos pillará un aguacero.

- 今日の午後にわか雨が降った。

Hoy por la tarde cayó un chubasco.

- 大雨が来そうだ。

Azotarán lluvias torrenciales.

- この地方のいくつかの地域で大雨が降った。

Llovió a cántaros en algunos lugares de esta región.

- 雨が降っているのに傘もレインコートも持ってきていない。

No traje ni paraguas ni impermeable aunque está lloviendo.

- この傘はあちこち小さな穴があいている。

Este paraguas tiene hoyos pequeños.

- にわか雨にあい、ずぶ濡れになった。

Me mojé [Me he calado] hasta los huesos con el aguacero [chubasco].

- 雨でゴルフ大会が台なしだ。

La lluvia aguó la competición de golf.

【酸性雨】   🎤 F1-237

- 酸性雨だから濡れないようにね。

¡No te vayas a mojar con la lluvia ácida!

¡Cuida de no mojarte con la lluvia ácida!

- 酸性雨は健康に問題をもたらしかねません。

La lluvia ácida puede provocar problemas de salud.

【梅雨／虹】   🎤 F1-238

・そろそろ梅雨に入る。

Dentro de poco estaremos en la época de lluvias.

Ya comenzará la temporada de lluvias.

・もうすぐ梅雨明けです。

Se acerca el fin de la temporada de lluvias.

Falta poco para que termine la época de lluvias.

・見て、向こうに虹が出ている。

Mira, se ve [hay] un arcoíris allá.

3-12 霧/雷・稲妻/みぞれ・雹・雪

> **基本的な言い方**   🎤 F1-239

・霧がかかっている。

Hay niebla. / Hay una capa de neblina.

・遠くで雷が鳴っている。

Truena a lo lejos.

・稲妻が光った。

Relampagueó.

・みぞれが降っている。

Está cayendo aguanieve.

・雪が降っている。

Está nevando.

・霧が濃くなってきた。

Se ha hecho densa [espesa] la niebla.

・霧が晴れた。

Se ha despejado la niebla.

・霧が濃くて見通しが悪い。

Hay poca visibilidad por la niebla densa.

No se ve bien por la niebla espesa.

・霧雨が降っている。

Está lloviznando.

・この地域ではよく雷が鳴る。

En esta región truena frecuentemente.

・子供たちは雷の音に怯えている。

Los niños se asustan del estruendo del trueno.

（"asustarse de ..."は「…に怯える、…を怖がる」という意味。）

・どこか近くで雷が落ちた。

Cayó un rayo en algún lugar cercano.

・雹が降っている。

Está granizando [cayendo granizo].

・明日は雪になるかもしれない。

Quizá nevará mañana.

・雪が降り出した。

Empezó a nevar.

・雪がちらついている。

Caen copos de nieve.

- 1メートル以上も雪が積もっている。

Se ha acumulado la nieve más de un metro.

La nieve ha alcanzado más de un metro de espesor.

- 今年は約60年ぶりの大雪だ。

Es la mayor nevada que <u>ha habido</u> [hemos tenido] desde hace unos 60 años.

Hace aproximamadamente 60 años que no ha nevado tanto como este año.

- 大雪になるそうだ。

Dicen* que nevará copiosamente.

Se dice que va a haber una gran nevada.

- 雪は溶けてしまった。

Ya <u>se deshizó</u> [se ha derretido] la nieve.

- ちらつく雪を見ていると郷愁に駆られる。

Siento nostalgia al ver caer los copos de nieve.

1 動物・生き物

関連語

◆ 分類 ◆

動物　animal (m)	野生動物　animal salvaje [silvestre]
哺乳動物　mamífero (m)	胎生動物　vivíparo (m)
卵生動物　ovíparo (m)	卵胎生動物　ovovivíparo (m)
脊椎動物　vertebrado (m)	無脊椎動物　invertebrado (m)

種類　especie (f)	亜種　subespecie (f)
肉食類　carnívoros (m▶pl)	草食類　herbívoros (m▶pl)
食虫類　insectívoros (m▶pl)	

◇ 動物の性別／各部位の名称 ほか ◇

雄　macho (m)	雌　hembra (f)

骨格　esqueleto (m)	頭蓋骨　cráneo (m)
脊柱、背骨　columna (f) vertebral; espina (f) dorsal	
尻尾　cola (f)	角　cuerno (m)
蹄　pezuña (f)	牙　colmillo (m)
こぶ　giba (f); joroba (f)	たてがみ　melena (f); crin (f)
鉤爪　garra (f)	毛　pelo (m)
毛並み　pelaje (m)	

群れ　rebaño (m)	

◆ 哺乳動物 ◆

カバ　hipopótamo (m)	イノシシ　jabalí (m)
シマウマ　cebra (f)	サイ　rinoceronte (m)
ラマ　llama (f)	バイソン　bisonte (m)

バッファロー búfalo (m)	ラクダ camello (m)
象 elefante (m)	キリン jirafa (f)
ライオン león (m)	トラ tigre (m)
熊 oso (m)	北極熊 oso polar
ヒョウ leopardo (m)	チーター guepardo (m); chita (f)
ジャガー jaguar (m)	ピューマ puma (m)
オオカミ lobo (m)	ハイエナ hiena (f)
コヨーテ coyote (m)	キツネ zorro (m)
イタチ comadreja (f)	タヌキ tejón (m)
スカンク mofeta (f); zorrillo (m)	アライグマ mapache (m)
ハリネズミ erizo (m)	モグラ topo (m)
パンダ panda (m)	アルマジロ armadillo (m)
アリクイ oso hormiguero	ヤマネコ lince (m)
テン marta (f)	ナマケモノ perezoso (m)
鹿 ciervo (m); venado (m)	トナカイ reno (m)
インパラ impala (f)	山羊 cabra (f)
ロバ burro (m)	ラバ mulo (m)
雄牛 toro (m); buey (m)	雌牛 vaca (f)
雄馬 caballo (m)	雌馬 yegua (f)
子牛 ternero (m)	羊 oveja (f)
豚 cerdo (m); puerco (m); cochino (m)	
犬 perro (m)	猫 gato (m)

◇ 鳴き声 ◇

吠える(犬) ladrar	遠吠えする aullar
鳴く(猫) maullar	鳴く(牛) mugir
いななく(馬) relinchar	鳴く(鶏) cacarear
鳴く、さえずる(鳥) piar	

◇ 犬・猫の種類 ◇

プードル　caniche (m)	ブルドッグ　buldog (m)
コリー　collie (m)	グレーハウンド　lebrero (m)
ダルメシアン　dálmata (m)	チワワ　chihuahua (m)
シャム猫　siamés (m)	ペルシャ猫　gato persa

霊長類（れいちょうるい）　(mamíferos) primates (m▶pl)

猿　mono (m)	手長猿　gibón (m)
チンパンジー　chimpancé (m)	ゴリラ　gorila (m)
オランウータン　orangután (m)	
ヒヒ　papión (m); babuino (m); cinocéfalo (m)	

飛行哺乳類　mamíferos voladores	コウモリ　murciélago (m)

有袋哺乳類（ゆうたい）　mamíferos marsupiales	コアラ　coala (m)
カンガルー　canguro (m)	ワラビー　ualabi [ualabí] (m)

歯歯類（げっしるい）　roedores (m▶pl)

リス　ardilla (f)	モモンガ　ardilla voladora
ヤマアラシ　puercoespín (m)	ビーバー　castor (m)
ハムスター　hámster (m)	マーモット　marmota (f)
ウサギ　conejo (m)	野ウサギ　liebre (f)
	ネズミ　ratón (m); rata (f)

海洋哺乳類　mamíferos marinos [acuáticos]

イルカ　delfín (m)	アザラシ　foca (f)
アシカ　lobo (m) marino	クジラ　ballena (f)
ナガスクジラ　rorcual (m)	マッコウクジラ　cachalote (m)
ザトウクジラ　yubarta (f)	シャチ　orca (f)
マナティー　manatí (m)	セイウチ　morsa (f)

ジュゴン　dugong (m)

ラッコ　nutria marina

カワウソ　nutria (f)

◆ 爬虫類（はちゅうるい）／両生類（りょうせいるい） ◆

爬虫類　reptiles (m▶pl)

毒ヘビ、マムシ　víbora (f)

ガラガラヘビ　serpiente de cascabel

トカゲ　lagarto (m); lagartija (f)

カメ　tortuga (f)

クロコダイル　cocodrilo (m)

ヘビ　serpiente (f); culebra (f)

コブラ　cobra (f)

ヤモリ　geco (m)

カメレオン　camaleón (m)

イグアナ　iguana (f)

アリゲーター　aligátor (m)

両生類　anfibios (m▶pl)

ヒキガエル　sapo (m)

イモリ　tritón (m)

カエル　rana (f)

オタマジャクシ　renacuajo (m)

サンショウウオ　salamandra (f)

◆ 鳥 ◆

鳥　ave (f); pájaro (m)

（aveとpájaroはほぼ同義語ですが、pájaroは特に小型の鳥をさします。）

ハチドリ　colibrí (m)

カケス　arrendajo (m)

フクロウ　lechuza (f); buho (m); tecolote (m)

キツツキ　pájaro carpintero

鷹（たか）　halcón (m)

鷺（さぎ）　garza (f)

ペンギン　pingüino (m)

コウノトリ　cigüeña (f)

孔雀（くじゃく）　pavo real

ダチョウ　avestruz (m)

ツグミ　tordo (m)

カッコウ　cuco (m)

ロビン、ヨーロッパコマドリ　petirrojo (m)

キジ　faisán (m)

燕（つばめ）　golondrina (f)

スズメ　gorrión (m)

ナイチンゲール　ruiseñor (m)

カラス　cuervo (m)

鷲（わし）　águila (f)

コンドル　cóndor (m)

ペリカン　pelicano (m)

七面鳥　pavo (m)

フラミンゴ　flamenco (m)

カナリア　canario (m)

椋鳥（むくどり）　estornino (m)

アホウドリ　albatros (m, pl)

鳩（はと）　paloma (f)

ガチョウ　oca (f); ganso (m)

カモ、アヒル　pato (m)	ウズラ　codorniz (f)
雄鳥^{おんどり}　gallo (m)	雌鳥^{めんどり}　gallina (f)
雛^{ひな}　pollo (m)	鵜^う　cormorán (m)
インコ　periquito (m)	オウム　papagayo (m); loro (m)

（ほかにもオウム、インコを表す語にcacatúa、cotorra、guacamayo、pericoがあります。）

◇ 各部位の名称ほか ◇

嘴^{くちばし}　pico (m)	羽、羽毛　pluma (f)
翼　ala (m)	巣　nido (m)

鳥インフルエンザ　influenza (f) aviar

◆ 昆虫／害虫 ◆

昆虫　insecto (m)	蝶　mariposa (f)
てんとう虫　mariquita (f)	セミ　cigarra (f)
コオロギ　grillo (m)	コガネムシ　escarabajo (m)^(注)

（^(注)甲虫目の昆虫の種類は多く、日本で見かけるカブトムシはescarabajo rinoceronte、
クワガタムシはciervo volanteと呼ばれるものと似ています。）

バッタ　saltamontes (m, s/pl)	トンボ　libélula (f)
カマキリ　campamocha (f); mantis (f, s/pl) religiosa	
蚕^{かいこ}　gusano (m) de seda	蜜蜂　abeja (f)
アブ　tábano (m)	スズメバチ　avispón (m)
アシナガバチ　avispa (f)	螢^{ほたる}　luciérnaga (f)
カメムシ　chinche (f) de campo	アリ　hormiga (f)
シロアリ　termita (f); comején (m)	クモ　araña (f)
サソリ　escorpión (m)	ムカデ　ciempiés (m, s/pl)
ヤスデ　milpies (m, s/pl)	虫、蠕虫^{ぜんちゅう}（総称）　gusano (m)
ダニ　ácaro (m); garrapata (f)	ハエ　mosca (f)
蚊^か　mosquito (m)	ゴキブリ　cucaracha (f)
ノミ　pulga (f)	シラミ　piojo (m)
寄生虫　parásito (m)	

花粉媒介昆虫　insecto polinizador　　受粉　polinización (f)

◇ **各部位の名称ほか** ◇

触覚　antena (f)　　　　　　　　幼虫　larva (f)

青虫、毛虫　oruga (f)　　　　　　さなぎ　crisálida (f)

複眼　ojo (m) compuesto　　　　　巣（蜜蜂）　colmena (f)

巣房　panal (m)　　　　　　　　蜘蛛の巣　telaraña (f)

◇ **害虫／益虫** ◇

害虫　insecto dañino [nocivo; perjudicial]; plaga (f)

益虫　insecto beneficioso

駆除する　exterminar; extirpar　　毒　veneno (m)

毒針　aguijón (m)

◆ **魚介類** ◆

秋刀魚　paparda (f) del pacífico; cololabis saira (m)

鯖　caballa (f)　　　　　　　　鱒　trucha (f)

鯉　carpa (f)　　　　　　　　　鯛　besugo (m)

鮭　salmón (m)　　　　　　　　マグロ　atún (m)

鱈　bacalao (m)　　　　　　　　イワシ　sardina (f)

カツオ　bonito (m)　　　　　　　ヒラメ　platija (f)

カレイ　lenguado (m)　　　　　　ニシン　arenque (m)

メルルーサ　merluza (f)　　　　　メカジキ　pez espada

チョウザメ　esturión (m)　　　　　フグ　pez globo

ボラ　mújol (m)　　　　　　　　ウナギ　anguila (f)

アンチョビ　anchoa (f)　　　　　　ホウボウ　rubio (m)

アンコウ　rape (m)　　　　　　　ドジョウ　locha (f)

タツノオトシゴ　hipocampo (m); caballito (m) de mar

甲殻類　crustáceos (m▶pl)　　　　蟹　cangrejo (m)

ロブスター、イセエビ　langosta (f)　エビ　gamba (f); camarón (m)

貝　almeja (f)　　　　　　　　ムール貝　mejillón (m)

牡蠣 ostra (f)   ロブスター bogavante (m)

ヤドカリ cangrejo ermitaño

~~~~~~~~~~~~~~~~~~~~~~~~~~~~~~~

軟骨魚類 peces (m▶pl) cartilaginosos

サメ tiburón (m)   エイ raya (f)

クラゲ medusa (f)

~~~~~~~~~~~~~~~~~~~~~~~~~~~~~~~

アワビ abulón (m); oreja (f) de mar

ウニ erizo (m) de mar   ヒトデ estrella (f) de mar

珊瑚 coral (m)

◇ 各部位の名称 ◇

エラ branquia (f)	浮き袋 vejiga (f) natatoria
ヒレ aleta (f)	甲羅 caparazón (m)
ハサミ pinza (f)	貝殻 concha (f)
眼柄 tentáculo (m) ocular	吸盤 ventosa (f)

◆ 軟体動物類 ◆

軟体動物類 moluscos (m▶pl)   貝 concha (f); almeja (f)

タコ pulpo (m)   イカ calamar (m)

カタツムリ caracol (m)   ナメクジ babosa (f)

◆ ペット ◆

ペット mascota (f); animal (m) doméstico

ペットを飼う tener una mascota   ペットフード comida (f); alimento (m)

…に餌を与える dar de comer a ...   ペットショップ tienda (f) de animales

熱帯魚 pez (m) tropical   水槽、金魚鉢 pecera (f)

~~~~~~~~~~~~~~~~~~~~~~~~~~~~~~~

動物病院 clínica (f) veterinaria

❖ 例文にかかわる語 ❖

agrupar　グループ分けする、分類する

arrozal (m)　田んぼ

despertar　かき立てる、呼び起こす

dinosaurio (m)　恐竜

disponible　調達可能な

duración (f)　期間

extensión (f)　広がり

extinción (f)　絶滅

extinguirse　絶滅する

fósil (m)　化石

geográfico/ca　地理的な

inducir　誘引する

ingestión (f)　摂取

regenerar　再生する

regular　調整する

rincón (m)　隅

sirena (f)　人魚

基本的な言い方　　　　　　　　　　　Ⓠ F1-242

• 私は動物が大好きです。

A mí me encantan los animales.

• 私は家でペットを飼っています。

Tengo una mascota en casa.

• 森林にはいろいろな種類の珍しい昆虫がいます。

Hay una variedad de insectos raros en la selva.

【哺乳動物】　　　　　　　　　　　　　Ⓠ F1-243

• 動物は子供たちだけでなく大人にも好奇心を抱かせます。

Los animales despiertan la curiosidad no solo a los niños sino a los adultos.

• 動物たちは、わたしたちを楽しませ、なおかつ考えさせてくれます。

Los animales nos ayudan a pensar entreteniéndonos también.

• 哺乳動物は血の通った脊椎動物です。

Los mamíferos son vertebrados de sangre corriente.

- 哺乳動物にとって毛または毛並みは体温を調整するのに必要です。

Para los mamíferos el pelo o el pelaje es necesario para regular la temperatura corporal.

- ゴリラの寿命は30年から50年だと言われています。

Según dicen* la duración de la vida de los gorilas es de entre 30 a 50 años.

("Según dicen"は「話によれば」という意味。)

- チンパンジーは霊長類の中でも知的な動物の一つです。

El chimpancé es uno de los primates más inteligentes.

- コアラはたいがい木の幹に抱きついています。

Los coalas se abrazan a los troncos de los árboles la mayoría del tiempo.

("abrazarse a ..."は「…に抱きつく」という意味。)

- ヒョウの多くはアフリカに生息しますが、亜種はアジアや中東にも生存しています。

La mayoría de los leopardos habitan en África, pero también como subespecies en Asia y Oriente Medio.

- コウモリは30年以上生きられるようです。

Los murciélagos pueden vivir más de 30 años.

【昆虫／クモ類／害虫】　　　　　　　　　　　　　　🎤 F1-244

- 都会の木立ではほぼ一日中セミが鳴き声を発している。

En las arboledas urbanas las cigarras cantan casi todo el día.

- 珍しく田んぼでは蛍が飛んでいる。

Es raro ver a las luciérnagas volando en el arrozal.

- かつてこの森には昆虫がたくさんいたが、今はそうでもない。

Había muchos insectos en este bosque, pero ahora no tanto.

- 部屋の隅っこは蜘蛛の巣だらけだ。

El rincón del cuarto está lleno de telarañas.

・ハエが飛んでいる。

Anda volando una mosca.

・ハエが入ってきた。

Se metió una mosca.

・蚊に食われて痒い。

Me picó un mosquito y me da comezón.

・蚊とり線香を焚かなきゃ。

Hay que ponerse un repelente contra los mosquitos.

・殺虫剤をまかなきゃ。

Hay que pulverizar [echar] insecticida.

【海生哺乳動物】　　　　　　　　　　　　🎤 F1-245

・イルカは最も知的な種の一つだと考えられている。

Los delfines son conocidos como una de las especies más inteligentes.

・イルカは仲間同士の伝達用に音を発したり、ジャンプしたり、ダンスをしたりすることができる。

Los delfines son capaces de emplear sonidos, saltos y danzas para comunicarse entre ellos.

・鯨は魚ではなく、海洋哺乳動物に属する。

Las ballenas no son peces sino pertenecen a un grupo de mamíferos marinos.

・プラスティックの摂取によって多くの海洋哺乳動物や海鳥が死んでいる。

Muchos mamíferos marinos y aves marinas mueren por la ingestión de plásticos.

【爬虫類／両生類】　　　　　　　　　　　　🎤 F1-246

・ヘビはどれも肉食類に属する。

Las serpientes son todas carnívoras.

- とかげは食虫類、草食類、雑食類に分けられる。

Los lagartos se agrupan en insectívoros, herbívoros y omnívoros.

- トカゲは尻尾を失っても、おおかたは再生される。

Cuando la lagartija pierde la cola, casi siempre la regenera.

La cola separada [cortada] de la lagartija casi siempre se regenera.

- カメは地面に穴を掘り、巣を作る卵生動物だ。

Las tortugas son animales ovíparos que cavan sus nidos en la tierra.

【鳥】

- ペンギンは鳥類だが、鳥とは言わない。

El pingüino es una ave, pero no un pájaro.

- 鳥はその種類においても生息範囲からしても数が多い。

Las aves son numerosas en especies y en extensión geográfica.

- 孔雀の羽はとても美しい。

Son muy hermosas las plumas del pavo real.

- 一対のカモが川で泳いでいる。

Un par de patos nadan en el río.

- 鳥はいかなる環境にも適応し、うまく餌を調達する。

Las aves se adaptan a cualquier entorno [ambiente] y aprovechan los alimentos disponibles.

("adaptarse a ..."は「…に適合する」という意味。)

- カラスは賢い動物だが、しばしば人の生活に害を与える。

Los cuervos son inteligentes, pero frecuentemente causan daños en la vida humana.

- スズメは大量の虫を食べてくれるので私たちにとっては益鳥だ。

Los gorriones son muy útiles para nosotros porque se alimentan de una gran cantidad de insectos.

("alimentarse de ..."は「…を食べる」という意味。)

• ガチョウ、ペンギンは空を飛べない。

Las avestruces y los pingüinos no vuelan.

【ペット】 🎤 F1-248

• 普通、ペットがいるとまわりの雰囲気が和らぐ。

Normalmente una mascota induce calma a las personas de
　alrededor.

• 犬と遊ぶことで気持ちが落ち着く。

Es muy relajante jugar con un perro

• うちの犬は時々草を食べて、あとでそれを吐く。

Mi perro come a veces hierba y después la vomita.

• カメも人のペットになる。

Las tortugas también se convierten en mascotas de los hombres.

• ペットを飼っていると長く家を空けるのはむずかしい。

Teniendo una mascota es difícil no estar en casa por mucho
　tiempo.

2 植物・樹木

関連語

◆ 花・草木 ◆

植物　planta (f)

雑草　maleza (f); hierbajo (m); mala hierba

花　flor (f)

シャクナゲ　rododendro (m)

バラ　rosa (f)

向日葵　girasol (m)

アヤメ　lirio (m)

蘭　orquídea (f)

野草　flor silvestre

アザレア、ツツジ　azalea (f)

チューリップ　tulipán (m)

カーネーション　clavel (m)

ユリ　azucena (f)

スミレ　violeta (f)

アブラナ、菜の花　flor de colza

水仙 narciso (m) 　　　　菊 crisantemo (m)

紫陽花 hortensia (f) 　　　クローバー trébol (m)

ライラック、リラ lila (f) 　　ヒヤシンス jacinto (m)

アネモネ <u>anémona</u> [anemone] (f) 　カンパニュラ、風鈴草 campánula (f)

キキョウ platycodon (m); campanilla (f) china

コスモス cosmos (m) 　　　ハイビスカス hibisco (m)

ヒナゲシ amapola (f) 　　　牡丹 peonía (f)

シクラメン ciclamen (m); ciclamino (m) 　ゼラニウム geranio (m)

朝顔 ipomea (f); dondiego de día (m) 　アマリリス amarilis (f, s/pl)

マリーゴールド tagetes (m); cempasúchil (m)

ラベンダー lavanda (f); espliego (m)

スイートピー guisante (m) de olor 　ダリア dalia (f)

サボテン cacto (m); cactus (m, s/pl); nopal (m)

ジャスミン jazmín (m) 　　　ガーデニア、クチナシ gardenia (f)

キンモクセイ olivo (m) fragante; osmanto (m) oloroso

タンポポ diente (m) de león 　エニシダ hiniesta (f)

ブーゲンビリア <u>buganvilla</u> [buganvilia] (f)

スイカズラ madreselva (f) 　ヒナギク margarita (f)

パンジー pensamiento (m); trinitaria (f)

シダ helecho (m) 　　　　アロエ <u>áloe</u> [aloe] (m)

蔦 <u>hiedra</u> [yedra] (f) 　　ミモザ mimosa (f)

椿、サザンカ camelia (f)
　（椿とサザンカはどちらも学名はcamelliaですが、正確には少し違います。）

〜〜〜〜〜〜〜〜〜〜〜〜〜〜〜〜〜〜〜〜〜〜〜〜

木 árbol (m) 　　　　　灌木、低木 arbusto (m)

松 pino (m) 　　　　　カラマツ alerce (m)

杉 cedro (m) (de Japón) 　　糸杉 ciprés (m)

ヒマラヤスギ ciprés de Himalaya 　カエデ arce (m)

ブナ haya (f) 　　　　　樫 roble (m)

ポプラ 　　álamo (m) 　　　柳 　　　sauce (m)

銀杏 　　ginkgo (m) 　　　樅 　　　abeto (m)

桜　cerezo (m)

クルミ　nogal (m)

オリーブ　olivo (m)

レモン　limonero (m)

アーモンド　almendro (m)

竹　bambú (m)

梅　ciruelo (m)

ユーカリ　eucalipto (m)

リンゴ　manzano (m)

ミカン　naranjo (m)

ヤシ　palma (f); palmera (f)

ライラック、リラ　lilo (m)

◇ 各部位の名称 ◇

果実　fruta (f)

種　semilla (f)

芯　hueso (m)

棘　espina (f); pincho (m)

萼　cáliz (m)

蕾　capullo (m); brote (m); pimpollo (m)

花弁　pétalo (m)

めしべ　pistilo (m)

果肉　pulpa (f)

球根　bulbo (m)

果皮　cáscara (f)

葉　hoja (f)

茎　tallo (m)

おしべ　estambre (m)

花粉　polen (m)

木立、雑木林　arboleda (f)

枝　rama (f)

樹幹　tronco (m)

根　raíz (f)

枝葉(集合的)　follaje

樹皮　corteza (f)

樹冠　corona (f); copa (f)

光合成　fotosíntesis (f, s/pl)

酸素の放出　producción (f) de oxígeno

二酸化炭素の吸収　absorción (f) de dióxido de carbono

葉緑素　clorofila (f)

植林　forestación (f)

＊ 例文にかかわる語 ＊

brillar　輝く	penetrar　入り込む
deslumbrar　眩しくさせる	pincharse　（自分の身体に）刺す
durable　長持ちする	placer (m)　喜び
florecer　花が咲く	presencia (f)　存在
florero (m)　花瓶	resistente　頑丈な
levemente　軽く、少し	resplandecer　輝く
longevo/va　長寿の	urbano/na　都会の
maceta (f)　植木鉢	vislumbrar　かすかに見える

基本的な言い方

F1-249

- このあたりにはたくさんの種類の花が咲いている。

Por aquí han florecido gran variedad de flores.

- 道端に紫色の花が咲いている。

Al borde del camino hay flores de color morado.

- 木々は陰を作ってくれます。

Los árboles dan sombra.

- 木陰に座りましょう。

Vamos a sentarnos a la sombra de los árboles.

【植物】

F1-250

- 大半の花は私たちを喜ばせ、元気づけてくれる。

La mayoría de las flores nos dan alegría y hacen sentirnos bien.

- あちこちの庭のいろいろな植物を見て、通りすがりの人たちは喜びを感じる。

La gente al pasear siente placer viendo las diferentes plantas de los jardines.

- ここにある植木鉢はテラス用の植物によく似合う。

Estas macetas quedan bien para las plantas de la terraza.

・春には雑草まで花を咲かせる。

En primavera florecen hasta las hierbas.

・そこの花を摘んで花瓶に生けてみよう。

Cortando esas flores las arreglaré en un florero.

・朝顔の花が露で輝いている。

Las ipomeas resplandecen [brillan] con las gotas de rocío.

・蕾が今まさに開こうとしている。

Los capullos están a punto de florecer [abrirse].

・子供のころサボテンの棘に刺さったことがあった。

De niño/na me he pinchado [me pinché] con la espina de un cactus.

・椿は人目をひく色と艶のある緑の葉をもつ美しい植物だ。

La camelia es una planta bella debido a sus flores de llamativos colores y a su follaje verde brillante.

("debido a ..."は「…のために、…のせいで」という意味。)

【樹木】   🎙 F1-251

・木は光合成によって酸素を放出する。

Los árboles producen oxígeno al realizar el proceso de fotosíntesis.

・松の木材は頑丈で長持ちする。

La madera de pino es resistente y durable.

・一本の松の木が嵐によって家の塀の上に倒れた。

Un pino se cayó por la tormenta encima de la tapia de la casa.

・大部分の葉は葉緑素を含んでいることから緑色をしている。

La mayoría de las hojas son de color verde por la presencia de la clorofila.

・秋になると木々の葉っぱが色を変える。

Las hojas de los árboles cambian de color en otoño.

- 枝葉のあいだから太陽の光が差しこみ眩しい。

  Me deslumbran los rayos del sol que penetran por las ramas y las hojas.

- イチョウ並木を散歩するのは、さわやかな気分だ。

  Es refrescante pasear por la avenida de los ginkgos.

- 遠くにかすかに樫の木が見える。

  Se vislumbra a lo lejos un roble.

  A lo lejos veo tenuemente un roble.

- 日本の都会では極端に緑が少ない。

  En Japón existe una extrema escasez de espacios verdes en las áreas urbanas.

- 糸杉は寿命の長い木で、植林にはもってこいだ。

  El ciprés es un árbol longevo e ideal para la forestación.

Lince Ibérico

10 エネルギー／環境問題

1 エネルギー

関連語

◆ エネルギー ◆

発電所　central (f) eléctrica

電気　electricidad (f)

エネルギー　energía (f)

石炭　carbón (m)

鉱物、鉱石　mineral (m)

灯油　queroseno (m)

ガス　gas (m)

発電機　generador (m)

発電　producción (f) de electricidad

クリーンエネルギー　energía limpia

鉱山、鉱脈　mina (f)

石油　petróleo (m)

重油　petróleo pesado

天然ガス　gas natural

LNG、液化天然ガス　GNL (gas natural licuado) (m)

シェールガス　gas de esquisto [lutita]

天然ウラン　uranio (m) natural　濃縮ウラン　uranio enriquecido

◇ 石油代替エネルギー ◇

再生可能な　renovable

電力の　eléctrico/ca

気体の、ガス状の　gaseoso/sa

液体の　líquido/da

太陽の　solar

熱の　térmico/ca

核の、原子力の　nuclear

原子力発電所　central (m) nuclear

ソーラーシステム　sistema (m) solar

ソーラーパネル　panel (m) solar

持続可能な　sostenible

風の　eólico/ca

水力の　hidráulico/ca

固体の　sólido/da

化石の　fósil

地熱の　geotérmico/ca

核燃料　combustible (m) nuclear

潮力の　maremotor/triz

風力発電機　aerogenerador (m)

ソーラーハウス　casa (f) solar

バイオマス(有機物で構成された生物資源)　biomasa (f)

有機物　materia (f) orgánica

バイオエネルギー　bioenergía (f); energía de biomasa

287

燃料　combustible (m)

堆肥、コンポスト　compost (m); abono (m) orgánico

堆肥化　compostaje (m)

◇ 消費／節約 ◇

消費（量）　consumo (m); gasto (m)　　供給　suministro (m)

不足　escasez (f); falta (f); deficiencia (f)

節約　ahorro (m)　　　　　　　　　省エネ　ahorro de energía

節約する　ahorrar; economizar　　リサイクル　reciclaje (m)

リサイクルする　reciclar; reutilizar　　再生紙　papel (m) reciclado

無尽蔵の、限りない　inagotable; inextinguible

❊ 例文にかかわる語 ❊

demanda (f)　需要

esforzarse　努力する

generar　生み出す

inconveniente (m)　不都合、支障

método (m)　方法

parque (m)　敷地

transformar　変える

valor (m)　価値

基本的な言い方　　　　　　　　　　🎤 F1-252

・エネルギー消費量が増えてきている。

Ha aumentado el consumo de la energía.

・エネルギー資源は無尽蔵ではない。

Los recursos energéticos no son inagotables [inextinguibles].

・私はいつも節電と節水を心がけている。

No dejo de ahorrar el consumo de la electricidad y el agua.

・ソーラーパネルを設置している家が何件かある。

Se ven algunas casas que disponen de un panel solar.

【エネルギー対策】 🎤 F1-253

- 近い将来、よりクリーンで安全なエネルギーシステムが必要となってきます。

  Hacia un futuro cercano es necesario un sistema energético más limpio y seguro.

- 風力エネルギーは持続可能で、将来的には価値があります。

  La energía eólica es sostenible y de valor para el futuro.

- 風力発電の不都合な点の一つは、風の強さが一定ではないことです。

  Uno de los inconvenientes de la energía eólica es la falta de seguridad en la fuerza del viento.

- 風力発電地帯は広大な土地が必要で自然を破壊します。

  Los parques eólicos ocupan grandes áreas y causan daños a la naturaleza.

- バイオエネルギーは有機体から抽出されます。

  La bioenergía se origina de la materia orgánica.

  ("originarse de ..."は「…から生じる」という意味。)

- バイオエネルギーは熱や電気や食糧品を生み出すのに役立ちます。

  La bioenergía sirve para generar calor, electricidad y comestibles.

- 今の時代、バイオマスをエネルギーに変える方法はいくつもあります。

  Hoy en día hay distintos métodos para transformar la biomasa en energía.

- 国によってはバイオ燃料の消費が増えているところもあります。

  Se ha aumentado el consumo de biocombustible en algunos países.

- ヨーロッパ連合はロシアのガス依存を減らそうと、液化天然ガスに切り替えようとしています。

  La Unión Europea recurre al gas natural licuado (GNL) para reducir su dependencia del gas ruso.

  ("recurrir a ..."は「…に頼る、すがる」という意味。)

- 液化天然ガスの量は需要を満たすには不十分です。

Los volúmenes de GNL no son suficientes para satisfacer la demanda.

【省エネ】 🎤 F1-254

- わが家では省エネ対策としてできることはすべてやっている。

En mi casa nos esforzamos todo lo posible para el ahorro de energía.

- 私は家でも会社でも各種エネルギーの消費量を減らそうとしている。

Procuro reducir los gastos de energía tanto en el hogar como en la compañía.

- 私はコピー用にいつも再生紙を使っている。

Siempre uso papeles reciclados al copiar.

- 夏の暑い日には電力不足と水不足が深刻だ。

En los días calurosos de verano es grave la escasez de electricidad y agua.

- リサイクルは環境を保護する上でとても重要な要素だ。

El reciclaje es un factor muy importante para la conservación del medio ambiente.

- 再利用はごみの量を減らしてくれる。

Reciclar disminuye la cantidad de basura.

2 環境

関連語

◆ 環境／水 ◆

国 país (m)		先進国 país desarrollado [avanzado]	
発展途上国、開発途上国	país en vías de desarrollo [subdesarrollado; menos adelantado]		

人口増加　crecimiento [aumento] (m) demográfico [de la población]

過剰人口　superpoblación (f)

生活用水　agua para uso doméstico [diario]; agua de la vida cotidiana

灌漑用水　agua de riego [regadío]　　地下水　agua subterránea

農業用水　agua para la producción agrícola; agua en [para] la agricultura

工業用水　agua para uso industrial; agua en [para] la industria

環境　medio ambiente (m); entorno (m)

サイクル、周期　ciclo (m)　　　　大気圏　atmósfera (f)

対流圏　troposfera (f)　　　　　　オゾン層　capa (f) de ozono

オゾンホール　agujero (m) de ozono　生態系　ecosistema (m)

ビオトープ、小生活圏　biotopo (m)　生物共同体　biocenosis (f, s/pl)

生物多様性　biodiversidad (f)　　　存続　supervivencia (f)

◆ 汚染・汚染物質／破壊 ◆

インフラ（ストラクチャー）　infraestructura (f)

ダム、貯水池、堰（せき）　presa (f); embalse (m)

破壊、荒廃　destrucción (f); devastación (f)

破壊する、荒廃させる　destruir; devastar　　伐採（ばっさい）する　talar

森林伐採、森林破壊　tala (f) de árboles; deforestación (f)

焼く　quemar　　　　　　　　　　乾燥　sequedad (f)

乾燥する　secarse　　　　　　　　乾燥した　seco/ca; árido/da

汚染、公害　contaminación (f); polución (f)

大気汚染　polución [contaminación] del aire

汚染物質　contaminante (m)　　　汚染する　contaminar

農薬　agroquímico (m); pesticida (m); plaguicida (m)

除草剤　herbicida (m)　　　　　　石化燃料　combustible (m) fósil

汚水、廃水　aguas (f▶pl) negras [residuales]　　排出　emisión (f)

排水　evacuación (f) de agua　　　金属　metal (m)

重金属　metal pesado　　　　　　カドミウム　cadmio (m)

水銀　mercurio (m)　　　　　　　鉛　plomo (m)

銅　cobre (m)　　　　　　　　　　亜鉛　cinc [zinc] (m)

クロム　cromo (m)　　　　　鉱滓、スラグ　chatarra (f)

残滓、残りかす　residuos (m▶pl)

温室効果ガス　gases (m▶pl) de efecto invernadero

メタン　metano (m)　　　　　フロン　clorofluorocarbono (m)

CO_2、二酸化炭素　CO_2 (dióxido de carbono)

窒素　nitrógeno (m)　　　　　窒素酸化物　óxido (m) de nitrógeno

ダイオキシン　dioxina (f)　　　リン　fósforo (m)

ポリ塩化ビニール、PVC　PVC (cloruro de polivinilo; polivinilcloruro) (m)

ポリ塩化ビフェニール、PCB　PCB (bifenilo policlorado; policlorobifenilo) (m)

プラスティック　plástico (m)

毒物　tóxico (m); veneno (m)　　殺虫剤　insecticida (m)

DDT　DDT (dicloro difenil tricloroetano) (m)

煙　humo (m)　　　　　　　放射能　radiactividad (f)

放射線　radiación (f)　　　　X線　rayos (m▶pl) X

ガンマー線　rayos gamma

◆ 自然災害 ◆ (注)

(^(注)自然に関しては「I.08.**3**. 自然に関わる事象　◆関連語◆ ☆自然に関連する語☆」参照。)

気候変動　cambio (m) climático　　地球温暖化　calentamiento (m) global

災害　calamidad (f); catástrofe (f)　　森林火災　incendio (m) forestal

バイオハザード、生物災害　riesgo (m) biológico　　旱魃、日照り　sequía (f)

砂漠化　desertización (f); desertificación (f)

食糧危機　crisis (f) alimentaria　　水不足　escasez (f) de agua

温度上昇　incremento (m) de la temperatura

海面上昇　aumento [subida (f)] del nivel del mar

エル・ニーニョ現象　fenómeno (m) de El Niño

ラ・ニーニャ現象　fenómeno de La Niña

悪化　degradación (f); empeoramiento (m)

悪化させる　degradar; empeorar　　改善　mejoramiento (m)

改善する、良くなる　mejorar　　　害　daño (m)

害を与える dañar	原因 causa (f)
結果 consecuencia (f)	換気する ventilar
保護 conservación (f)	維持する、保つ mantener; conservar

京都議定書 Protocolo (m) de Kioto　衛星写真 imagen (f) de satélite

脱炭素化 descarbonización (f)

脱炭素社会 sociedad (f) descarbonizada

❖ 例文にかかわる語 ❖

absorber 吸収する	detener 制止する
acentuarse 目立つ、強まる	enorme 莫大な
afectar 影響を及ぼす	extraer とり出す
aproximadamente おおよそ	papel (m) 役割
beneficio (m) 利点	prever 予測する
calidad (f) 質	provocar 引き起こす
conciencia (f) 意識	reducción (f) 減少
consecuencia (f) 結果	renovar 新しくする
crisis (f, s/pl) 危機	ribereño/ña 沿岸の
cultivo (m) 耕作	urgente 急を要する

> **基本的な言い方**　　　　　　　　　　　　🎤 F1-255

- 大気の汚染を減らす方法はいくつもあります。

  Hay varias maneras para reducir la contaminación del aire.

- 各市中の緑の地域を大切にすべきだ。

  Se debe cuidar las zonas verdes de las ciudades.

- 人口増加による水不足は深刻な問題だ。

  Es un gran problema la escasez de agua por el aumento de la
  población.

• 水を使っていないときは、水道の蛇口を閉じるようにしましょう。

Tratemos de cerrar el grifo, cuando no estemos usando el agua.

【自然の恩恵／人口増加】 F1-256

• 森はさまざまな形で多大な恩恵をもたらしてくれる。

Los bosques generan enormes beneficios de varios tipos.

• 都会で緑があるところは二酸化炭素の吸収が見込める。

Las zonas verdes urbanas pueden ayudar a absorber CO_2.

• 人口増加は多くの利点をもたらすが、いろいろと問題も引き起こす。

El crecimiento poblacional trae muchas ventajas, pero también consecuencias problemáticas.

• 人口増加は人間の生活に利益も不利益ももたらす。

El aumento demográfico tiene sus pros y contras en la calidad de la vida humana.

（"pros y contras"は「利点と難点」という意味。）

• 過剰人口により自然の恵みを受けられない人たちが増えている。

Por la superpoblación hay más personas que no pueden beneficiarse de los recursos naturales.

（"beneficiarse de ..." は「…の恩恵に浴する」という意味。）

【気候変動】 F1-257

• 地球の平均温度は2050年には4度も上昇すると予測される。

Se prevé que la temperatura media de la tierra podrá aumentar hasta 4º en el año 2050.

• 地球の温度上昇はいろいろな災害をもたらしてきた。

Con el aumento de la temperatura del globo se han producido efectos desastrosos.

• 地球の温度上昇は南北両極の氷を溶かし続けている。

El incremento de la temperatura global sigue provocando la fusión del hielo polar.

- 気候変動は、砂漠化など生態系に悪影響をもたらす。

El cambio climático afecta los ecosistemas como el aumento de la desertificación, etc.

- 旱魃により食糧危機に陥っている国がいくつかある。

Algunos países están en crisis alimentaria por la sequía.

- エル・ニーニョ現象は気候に大きな影響を及ぼす。

El fenómeno de El Niño tiene gran influencia en las condiciones climáticas.

【環境破壊／環境保護】　　　　　　　　🎤 F1-258

- 生態系の保護管理は人間の存続にかかわることだ。

El cuidado y la conservación del ecosistema atañe a la supervivencia de los humanos.

（"atañer a ..." は「…にかかわる、…に関係する」という意味。）

- 過去数十年間に地球温暖化が人類の存続を脅かすようになってきている。

En las últimas décadas el calentamiento global ha pasado a ser una amenaza para la supervivencia humana.

- 温室効果ガスは汚染物質で、地球温暖化の原因となっている。

Los gases de efecto invernadero son contaminantes y contribuyen al calentamiento global.

（"contribuir a ..." は「…にかかわる、…の原因となる」という意味。）

- 毎年、世界中で多くの森が焼かれたり伐採されたりしている。

Cada año muchos bosques se queman o se talan en todo el mundo.

- 数多くの動植物の絶滅が危惧される。

Hay peligro de extinción de numerosas especies vegetales y animales.

- 環境破壊の阻止が十分に行われていない。

No se ha hecho lo suficiente para detener la destrucción del medio ambiente.

- 環境保護のための有効な対策を講じることが急務だ。

Es urgente tomar medidas efectivas para conservar el medio ambiente.

- 化石燃料の消費をなくする傾向が強まっている。

Se acentúa la tendencia de eliminar el consumo de combustibles fósiles.

- EU加盟国は二酸化炭素排出の増加に危機感を抱いている。

Los países de la EU tienen conciencia de la crisis sobre el incremento de emisiones de CO_2.

- 脱炭素化は地球保護のために重要な役割を果たすことになるでしょう。

La descarbonización va a jugar un papel importante para la protección del globo.

- どうすれば私たちは脱炭素社会実現に貢献できるでしょうか?

¿Qué haremos para contribuir a la realización de la sociedad descarbonizada?

- 大規模なダムは生物多様性にとり返しのつかないダメージを与えかねない。

Las presas de gran envergadura pueden hacer un daño irreparable a la biodiversidad.

("de gran vergadura" は「大規模な、大がかりな」という意味。)

- 20世紀中に海面の平均の高さが約20センチ上昇した。

El nivel medio del mar ha aumentado aproximadamente 20 centímetros en el siglo XX.

- 地球温暖化が海面の上昇を引き起こしている。

El calentamiento global provoca la subida del nivel del mar.

- 過度の汲み上げにより地下水の枯渇が懸念される。

El agua subterránea está en peligro de secarse debido al bombeo excesivo.

- 灌漑農業用の地下水を汲み上げることによって砂漠化が進んでいる。

Se ha desarrollado la desertificación por extraer las aguas subterráneas para el cultivo de regadío.

【汚染／人体への影響】　　　　　　　　　　　　　　🎤 F1-259

- 毎年多くの子どもたちが汚水によって亡くなっている。

  Cada año mueren muchos niños por causa de la contaminación de aguas residuales.

- 化学汚染物質は人間にも動物にも有害だ。

  Los contaminantes químicos son nocivos para los seres humanos y los animales.

- 農薬は使用しないようにしたほうがよい。

  Hay que procurar la eliminación del uso de pesticidas.

- 家庭内の空気を清潔に保つためにも毎日換気をしよう。

  Para mantener la calidad del aire en el hogar, ventilemos la casa a diario.

- 室内に植物を置くことは空気を新鮮にする効果的な方法だ。

  Tener plantas de interior ayuda a renovar de forma efectiva el aire.

- 部屋の環境を清潔に保つため空気清浄機を使うのが望ましい。

  Es recomendable usar purificadores de aire para la higiene ambiental de las habitaciones.

- 皮膚癌の増加はオゾン層の減少によるものだと考えられている。

  Se cree que el aumento del cáncer de piel se debe a la reducción de la capa de ozono.

  ("deberse a ..."は「…に原因がある」という意味。)

【食糧難／安全な暮らし】　　　　　　　　　　　　🎤 F1-260

- 世界は前例のない食糧難に直面している。

  El mundo se enfrenta a una crisis alimentaria sin precedentes.

  ("enfrentarse a ..."は「…に向き合う、直面する」という意味。)

- 食糧難は気候変動が原因だ。

  La crisis alimentaria ha sido causada por las alteraciones climáticas.

- ある意味でダムは川沿いの地域を洪水から守ってくれる。

  En un sentido las presas pueden proteger las zonas ribereñas de inudaciones.

- 野菜と果物の農薬はよく水で洗い流してよね。

  Lava bien con agua las verduras y frutas para eliminar los pesticidas.

- 大気汚染の健康に及ぼす影響は深刻だ。

  Son muy graves los efectos de la polución del aire sobre la salud.

FALLA

11 健康／病気／治療

関連語

◆ 病院／診療部門／専門医 ◆

病院　hospital (m)　　　　　　　　　総合病院　hospital general

救急病院　hospital de urgencia

救急隊　unidad (f) de emergencia hospitalaria

クリニック　clínica (f)　　　　　　　ホスピス　hospicio (m)

ホスピスケア　cuidado (m) paliativo; cuidado de hospicio

ICU、集中治療室　UCI (unidad de cuidados intensivos)

X線写真　radiografía (f)　　　　　　食事療法　dieta (f)

温泉療法　balneoterapia (f)　　　　　マッサージ　masaje (m)

内科　medicina (f) interna　　　　　外科　cirugía (f)

小児科　pediatría (f)　　　　　　　　眼科　oftalmología (f)

歯科　odontología (f)　　　　　　　　矯正歯学、歯科矯正　ortodoncia (f)

耳鼻咽喉科　otorrinolaringología (f)　口腔外科　estomatología (f)

整形外科　ortopedia (f)　　　　　　　婦人科　ginecología (f)

産婦人科　tocoginecología (f)　　　　泌尿器科　urología (f)

皮膚科　dermatología (f)　　　　　　神経科　neurología (f)

脳神経外科　neurocirugía (f)　　　　精神科　psiquiatría (f)

医師　médico/ca (m/f); doctor/tora (m/f)

看護師　enfermero/ra (m/f)　　　　　内科医　internista (mf)

外科医　cirujano/na (m/f)　　　　　　小児科医　pediatra (mf)

法医学者　médico/ca forense; patólogo/ga (m/f) forense

解剖学者　anatomista (mf)

麻酔科医　anestesista (mf); anestesiólogo/ga (m/f)

眼科医　oftalmólogo/ga (m); oculista (mf)

歯科医	dentista (mf); odontólog**o/ga** (m/f)	矯正歯科医	ortodoncista (mf)
耳鼻咽喉科医	otorrinolaringólog**o/ga** (m/f)		
口腔外科医	estomatólog**o/ga** (m/f)	整形外科医	ortopédic**o/ca** (m/f)
婦人科医	ginecólog**o/ga** (m/f)	産婦人科医	tocoginecólog**o/ga** (m/f)
泌尿器科医	urólog**o/ga** (m/f)	皮膚科医	dermatólog**o/ga** (m/f)
神経科医	neurólog**o/ga** (m/f)	脳神経外科医	neurocirujan**o/na** (m/f)
精神科医	psiquiatra (mf)	精神分析医	psicoanalista (mf)
セラピスト、療法士	terapeuta (mf)	理学療法士	fisioterapeuta (mf))
臨床心理士	psicólog**o/ga** (m/f) clínic**o/ca**		
心理カウンセラー	psicólog**o/ga** asesor/sora		
言語聴覚士	terapeuta (mf) del habla (y el lenguaje)		
薬剤師	farmacéutic**o/ca** (m/f); boticari**o/ria** (m/f)		
放射線技師	radiólog**o/ga** (m/f)	食事療法士	dietista (mf)
獣医	veterinari**o/ria** (m/f)	マッサージ師	terapeuta de masaje

※ 例文にかかわる語 ※

apoyo (m)	サポート	espiritual	精神的な
brindar	提供する	psicológic**o/ca**	心理的な

基本的な言い方 ▷

🎤 F1-261

・この地区には小児科医がいない。

No hay pediatras en este distrito.

・よい歯科医を紹介してください。

Recomiéndeme un/un**a** buen/buen**a** <u>dentista</u> [odontólog**o/ga**].

【病院／ホスピス】

🎤 F1-262

・総合病院で診てもらいたい。

Quiero que me examinen* en el hospital general.

• このホスピスでは、死が間近に迫っている人たちに医療および心理的・精神的サポートを提供しています。

Este hospicio brinda apoyo médico, psicológico y espiritual a las personas que están cerca de la muerte.

1 予約・キャンセル／診察／保険

関連語

◆ 予約・キャンセル／診察 ◆

健診・検査　prueba (f); análisis (m, s/pl); examen (m), inspección (f); revisión (f)

内視鏡　endoscopio (m)　　内視鏡検査　endoscopia (f)

超音波　ultrasonido (m)　　超音波検査　ecografía (f)

定期健診　revisión médica periódica

診察料　honorarios (m▶pl) de consulta

予約　cita (f); reservación (f); reserva (f)

予約する　reservar; hacer una cita

予約をキャンセルする　cancelar la reserva [reservación]

紹介状　carta (f) de recomendación

健康保険　seguro (m) médico; seguro de salud

健康保険証　tarjeta (f) de seguro médico

問診票　cuestionario (m) médico; cuestionario de síntomas y enfermedades padecidas

健康診断　reconocimiento médico (m); revisión médica (f)

診察　consulta (f) médica　　診察券　tarjeta de consulta

診察する、調べる　examinar　　診察を受ける　consultar a un médico

診断　diagnóstico (m)　　診断する　diagnosticar

診断書　certificado médico (m)

❖ 例文にかかわる語 ❖

agradecer　感謝する

anual　1年の、毎年の

confirmar　確認する

detectar　見つけ出す、検出する

incluir　含む

periódicamente　定期的に

recibir　受け入れる

基本的な言い方

🎤 F1-263

• 診察をお願いしたいのですが。

　Desearía consultar al médico.

• 今日の予約はしていますか?―いいえ、今日予約はしていません。

　¿Tiene cita para hoy? ― No, hoy no tengo cita.

• 予約は必要ですか?

　¿Necesito hacer una reservación?／¿Se necesita reservar?

• 予約なしで受け入れ可能かどうか確認します。

　Voy a confirmar si podemos aceptarle sin cita.

患者の側から

【予約／予約キャンセル】

🎤 F1-264

• 診察の予約をしたいのですが。

　Quisiera hacer una cita para la consulta médica.

• 明日の予約をキャンセルしたいのですが。

　Quisiera cancelar la reservación de [para] mañana.

• … 病院の紹介状を持参しました。

　Traigo la carta de recomendación del hospital ....

• … 先生の診察は何時からですか?

　¿A qué hora comienza la consulta del doctor ...?

- 10時に先生との予約をしています。

Tengo cita con el doctor a las 10.

- 予約を30分遅らせて［早めて］いただけるとありがたいです。

Le(s) agradecería si pudiera(n) recibirme 30 minutos después [antes].

（過去未来のagradeceríaは現在形agradezcoよりも丁寧な言い方です。現在形を使うと時制の関係上、従属節のpudiera(n)がpueda(n)に変化します。）

【健診・検診】 　　　　　　　　　　　　　　　　　　🎤 F1-265

- 健康診断をお願いします。

Necesito una prueba médica.

Quisiera que me hicieran* un examen médico.

- 保険証は持参しました。

Aquí está mi tarjeta de seguro médico.

- 私は定期検診を受けています。

Me someto periódicamente a una revisión médica.

（"someterse a ..."は「…を受ける」という意味。）

- 私は自分の健康状態を知るのに毎年健康診断を受けています。

Me hago una revisión médica anual para conocer mi estado de salud.

- 健康診断にはどのような検査が含まれますか?

¿Qué pruebas incluye el reconocimiento médico?

- 診断書を発行していただきたいのですが。

Me gustaría que me diera(n) un certificado médico.

- 診察料はいくらですか?

¿Cuánto es por los honorarios de consulta?

・健康保険に加入しようと思うので、そのメリットを知りたいのです。

Como pienso hacerme un seguro médico, quiero saber sus ventajas.

・この治療に保険は適用されますか?

¿El seguro médico puede aplicarse a este tratamiento?

¿El seguro cubre la cura de esta vez?

⎨医療の側から⎬

・健康診断によって症状が表に出ない病気を見つけ出せるでしょう。

Por la revisión médica se podrá detectar alguna enfermedad que no tenga síntomas.

・次回からはこの診察券をご提示ください。

Presente esta tarjeta de consulta a partir de la próxima vez.

（"a partir de ..."は「…以降」という意味。）

2 症状・病気／治療／身体各部位の名称

関連語

◆ 体調／症状・病気 ◆

患者　paciente (mf)	病人　enferm**o**/m**a** (m/f)
体質、体格　complexión (f); constitución (f)	姿勢　postura (f)
気分、機嫌　humor (m)	体調　condición (f) física
健康〔健康状態〕　salud (f); estado (m) de salud	
気力　ánimo (m)	症状　síntoma (m)
しるし、兆候　signo (m); indicio (m)	元気、活力　vigor (m); vitalidad (f)
健康(的)な　san**o**/n**a**	疲れ、疲労　cansancio (m)
疲れる　cansarse; fatigarse	病気　enfermedad (f); afección (f)
身体の不調　trastorno (m); indisposición (f)	

憂鬱　melancolía (f)　　患う、苦しむ　padecer; sufrir

高血圧　hipertensión (f)　　低血圧　hipotensión (f)

症候群　síndrome (m)

血糖値　nivel (m) de azúcar en la sangre

コレステロール　colesterol (m)

男性〔女性〕ホルモン　hormona (f) sexual masculina [femenina]

遺伝子　gen [gene] (m)　　遺伝　herencia (f)

生まれつきの、先天的な　innato/ta; congénito/ta　　遺伝性の　hereditario/ria

DNA、デオキシリボ核酸　ADN (ácido desoxirribonucleico)

息切れ　jadeo (m); respiración (f) jadeante　　動悸　palpitación (f)

いびき　ronquido (m)　　いびきをかく　roncar

偏頭痛　jaqueca (f)　　頭痛　dolor de cabeza

めまい　vértigo (m); vahído (m); mareo (m)　　心気症　hipocondría (f)

脳梗塞　infarto (m) cerebral　　認知機能低下　deterioro (f) cognitivo

認知症　demencia (f)　　記憶喪失　pérdida (f) de la memoria

アルツハイマー病　enfermedad de Alzheimer

老化　senilidad (f); envejecimiento (m)

脳しんとう　concusión [conmoción] (f) cerebral

くも膜下出血　hemorragia (f) subaracnoidea

脳挫傷　contusión (f) cerebral　　脳死　muerte (f) cerebral

風邪　resfriado (m); catarro (m)　　扁桃（腺）炎　amigdalitis (f, s/pl)

甲状腺機能亢進症（グレーブス病、バセドウ病）　hipertiroidismo (m) (enfermedad de Graves-Basedow)

結核　tuberculosis (f, s/pl)　　喘息　asma (f)

気管支炎　bronquitis (f, s/pl)　　肺炎　pulmonía (f); neumonía (f)

心臓弁膜症　enfermedad (f) de la(s) válvula(s) cardíaca(s)

心臓発作　ataque (m) cardíaco; ataque al corazón

心筋梗塞　infarto cardíaco [de miocardio]

狭心症　angina (f) de pecho; estenocardia (f)

花粉症　polinosis (f, s / pl); alergia (f) al polen

ストレス　estrés (m, s / pl)　　　　肩こり　dolor de hombro

神経痛　neuralgia (f)　　　　　不整脈　arritmia (f)

癲癇　epilepsia (f); alferecía (f)

首筋の痛み、寝違え　torticolis [torticolis] (f, s / pl); rigidez (f) del cuello

胸焼け　pirosis (f, s / pl); ardor (m) de estómago; acidez (f) estomacal

中毒を起こす　intoxicarse　　　　消化不良　indigestión (f); apepsia (f)

吐き気　náuseas (f▶s / pl)　　　　吐く　vomitar

食中毒、食あたり　intoxicación (f) alimenticia　嘔吐　vómito (m)

胃腸炎　gastroenteritis (f, s / pl)　　胃潰瘍　úlcera (f) de estómago

胃けいれん　convulsión (f) [calambre (m)] estomacal

腎臓病　enfermedad renal [de los riñones]

腸閉塞　obstrucción [oclusión] (f) intestinal

盲腸炎　apendicitis (f, s / pl)　　　ヘルニア　hernia (f)

痔　hemorroides (f▶pl); almorranas (f▶pl)

便秘　estreñimiento (m)　　　　便秘の　estreñido / da

貧血　anemia (f)　　　　　薬物依存症　farmacodependencia (f)

薬物依存症患者　farmacodependiente (mf)

アレルギー体質　predisposición alérgica (f)

アレルギー反応　reacción (f) alérgica

アレルギー性鼻炎　rinitis (f, s / pl) alérgica　皮膚炎　dermatitis (f, s / pl)

アトピー性皮膚炎　dermatitis atópica　しもやけ　sabañón (m)

あかぎれ　grietas (f▶s / pl)　　　水ぶくれ、まめ　ampolla (f)

じんましん　urticaria (f)　　　　湿疹　eccema (m)

にきび、吹出物　acné (m)(f); espinilla (f)　たこ、魚の目　callo (m)

筋肉痛　dolor (m) muscular　　　癌　cáncer (m)

糖尿病　diabetes (f, s / pl)　　　糖尿病患者　diabético / ca (m/f)

座骨神経痛　ciática (f)　　　　関節炎　artritis (f, s / pl)

精神病　psicosis (f, s / pl)　　　鬱病　depresión (f)

自閉症　autismo (m)　　　　自閉症患者　autista (mf)

高所恐怖症　acrofobia (f); miedo (m) a las alturas

アルコール依存症　alcoholismo (m)　　脱水症状　deshidratación (f)

脱水症状になる　deshidratarse　　　拒食症、神経性食欲不振症　anorexia (f)

リューマチ　reuma [reúma] (f); reumatismo (m)

結石　mal (m) de piedra; cálculo (m)　　　　胆石　cálculo biliar

腎(臓)結石　cálculo renal　　　尿路結石　cálculo urinario

熱中症　golpe (m) de calor　　　熱射病　insolación (f)

更年期障害　andropausia(男性)(f); menopausia(女性)(f)

傷　herida (f)　　　　　　　打撲傷　contusión (f)

傷跡　cicatriz (f)　　　　　化膿する　infectarse

捻挫（ねんざ）　torcedura (t); torcimiento (m), esguince (m)

捻挫する　torcerse　　　　骨折　fractura (f)

骨折する　fracturarse　　　火傷（やけど）　quemadura (f)

火傷する　quemarse　　　　むち打ち症　latigazo (m) cervical

脱臼（だっきゅう）　dislocación (f)　　　腰痛・ぎっくり腰　lumbago (m)

骨粗鬆症（こつそしょうしょう）　osteoporosis (f, s/pl)　　靴ずれ　rozadura (f) del calzado

---

視力　vista (f); visión (f)　　　目のチカチカ　chiribitas (f▶pl)

視力低下　deterioro (m) de la visión [vista]　　視力検査　optometría (f)

視力障害　discapacidad (f) visual　　乱視　astigmatismo (m)

近視　miopía (f)　　　　　　　遠視　hipermetropía (f)

老眼　presbicia (f)　　　　先天性色覚異常、色盲　daltonismo (m)

白内障　catarata (f)　　　　緑内障　glaucoma (m)

網膜炎（もうまくえん）　retinitis (f, s/pl)　　　二重視力　visión (f) doble

網膜剥離（もうまくはくり）　desprendimiento (m) de retina

ドライアイ症候群　síndrome del ojo seco　　結膜炎　conjuntivitis (f, s/pl)

結膜下出血　hemorragia (f) subconjuntival

飛蚊症（ひぶんしょう）　mancha [mosca] (f) flotante [volante]

盲目、失明　ceguera (f)

耳鳴り　silbido (m); zumbido (m); tinnitus (m, s/pl)

難聴　hipoacusia (f); dificultad (f) para oír

副鼻腔炎、蓄膿症　sinusitis (f, s/pl)　　鼻づまり　congestión (f) nasal

咳　tos (f)　　　　　　　　　　　　詰まる　taparse

喉のつまり　atragantamiento (m)　　垂れる　escurrir

くしゃみ　estornudo (m)　　　　　　虫歯　caries (f, s/pl)

歯肉炎　gingivitis (f, s/pl)　　　　歯槽膿漏　piorrea alveolar (f)

口内炎　estomatitis (f, s/pl); úlcera (f) bucal

虫歯にする　picar　　　　　　　　引き抜く　extraer; arrancar; sacar

噛む　masticar　　　　　　　　　　砕ける、折れる　quebrar(se)

◇　感覚　◇

五感	cinco sentidos	視覚	sentido (m) de la vista
聴覚	sentido del oído	嗅覚	sentido del olfato
味覚	sentido del gusto	触覚	sentido del tacto

◆　感染症／病原菌／微小粒子状物質　◆

感染　contagio (m); infección (f)　　感染する　contagiarse; infectarse

流行病　epidemia (f)　　　　　　　院内感染　infección hospitalaria

感染症　enfermedad infecciosa　　　クラミジア感染症　clamidiasis (f, s/pl)

ウイルス　virus (m, s/pl)　　　　　大腸菌　colibacilo (m)

細菌、病原菌、バクテリア　microbio (m); bacilo (m); bacteria (f)

AIDS、エイズ　SIDA (síndrome de inmunodeficiencia adquirida) (m)

ウイルス性肝炎　hepatitis (f, s/pl) viral　　ヘルペス　herpes (m, s/pl)

帯状疱疹　culebrilla (f); herpes zóster　　発疹　salpullido [sarpullido] (m)

ボツリヌス菌　bacteria (f) botulínica; bacilo (m) botulínico

ボツリヌス症　botulismo (m)　　　　サルモネラ菌　salmonella (f)

サルモネラ感染症　salmonelosis (f, s/pl)

インフルエンザ　gripe (f); influenza (f)

新型コロナウイルス感染症　COVID-19 (f)

マラリア　paludismo (m); malaria (f)　　赤痢　disentería (f)

コレラ　cólera (m)　　　　チフス　tifus (m, s/pl)

風疹（三日はしか）　rubeola [rubéola] (f)　　麻疹、はしか　sarampión (m)

水疱瘡、水痘　varicela (f)　　麦粒腫、ものもらい　orzuelo (m)

PM2.5（微小粒子状物質）　PM (materia particulada) 2.5

ツベルクリン検査　prueba (f) de la tuberculina

うがいをする　hacer gárgaras　　　　陽性の　positivo/va

陰性の　negativo/va　　　　伝染性の　infeccioso/sa

伝染する　transmitirse

◇ 老廃物 ◇

鼻水・鼻くそ　secreción (f) nasal; moco (m)　　唾、唾液　saliva (f)

目やに　legaña (f)　　　　皮脂　sebo (m)

膿　pus (f)　　　　かさぶた　postilla (f); costra (f)

耳垢　cerilla (f); cerumen (m); cera (f) de los oídos

垢　mugre (f)　　　　歯石　cálculo (m) dental; sarro (m)

ふけ　caspa (f)　　　　汗　sudor (m)

汗をかく　sudar; transpirar　　　　発汗　transpiración (f)

尿　orina (f); pipí (m)　　　　放尿する　orinar

げっぷをする　eructar　　　　げっぷ　eructo (m)

逆流　reflujo (m)　　　　屁　pedo (m)

便、排泄物　deposición (f); excremento (m); heces (f▶pl); caca (f)

排便する　defecar; cagar

◇ 感覚／表情 ◇

体温　temperatura (f) del cuerpo　　身体のほてり、焼ける感覚　ardor (m)

熱　fiebre (f); calentura (f)　　　　発作　ataque (m)

炎症　inflamación (f)　　　　出血　hemorragia (f)

反応　reacción (f)　　　　悪寒　escalofríos (m▶pl)

痛み　dolor (m)　　　　痛む　doler

腫れ　hinchazón (f)　　　　腫れた　hinchado/da

息苦しさ　sofoco (m)　　　　苦しそうな　fatigoso/sa

ふらふらする、めまいがする　mareado/da　　眠気　sueño (m)

怠惰、だるさ、やる気のなさ　pereza (f)　　物憂い、だるい　lánguido/da

憔悴、衰弱、疲労困憊	extenuación (f)	病弱な、虚弱な	endeble; enfermizo/za
痒い、虫が刺す picar		ひりひり痛む escocer	

憔悴、衰弱、疲労困憊　extenuación (f)　　病弱な、虚弱な　endeble; enfermizo/za

痒い、虫が刺す　picar　　　　　　　　ひりひり痛む　escocer

痒み　prurito (m); picor (m); picazón (f); comezón (f)

やつれた、憔悴した　demacrado/da　　熱っぽい　afiebrado/da

刺すような　punzante　　　　　　　　ずきずきする　pulsátil

充血した　inyectado/da　　　　　　　鬱血した　congestionado/da

炎症を起こした、ひりひり痛む、いらだった　irritado/da

感覚を失った、しびれた　entumecido/da　　しびれる　entumecerse; dormirse

麻痺　parálisis (f, s/pl); paralización (f)　　麻痺する　paralizarse

落ち込んだ　deprimido/da; abatido/da

失望した　frustrado/da　　　　　　　呆然とした　aturdido/da

青白い、青ざめた　pálido/da　　　　　激しい、鋭い　agudo/da; intenso/sa

かすれた、しわがれた　ronco/ca　　　　妄想、譫妄　delirio (m)

慢性的な　crónico/ca　　　　　　　　急性の　agudo/da

継続的な、連続した　continuado/da; seguido/da

断続的な、間欠的な　intermitente

一時的な　temporal　　　　　　　　　長引く　prolongado/da

病状が治まる　remitir　　　　　　　　健康的な　saludable

元気な　animado/da; vigoroso/sa

◆ 身体各部位の名称 ◆

身体、体　cuerpo (m)　　　　　　　頭　cabeza (f)

頭蓋骨　cráneo (m); calavera (f)　　頭髪　cabello (m); pelo (m)

肌、皮膚　piel (f)　　　　　　　　　体毛　pelo (m)

毛穴　poro (m)　　　　　　　　　　顔　cara (f); rostro (m)

額　frente (f)　　　　　　　　　　　眉毛　ceja (f)

目　ojo (m)　　　　　　　　　　　　瞼　párpado (m)

睫毛　pestaña (f)　　　　　　　　　眉間　entrecejo (m)

こめかみ　sien (f)　　　　　　　　　耳(外耳〔内耳〕)　oreja (f) [oído (m)]

耳たぶ　lóbulo (m) de la oreja　　　頬　mejilla (f)

鼻　nariz (f)　　　　　　　　　　　口　boca (f)

唇　labio (m)　　　　　　　　　　　顎　mandíbula (f)

口ひげ　bigote (m)　　　　顎ひげ　barba (f)

歯（前歯）　diente (m)　　　舌　lengua (f)

親知らず　muela del juicio; muela cordal　　歯（奥歯）　muela (f)

犬歯　canino (m)　　　　歯茎　encía (f)

◇　人工の歯　◇

入れ歯〔奥の入れ歯〕、差し歯　diente [muela] postizo/za

かぶせもの、冠　corona (f) dental　　充填剤　empaste (m); relleno (m)

インプラント　implante (m) dental

キューティクル　cutícula (f)

首　cuello (m)　　　　　　肩　hombro

鎖骨　clavícula (f)　　　　背中　espalda (f)

胸　pecho (m)　　　　　　乳首　pezón (m)

腹部、腹　abdomen (m); vientre (m); barriga (f); panza (f)

脇腹、横腹　costado (m); flanco (m)　　腰　cadera (f); cintura (f)

みぞおち　epigastrio (m); boca (f) del estómago　　へそ　ombligo (m)

臀部　trasero (m); nalgas (f▶pl); culo (m)

腕　brazo (m)　　　　　　前腕　antebrazo (m)

肘　codo (m)　　　　　　腋の下　sobaco (m)

手　mano (f)　　　　　　手のひら　palma (f) (de la mano)

手首　muñeca (f)　　　　　手の甲　dorso (m) de la mano

指　dedo (m)　　　　　　指関節　nudillo (m)

◇　指　◇

親指　(dedo) pulgar (m)　　　人差し指　(dedo) índice (m)

中指　(dedo) corazón (m)　　　薬指　(dedo) anular (m)

小指　(dedo) meñique (m)

◇　爪／指紋　◇

爪　uña (f)　　　　　　指紋　huella (f) digital

足（脚のつけ根から踝まで）　pierna (f)　　足（踝から爪先まで）　pie (m)

足の指　dedo del pie　　　　　　　足の親指　dedo gordo

太腿　muslo (m)　　　　　　　　　膝　rodilla (f)

半月板　menisco (m)　　　　　　　ふくらはぎ　pantorrilla (f)

すね　espinilla (f)　　　　　　　　踝、足首　tobillo (m)

踵　talón (m)　　　　　　　　　　つま先　punta (f) del pie

足の甲　empeine (m)　　　　　　　足の裏　planta (f)

股　entrepierna (f)

〰〰〰〰〰〰〰〰〰〰〰〰〰〰〰〰〰〰〰

臓器　órgano (m)　　　　　　　　鼓膜　tímpano (m)

粘膜　membrana (f) mucosa　　　気管　tráquea (f)

喉　garganta (f)　　　　　　　　喉ぼとけ　nuez (f) de Adán

扁桃腺　amígdala (f)　　　　　　咽頭　faringe (f)

甲状腺　tiroides (m, s/pl)　　　　食道　esófago (m)

肺　pulmón (m)　　　　　　　　心臓　corazón (m)

胃　estómago (m)　　　　　　　腸　intestino (m)

大腸　intestino grueso　　　　　小腸　intestino delgado

十二指腸　duodeno (m)　　　　　肝臓　hígado (m)

横隔膜　diafragma (m)　　　　　胆嚢　vesícula (f)

脾臓　bazo (m)　　　　　　　　膵臓　páncreas (m, s/pl)

腎臓　riñón (m)　　　　　　　　膀胱　vejiga (f)

尿道　uretra (f)　　　　　　　　肛門　ano (m)

生殖器（男性／女性）　órganos (m▶pl) genitales (masculinos/femeninos)

陰茎　pene (m)　　　　　　　　　睾丸　testículo (m)

前立腺　próstata (f)　　　　　　膣　vagina (f)

子宮　útero (m); matriz (f)　　　卵巣　ovario (m)

〰〰〰〰〰〰〰〰〰〰〰〰〰〰〰〰〰〰〰

筋肉　músculo (m)　　　　　　　腱　tendón (m)

骨　hueso (m)　　　　　　　　　姿勢　postura (f)

脊柱、背骨　columna (f) vertebral; espina (f) dorsal

312

| 頚椎 | vértebras (f▶pl) cervicales | 胸椎 | vértebras torácicas |

頚椎　vértebras (f▶pl) cervicales　　胸椎　vértebras torácicas

腰椎　vertebras lumbares　　仙骨　sacro (m)

尾骨　coxis (m, s/pl)　　椎間板　disco (m) intervertebral

骨盤　pelvis (f, s/pl)　　関節　articulación (f); coyuntura (f)

神経　nervio (m)　　腺　glándula (f)

リンパ（液）　linfa (f)　　リンパ節　ganglio (m) linfático

血管　vaso sanguíneo (m)　　血液　sangre (f)

動脈　arteria (f)　　静脈　vena (f)

毛細血管　(vaso) capilar (m) sanguíneo

赤血球　glóbulos (m▶pl) rojos; hematíe (m)

白血球　glóbulos blancos; leucocito (m)　　細胞　célula (f)

❖ 例文にかかわる語 ❖

agrietado/da　ひびが入った

agujerar　穴を開ける

amarillento/ta　黄色がかった

aparición (f)　出現

arrastrar　引きずる

avanzado/da　進んだ

borroso/sa　ぼやけた

clavarse　刺さる

débil　弱い

debilitarse　衰弱する

descansar　休息する

desinfectar(se)　消毒する

desmayado/da　気を失った

desmayarse　気を失う

desnudarse　裸になる

distinguir　区別する

exhalar　息を吐く

externo/na　外部の

fastidiar　気分を害する

fatigar　疲れさせる

grado　度

inhalar　息を吸う

inmovilizar　固定する、動かなくする

interno/na　内部の

manar　湧き出る

medio/dia　中間の

motivo (m)　動機、理由

negativo/va　ネガティブな

pararse　止まる

partido/da　割れた

pendiente　懸案の、未解決

perfecto/ta　申し分のない

portarse　行動する

positivo/va　ポジティブな

precaverse　用心する、予防する	respiración (f)　呼吸、息
preocupación (f)　悩み	respirar　呼吸する
raspar　擦りむく、引っ掻き傷をつける	rígido/da　硬直した
reanudar　再開する	sujetar　支える
recortar　減らす	transparente　透明の

・どうなさいましたか?

¿Qué es lo que tiene [siente]? / ¿Qué le pasa? /
　¿Cuál es el problema? / ¿Qué síntomas tiene?

・気分がすぐれません。

No me siento bien. / Me siento mal.

・…が痛いです。

Me duele(n) … / Tengo dolor de …

（動詞doler［痛みを与える］を使う場合、主語は身体の一部になるので、それが単数であればduele、複数であればduelenとなります。[例] Me duele la cabeza. 頭が痛い。／Me duelen los brazos. 両腕が痛い。）

・（この人は）気を失っています〔意識がありません〕。

Está desmayado/da. / Ha perdido el sentido.

・（この人は）息をしていません。

No respira.

【体調】　🎤 F1-268

・すこぶる元気だ。

Estoy [Me siento] muy bien (de salud).

Tengo una salud perfecta.

・健康には自信がある。

En cuanto a la salud no tengo ningún problema.

・生まれつき病弱〔虚弱〕です。

Soy enfermizo/za. / Soy de complexión débil.

• 近頃、体力の衰えを感じます。

Estos días siento que me he debilitado físicamente.

Recientemente no tengo tanta energía como antes.

【そのときの気分】　　　　　　　　　　　　　　　　🎤 F1-269

• やる気満々だ。

Tengo mucho ánimo.

• 何もする気が起こらない〔何事に対しても億劫(おっくう)になる〕。

No estoy de humor para hacer nada.

No tengo ánimo para hacer nada.

Tengo pereza para hacer cualquier cosa.

No me dan ganas de hacer nada.

• 近頃、気が滅(め)入(い)る。

Últimamente me da melancolía.

• 少し落ち込んでいる。

Estoy un poco deprimido/da [abatido/da].

Me siento un poco desanimado/da.

• 仕事に集中できない。

No puedo concentrarme en el trabajo.

• 誰にも会いたくない。

No quiero ver a nadie.

• 今日（あの人）は機嫌が悪い。

Hoy está de mala uva.

（"estar de mala uva"は「機嫌が悪い」という意味。）

• 私は、物事がうまくいかず苛立(いらだ)っている。

Estoy irritado/da porque no me salen bien las cosas.

• 私はそのときの気分によって行動する。

Me porto según el humor de que me encuentro.

315

- あの医者の態度は気分を害する。

  Me fastidia el comportamiento de aquel doctor.

  Me molesta la actitud de aquel doctor.

患者の側から

【診察にあたって】 🎤 F1-270

- 自分の健康状態を知りたいのですが。

  Quisiera saber mi estado de salud.

- このごろ体調がよくありません。

  Últimamente me siento mal.

  Estos días no me siento bien.

- ここ1週間ほとんど食欲がありません。

  Esta semana casi no tengo apetito.

- 痛みが激しく、長引いています。

  El dolor es intenso y prolongado.

- （痛みが）悪化しなければと思います。

  Temo que empeore (el dolor).

- 夜眠れません。

  No puedo dormir en la noche.

- ここ数日、不眠症に悩まされています。

  Estos días padezco de insomnio.

  Hace unos días que sufro de insomnio.

- 血糖値を調べていただきたいのですが。

  Quisiera que me hiciera(n) una prueba de detección de azúcar en la sangre.

- ストレスによって血糖値は上がりますか?

  ¿El estrés aumenta el nivel de azúcar en la sangre?

【診察】 F1-271

- 顔色がよくありませんね。

  Está pálid**o/d**a, ¿eh?

- かなりしんどそうですね。

  Parece bastante fatigad**o/d**a, ¿verdad?

- どこが痛みますか?

  ¿En qué parte tiene dolor?

  ¿Qué le duele?

  ¿Qué parte le duele?

- 以前にもこのような症状はありましたか?

  ¿Ha tenido estos síntomas antes?

- 熱を測ってみましょう。

  Voy a tomarle la temperatura.

- 深呼吸をしてください。

  Respire hondo.

  Haga una respiración profunda.

- 息を吸って〔吐いて〕ください。

  Exhale [Inhale].

- そちらで横になってください。

  Acuéstese ahí.

- 上半身裸になってください。

  Desnúdese [quítese la ropa] de la cintura para arriba.

- 気分転換してみてはどうですか?

  ¿Por qué no cambia de ambiente?

- 熱中症にかからないように用心する必要があります。

  Hay que precaverse para no sufrir un golpe de calor.

- 気温が高いので脱水症を避けるために水をたっぷり飲んでください。

Tome suficiente agua para evitar la deshidratación por la alta temperatura.

- 病気の症状は見あたりません。

No tiene ningún síntoma de enfermedad.

【睡眠】 🎤 F1-272

- よく休んで必要な時間睡眠をとることが大切です。

Es importante descansar bien y dormir las horas necesarias.

- 睡眠時間を削るのはよくありません。

No es bueno robar horas al sueño.

No es bueno dormir poco.

【DNA】 🎤 F1-273

- DNA診断は髪の毛または唾液があれば可能です。

Se puede hacer la prueba de ADN con un pelo o la saliva.

- 放射線はDNAを傷つけ、癌を誘発する威力があります。

La radiación tiene suficiente energía para dañar el ADN y causar cáncer.

2-1 さまざまな症状

・疲れがとれません。

No se me quita el cansancio.

・心臓がどきどきします。

Tengo palpitaciones.

・吐き気がします〔吐きそうです〕。

Tengo náuseas. / Me dan náuseas. / Me dan ganas de vomitar.

・筋肉の衰えは明らかです。

Es obvia la pérdida de la fuerza muscular.

・ぎっくり腰になりました。

Sufro lumbago.

患者の側から

【疲れ／痛み／凝り／だるさ／衰え】   🎤 F1-275

・何をするにしても、すぐに疲れます。

Con cualquier cosa que haga [Si hago cualquier cosa], me canso pronto.

・疲れ果てました。

Me siento agotado/da.

・身体全体が痛みます。

Me duele todo el cuerpo.

・胸のあたりが痛みます。

Tengo dolor en el pecho.

・あちこちの関節が痛みます。

Me duelen las articulaciones [coyunturas].

- 右肩が凝り〔両肩が凝り〕背中に痛みがあります。

Tengo rígido el hombro derecho [rígidos los hombros] y dolor de espalda.

- 首筋の痛みを軽減したいのですが、どうすればよろしいでしょうか?

Deme algunos consejos para aliviar la tortícolis.

- 身体がだるいです。

Siento pesadez.

Me siento lánguido**o/d**a.

- 身体の衰えを感じます。

Siento que me he ido [me he venido] debilitando físicamente.

【発汗／発熱／息苦しさ・息切れ】   F1-276

- すごく汗をかきます。

Sudo mucho.

- 38度の熱があります。

Tengo calentura de 38 grados.

Tengo 38 grados de fiebre.

- 息苦しいです。

No puedo respirar bien.

Tengo respiración fatigosa.

Me quedo sin aliento.

- 息を深く吸う〔吐く〕と肺が熱くなります。

Si inhalo [exhalo] profundamente, siento caliente el pulmón.

- 少し歩くと息切れがします。

Si camino un poco, se me corta la respiración.

Me falta el aliento con sólo caminar un poco.

【吐き気／げっぷ】 $\bigcirc$ F1-277

・二度も吐きました。

Vomité [He tenido vómitos] dos veces.

・げっぷがひどいです。

Repito mucho la comida.

Echo eructos frecuentemente.

Eructo mucho.

【消化・排泄器官】 $\bigcirc$ F1-278

・胸焼けがします。

Tengo acidez estomacal.

Tengo ardor de estómago.

・胃がもたれます。

Tengo pesado el estómago.

・急に胃が痛くなりました。

Me empezó a doler el estómago repentinamente.

・胃に刺すような痛みがあります。

Tengo un dolor punzante [agudo] en el estómago.

・腹部が張ります。

Siento hinchado el vientre.

・便秘気味です。

Estoy un poco estreñido.

Tengo estreñimiento.

・下痢をしています。

Tengo diarrea.

・夜中に2、3回トイレに行きます。

Voy al servicio dos o tres veces a medianoche.

- 痔が痛くて眠れません。

No puedo dormir por el dolor de las almorranas.

【その他】
🎙 F1-279

- 先天的な病気で苦しんでいます。

<u>Sufro</u> [Padezco] una enfermedad congénita.

- 極度の高所恐怖症です。

Tengo acrofobia extrema.

医療の側から

【顔色／疲労／痛み】
🎙 F1-280

- 目に隈<ruby>隈<rt>くま</rt></ruby>ができています。

Tengo ojeras.

- 顔がくすんで見えます。

Se le ve apagado el rostro.

Le falta color en el rostro.

- やつれたんじゃないですか?

Tiene el rostro demacrado, ¿verdad?

<u>Se ve</u> [Está] demacrad**o/d**a, ¿no?

- 蒼白い顔をしていますね。

Se ve muy pálid**o/d**a, ¿eh?

- 偏頭痛のようです。

Es una jaqueca.

【呼吸器】
🎙 F1-281

- 気管支が腫れています。

Tiene un poco inflamados los bronquios.

- 気管支炎です。

Tiene bronquitis.

・ぜんそくのようです。

Parece que tiene asma.

・酒とタバコは控えてください。

Absténgase de fumar y beber alcohol.

【消化器】   🎙 F1-282

・消化不良ですね。

Tiene mala digestión.

Es una indigestión.

Se ha indigestado con la comida

Tiene apepsia.

・食事はよく噛んで食べてください。

Trate de masticar bien la comida.

・何かにあたったようですね。

Creo que se intoxicó con algo.

・食中毒です。

Tiene intoxicación alimenticia.

・胃痙攣を起こしています。

Tiene calambres estomacales.

【循環器】   🎙 F1-283

・貧血を起こしています。

Tiene anemia.

・血圧が高いですね。

Tiene alta presión.

Su presión es alta.

323

- 不整脈があります。

  Tiene el pulso irregular.

  Tiene arritmia.

【その他】

- 熱射病です。

  Es una insolación.

- 心気症です。

  Tiene hipocondría.

- アルツハイマー病の兆候が見えます。

  Tiene síntomas de la enfermedad de Alzheimer.

- 骨粗鬆症の兆候があります。

  Tiene indicios de osteoporosis.

- 姿勢の矯正が必要です。

  Necesita mejorar su postura.

- 糖尿病の気があります。

  Tiene un síntoma ligero de diabetes.

- 更年期障害です。

  Está en la andropausia.（男性の場合）

  Está en la menopausia.（女性の場合）

- あなたの友人は脳しんとうを起こしたようです。

  Su amigo tiene conmoción cerebral.

- 自閉症患者は社会と向きあい人とコミュニケーションをとるとき、しばしば問題を抱えることがあります。

  Con frecuencia las personas autísticas tienen problemas con la comunicación y la interacción social.

2-2 四肢

🎙 F1-285

基本的な言い方

・指に棘が刺さりました。

Se me clavó una espina en el dedo.

・水ぶくれができて、もうこれ以上歩けません。

Ya no puedo caminar más porque me han salido ampollas.

・手首を捻挫しました。

Se me torció la muñeca.

・手足がしびれます。

Se me entumecen [duermen] las manos y las piernas.

患者の側から

【腕／手】 🎙 F1-286

・寒さで両手がしびれました。

Se me duermen las manos por el frío.

・右［左］腕を骨折しました。

Se me quebró el brazo derecho [izquierdo].

・右腕が肩より上にあがらない。

No puedo levantar [subir] el brazo derecho más arriba del hombro.

・左手の親指がまだ痛みます。

Me sigue doliendo el pulgar de la mano izquierda.

・手足が痒い。

Me pican los brazos y las piernas.

Me da comezón en los brazos y las piernas.

・指にやけどをしました。

Tengo quemaduras en los dedos.

- 左膝の痛みがとれません。

  No se me quita el dolor de la rodilla izquierda.

- 右〔左〕のくるぶしを捻挫しました。

  Me torcí el tobillo <u>derecho</u> [izquierdo].

- 右足の指がつりました。

  Me dio un calambre en un dedo del pie derecho.

- 両膝が曲がりません。

  No puedo doblar las piernas.

- 両膝を擦りむきました。

  Se me rasparon las rodillas.

- 片足を引きずって歩いています。

  Camino arrastrando el pie.

2-3 傷／けが／火傷

基本的な言い方   ⚲ F1-288

- 傷口がずきずき痛みます。

  Tengo un dolor <u>punzante</u> [pulsátil].

- 傷口から血が出ています。

  La herida mana sangre. / Sale sangre de la herida.

- この傷の手当てをしてください。

  ¿Podría curarme esta herida?

患者の側から

【傷／けが】 🎤 F1-289

- 傷口がひりひり痛みます。

  Me escuece la herida.

- 傷口が少し開きました。

  La herida se me ha abierto un poco más.

- 傷口が化膿しています。

  Se me ha infectado la herida.

- 傷跡は残りますか?

  ¿Me quedará (una) cicatriz?

- 血が止まりません。

  No se me para la sangre.

【やけど】 🎤 F1-290

- アイロンで手にやけどをしました。

  Me quemé la mano con la plancha.

- やけどによって水ぶくれができました。

  Me salió una ampolla por la quemadura.

医療の側から 🎤 F1-291

- 傷口を5針縫っておきました。

  Le dimos 5 puntos de sutura en la herida.

- 傷口を閉じるのに何針か縫っておきました。

  Le cerré la herida con unos puntos de sutura.

- 傷口を消毒しておきましょう。

  Desinfectaré la herida.

- 骨折した部分をギブスで固定しなければなりません。

  Se necesita sujetar bien [inmovilizar] la parte fracturada con la
  escayola.

- 1か月間、腕にギブスをはめていてください。

  Tiene que ponerse [llevar] una escayola en el brazo durante un mes.

- 包帯をかえましょう。

  Le cambiamos la venda [el vendaje].

2-4 アレルギー／腫れ／発疹／むくみ

- 私はアレルギー体質ではありません。

  No soy de constitución [predisposición] alérgica. / No tengo alergias [ninguna alergia].

- じんましんが出てかゆい。

  Tengo urticaria y me pica.

- 全身がかゆいです。

  Me da comezón en todo el cuerpo.

- 両手にあかぎれができています。

  Tengo las manos partidas [agrietadas].

Ｑ F1-293

【アレルギー】

- 風邪なのかアレルギーなのかわかりません。

  No sé si es alergia o catarro.

- 食品に対してアレルギーはありません。

  No tengo ninguna reacción alérgica a los alimentos.

  No soy alérgico a ningún alimento.

• 以前アレルギーはなかったのですが、今はそれがあります。

Me he hecho alérgic**o/ca** aunque antes no lo era.

• 私のアレルギーは両親から受け継いだものです。

Mi alergia es por herencia de mis padres.

Mi alergia es hereditaria de mis padres.

• 季節的なアレルギー性鼻炎に悩まされています。

Padezco de rinitis alérgica estacional.

• 私の主な症状はくしゃみと鼻水です。

Mis síntomas principales son estornudos y mocos.

【腫れ／発疹／むくみ】

🎤 F1-294

• なんだか顔がむくんでいるみたいです。

Parece que tengo hinchazón en la cara.

• 頬が腫れました。

Tengo las mejillas hinchadas.

• 湿疹かもしれません。

Temo que sea eczema.

• 娘の顔や身体に発疹が見られ、熱もあります。

Le han salido a mi hija erupciones en la cara y el cuerpo.
Y también tiene calentura.

医療の側から

• 健康で輝かしい肌を保つには十分な手入れが必要です。

Necesita un buen tratamiento para mantener la piel sana y
radiante.

• 太陽を浴びすぎるとシミや弛緩の原因になります。

Exponerse al sol con exceso puede provocar la aparición de
manchas y flacidez.

("exponerse a ..."は「…に身をさらす」という意味。)

- 熱い湯または長湯によって地肌の油分が流れ出てしまいます。

  El agua caliente y los baños prolongados eliminan los aceites naturales de la piel.

- アレルギー反応を起こしています。

  Tiene una reacción alérgica.

- アトピー性皮膚炎です。

  Tiene dermatitis atópica.

- 花粉〔ソバ〕アレルギーです。

  Es alérgic**o/ca** al _polen_ [alforfón].

- この薬でアレルギー反応を起こすことは一切ありません。

  Esta medicina no causa ninguna reacción alérgica.

- かゆみを和らげる薬を出しておきます。

  Recetaré una medicina para calmar la comezón.

- 麻疹です。

  <u>Ha cogido</u> [Tiene] sarampión.

- おたふく風邪です。

  Tiene paperas.

2-5 ストレス／心配・悩み

基本的な言い方　　　　　　　　　　　🎤 F1-295

- 私にはいろいろと悩みがあります。

  Tengo varias preocupaciones. / Me preocupo de varias cosas.

- 少し〔かなり〕ストレスを感じています。

  <u>Tengo</u> [Siento] <u>un poco de</u> [bastante] estrés.

- ほとんどストレスを感じません。

  <u>Tengo</u> [Siento] poco estrés.

・それに関しては心配しすぎないようにね。

No te preocupes tanto de esa(s) cosa(s).

【ストレス】 　　　　　　　　　　　　　　　　　　🎤 F1-296

・リラックスできません。

No puedo relajarme.

・仕事で失望し、イライラしています。

Mi trabajo me hace sentir frustrad**o/d**a y nervios**o/s**a.

・ストレスをなんとか緩和しなくちゃ。

Necesito disminuir [reducir] el estrés.

・どうすればストレスをコントロールできますか?

¿Cómo puedo controlar el estrés?

・私は長くストレスにさらされてきたので、健康を害しはしないか心配です。

Como he tenido estrés durante mucho tiempo, temo que pueda
　　dañar mi salud.

【悩み】 　　　　　　　　　　　　　　　　　　　🎤 F1-297

・私は山ほど悩みを抱えています。

Tengo muchas preocupaciones.

・私には悩みを打ち明ける人がいません。

No tengo a quien decir lo que me preocupa.

・だれもが日々心配の種を抱えているものです。

Cualquier persona suele tener motivos de preocupación.

・心身のバランスを保たないといけません。

Hay que mantener el equilibrio físico y mental.

- ストレスは私たちの生活に悪影響を及ぼします。

El estrés afecta nuestra vida.

- 不安に苛まれそうになったら、ポジティブにものを考えるようにしてください。

Si tiene inquietudes, procure tener pensamientos positivos.

- 懸案の仕事を減らしてストレスをコントロールしてください。

Controle el estrés recortando su lista de tareas pendientes.

2-6 頭痛・発熱・風邪／めまい

基本的な言い方　　　　　　　　　　　　　　　　　　　🎤 F1-298

- 頭がふらふらしています。

Me siento mareado/da. / Me mareo.

- 頭がぼんやりしています。

Me siento aturdido/da. / Tengo la mente aturdida.

- 風邪を引きました。

Tengo catarro [un resfriado].

- 熱が上がったり下がったりしています。

Me baja y sube la calentura repetidamente.

患者の側から

【めまい】　　　　　　　　　　　　　　　　　　　　　🎤 F1-299

- めまいがします。

Siento vértigo.

Tengo vahído.

Me mareo.

- 周囲がすべて自分のまわりをぐるぐる回っている感じです。

Siento como si todo estuviera girando a mi alrededor.

【頭痛／熱／風邪】 🎤 F1-300

- 平熱です。

  Mi temperatura es normal.

  Tengo la temperatura normal.

- 昨日から少し悪寒がします。

  Desde ayer tengo [siento] un poco de escalofrío.

- 急に40度まで熱が上がりました。

  De repente me dio calentura hasta de 40° grados.

  (“de repente”は「突然、急に」という意味。)

- 頭痛はずっと続くこともありますし、断続的に起こることもあります。

  Unas veces el dolor de cabeza es continuo, pero otras intermitente.

- 風邪をうつされました。

  Me contagiaron* el catarro.

🎤 F1-301

医療の側から

- 水分補給を忘れず、十分に睡眠をとってください。

  No deje de tomar agua y duerma bien.

- めまいは家庭で自然に治療することができます。

  El vértigo se puede curar de forma natural con remedios caseros.

  (“de forma ...は「…のかたちで」という意味。)

- 一度症状がおさまれば、少しずつ活動を再開してください。

  Una vez que remitan los síntomas, reanude sus actividades poco a poco.

  (“una vez que ...は「一旦…したら」という意味。)

• 目が鬱血〔充血〕しています。

Tengo los ojos <u>congestionados</u> [inyectados]./
　　Tengo los ojos rojos.

• ものが二重に見えます。

Veo doble las cosas.

• 目やにが出ます。

Me salen legañas.

• 目がかゆいです。

Tengo comezón en los ojos.

患者の側から

【メガネ／コンタクトレンズ】   🎙 F1-303

• メガネが合わないので買いかえたい。

Quiero cambiar mis gafas que no se adaptan bien a mi vista.

• このレンズの度は少しきついです。

Estos cristales me parecen un poco fuertes para mí.

• メガネからコンタクトにかえようと思います。

Pienso cambiar de gafas a lentillas.

• このコンタクトレンズは私に合いません。

No me van bien estos lentes de contacto.

• 透明のレンズよりブルーか茶色のレンズでお願いします。

Prefiero unos lentes de color azul o marrón a los transparentes.

• 私はかなり度数の高い遠近両用メガネをかけています。

Tengo unas gafas bifocales bastante fuertes de graduación.

・目が疲れないようにサングラスは欠かせません。

Las gafas de sol son imprescindibles para no cansar la vista.

【目／視力】 F1-304

・長時間読書を続けると目が疲れます。

Se me cansan los ojos cuando leo muchas horas seguidas.

・目がチカチカします。

Los ojos me hacen chiribitas.

・目が乾きます。

Siento secos los ojos.

Se me secan los ojos.

・目がひりひりします。

Me arden los ojos.

・目に炎症を起こしたようです。

Siento los ojos irritados.

・瞼が腫れています。

Están hinchados [inflamados] mis párpados.

Se me han hinchado [Se me han inflamado] los párpados.

・遠くがぼやけて見えます。近眼でなければいいのですが。

Veo borrosas las cosas lejanas. Temo que sea miope.

・私は色の区別ができません。

No puedo distinguir bien los colores.

医療の側から F1-305

・視力検査が必要です。

Necesita que le examinen* la vista.

・近視〔遠視〕です。

Es miope [hipermétrope].

Tiene miopía [hipermetropía].

- 乱視が入っています。

Tiene astigmatismo.

- 結膜炎です。

Tiene conjuntivitis.

- 白内障〔緑内障〕にかかっています。

Tiene una catarata [glaucoma].

- 緑内障は治りませんが、早期治療によって視力は守れるかもしれません。

El glaucoma no tiene cura, pero el tratamiento temprano podrá
  proteger su visión.

- 色覚異常〔色盲〕ですね。

Es daltónico/ca [daltoniano/na].

- 眼窩をほぐすと目の疲れが改善されます。

Dándose masaje alrededor de los ojos se puede descansar la vista.

- 白目の部分が内出血しています。

Aparece(n) una(s) mancha(s) de sangre en la parte blanca del ojo.

- 結膜下出血は1、2か月で消える疾患です。

La hemorragia subconjuntival es una afección que desaparece en
  uno o dos meses.

2-8 鼻／口・喉／耳

基本的な言い方 ▶ 　　　　　　　　　　　　　　　🎤 F1-306

- 鼻が詰まっています。

Tengo tapada la nariz [la nariz tapada]. / Se me tapa la nariz. /
  Tengo congestión nasal.

- よく鼻血が出ます。

Me sale sangre de la nariz frecuentemente.

・喉に骨が引っかかりました。

Se me ha clavado una espina en la garganta.

患者の側から

【鼻／口・喉】   🎤 F1-307

・鼻〔鼻水〕がよく出ます。

Me escurre mucho la nariz.

Me salen muchos mocos.

・黄ばんだ鼻が出るのですが、蓄膿症ではないでしょうか?

Como me sale el moco de color amarillento, ¿no será sinusitis?

・味覚がありません。

He perdido el sentido del gusto.

・嗅覚が麻痺しています。

No funciona mi sentido del olfato.

No puedo oler.

・喉がいがらっぽいです。

Tengo la garganta irritada.

・咳が止まらない。

No se me para [quita] la tos.

・くしゃみが止まらない。

No dejo de estornudar.

・声が擦れています。

Tengo la voz ronca.

・唇が切れています。

Tengo los labios partidos.

• 耳鳴りがします。

Oigo un zumbido.

Me zumban [silban] los oídos.

Tengo zumbido en los oídos.

• 私は自分の耳鳴りの原因が知りたいです。

Quiero saber la causa de mi tinnitus.

• 扁桃腺が炎症を起こしています。

Se (le) han inflamado las amígdalas.

Están inflamadas las amígdalas.

• 中耳炎〔外耳炎／内耳炎〕です。

Tiene otitis media [externa; interna].

• 中耳に膿がたまっています。

Tiene pus en el oído medio.

• 膿を出すのに鼓膜に少し穴を開けます。

Voy a agujerar un poco la membrilla del timpano para sacar la pus.

2-9 歯

基本的な言い方

F1-310

- 虫歯の予防をしたいのですが。

  Quisiera prevenir las caries.

- 歯茎から血が出ています。

  Me sale sangre de la encía.

- 左の奥歯が痛みます。

  Me duele una muela del lado izquierdo.

患者の側から

【歯】

F1-311

- 奥歯のどれかが虫歯になっているかもしれません。

  Quizá tenga caries en alguna muela.

  Temo que se me haya picado una muela.

- 歯が少し欠けました。

  Se me quebró un poco el diente.

- 歯が1本ぐらぐらになりました。

  Tengo flojo un diente.

  Se me ha aflojado un diente.

- 上の［下の］歯茎が炎症を起こしたようです。

  Tengo inflamadas las encías de arriba [abajo].

- ものを噛んでいると、充填剤がとれました。

  Se me cayó el empaste [relleno] al masticar la comida.

- 犬歯が痛みます。抜いたほうがよいでしょうか？

  Me duele un canino. ¿Será mejor que me lo extraigan* [saquen*]?

- 入れ歯〔奥の入れ歯〕が壊れました。

  Se me quebró el diente postizo [la muela postiza].

- どの歯が痛みますか。

  ¿Cuál es el diente que le duele?

- 奥の虫歯がかなり進行しています。

  Está demasiado avanzada la caries de una muela.

- 進行した虫歯の状態から見て、抜いたほうがいいでしょう。

  Según la caries avanzada, es mejor sacar [arrancar] el diente [la muela].

- 虫歯は抜かずにアマルガムを詰めておきます。

  Le pondré el empaste [relleno] de amalgama en la caries sin extraer el diente [la muela].

- 奥歯に金または銀の冠（クラウン）をかぶせましょう。

  Le pondré una corona [un casquillo] de oro o de plata a la muela.

- 歯槽膿漏です。

  Tiene piorrea alveolar.

2-10 感染症

基本的な言い方

- 人の多い場所へ行くときはマスクをして出かけます。

  Me pongo una mascarilla cuando salgo adonde hay mucha gente.

- 家に帰ったら必ず手を洗い、うがいをしよう。

  No dejemos de lavarnos las manos y hacer gárgaras al regresar a casa.

- PCR検査を受けたいのですが。

  Quisiera hacerme una prueba de RCP.

患者の側から

- 新型コロナウィルス感染症の兆候を教えてください。

¿Cuáles son los síntomas de la COVID-19?

- 新型コロナウイルス感染者の数が増えてきています。

Ha habido un aumento de contagios del nuevo coronavirus.

Va en aumento la cantidad de personas contagiadas por el nuevo coronavirus.

- 新型コロナウイルスに感染した人の数が減りつつあります。

El número de los contagiados del nuevo coronavirus está [va] disminuyendo.

- PCR検査を受けましたが陰性［陽性］でした。

Me hicieron* una prueba de RCP y resultó negativa [positiva].

- 感染を避けるために私たちができることはマスクをし、密集を避けることです。

Lo que podemos hacer es ponernos una mascarilla y no reunirnos en gran número para evitar el contagio [la infección].

医療の側から

- ボツリヌス症は人から人へと感染しません。

El botulismo no se transmite de persona a persona.

- ツベルクリン検査で陽性〔陰性〕反応が出ました。

Me salió una reacción positiva [negativa] en la prueba de la tuberculina.

- 早急に今の感染症拡大を防がなければなりません。

Se necesita [Se debe] evitar cuanto antes la expansión de esta enfermedad infecciosa.

("cuanto antes"は「できるだけ早く」という意味。)

関連語

◆ 検査／治療・延命治療 ◆

MRI　IRM (imagen por resonancia magnética) (f)

CTスキャン　CT (tomografía computarizada) Scan (m)

画像　imagen (f)　　　　　　　　レントゲン写真　radiografía (f)

レントゲン写真を撮る　tomar una radiografía

セカンドオピニオン　segunda opinión (f)

誤診　diagnóstico (m) equivocado　検知する、検出する　detectar

血圧　tensión (f) arterial; presión (f) de la sangre

脈拍　pulso (m); pulsación (f)　　　脈拍を測る　tomar el pulso

血液検査　análisis (m, s／pl) [prueba (f)] de sangre

心拍数　frecuencia (f) cardíaca [cardiaca]　　尿検査　análisis de orina

治療、手当　tratamiento (m); cura (f); remedio (m)

早期治療　tratamiento temprano　　治療する　curar; remediar

治療を受ける　recibir (un) tratamiento　　治療法　terapéutica (f); terapia (f)

点滴、静脈注射　terapia (f) intravenosa; goteo (m) intravenoso

動脈の　arterial　　　　　　　　静脈の　venoso/sa

緩和する　mitigar; calmar; paliar; aliviar　　看病する　cuidar; atender

症状が治まる　remitir　　　　　薬物療法　farmacoterapia (f)

投薬　administración (f)　　　　瀉血　sangría (f); flebotomía (f)

CPR、心肺機能蘇生術　RCP (resucitación [reanimación] cardiopulmonar) (f)

放射線治療法　radioterapia (f)　　見放す、不治を宣言する　desahuciar

寝たきりの患者　paciente (mf) encamado/da

延命治療　eutanasia (f) (pasiva)　　安楽死　eutanasia activa

植物状態　estado (m) vegetativo　　モラル、倫理　ética (f); moral (f)

死　muerte (f)　　　　　　　　尊厳死　muerte digna

自殺　suicidio　　　　　　　　　自殺する　suicidiar

◆ 予防／免疫／ワクチン ◆

免疫力をつけること　inmunización (f)	免疫力をつける　inmunizar
免疫　inmunidad (f)	免疫の　inmunitario/ria
ワクチン　vacuna (f)	ワクチン接種　vacunación (f)
ワクチン接種を受ける　vacunarse	安全な、無害の　seguro/ra; inocuo/cua

◆ 入院／手術／回復／治療費 ◆

入院　hospitalización (f)	入院する　hospitalizarse; ingresar
手術　operación (f)	手術室　quirófano (m)
選択（肢）　opción (f)	任意の　opcional
輸血　transfusión (f) de sangre	麻酔　anestesia (f)
局部の、部分的な　local; parcial	縫合　sutura (f)
縫合糸　hilo (m)	縫合グリップ　grapa (f)
カテーテル　catéter (m)	カテーテル治療　cateterismo (m)

抜糸　extracción (f) de los puntos de sutura

傷跡　cicatriz (f)	退院を許可する　dar de [el] alta
退院する　salir del hospital	再発　recidiva (f)
再発する　recidivar	回復　recuperación (f)

回復する　recuperarse; sanar; recobrar la salud

後遺症　secuela (f)	治療費　gastos (m▶pl) médicos

◆ 薬／食餌療法 ◆

処方箋　prescripción (f); receta (f)　　処方する　recetar

薬　medicina (f); medicamento (m); fármaco (m)

傷の手当て用品　apósito (m)	抗生物質　antibiótico (m)
注射　inyección (f)	うがい薬　gargarismo (m); colutorio (m)
うがいする　hacer gárgaras	服用量　dósis (f, s／pl)

鎮痛剤　analgésico (m); calmante (m)

解熱剤　antipirético (m); febrífugo (m)

風邪薬　medicina para el resfriado

咳止め　antitusígeno (m); antitusivo (m)

胃腸薬　medicamento gastrointestinal

飲み薬（シロップ）　jarabe (m)　　水薬　medicamento líquido; poción (f)

粉薬　medicina en polvo　　錠剤　pastilla (f); tableta (f)

カプセル　cápsula (f)　　アスピリン　aspirina (f)

目薬　colirio (m); gotas (f▶pl) para los ojos　　睡眠薬　somnífero (m)

下剤　laxante (m); purgante (m)　　座薬　supositorio (m)

消毒液、殺菌薬　desinfectante (m); antiséptico (m)

オキシドール　agua (f) oxigenada　　特効薬　medicamento eficaz

プラセボ効果、偽薬効果　efecto (m) placebo

副作用　efecto (m) secundario

食餌療法　terapia nutricional [alimenticia]

流動食　alimento (m) líquido　　固形食　alimento sólido

刺激の強い食事　comida (f) de sabor excitante; comida incentiva

◆ 医療品 ◆

車椅子　silla (f) de ruedas　　松葉杖　muleta (f)

杖　bastón (m)　　ギプス　escayola (f); enyesado (m)

包帯　venda (f); vendaje (m)　　絆創膏　esparadrapo (m)

ガーゼ　gasa (f)　　脱脂綿　algodón (m) hidrófilo

綿棒　bastoncillo [limpiador] (m) de algodón

ピンセット　pinzas (m▶pl)　　マスク　mascarilla (f)

湿布　compresa (f); cataplasma (f)

◆ 臓器移植／葬儀 ◆

臓器　órgano (m)　　死、死去　fallecimiento (m); muerte (f)

臓器提供　donación (f) de órganos　　臓器移植　trasplante (m) de órganos

火葬　cremación (f)　　埋葬　entierro (m)

死亡診断書　certificado (m) de defunción

死亡通知　esquela (f)　　死亡記事　necrología (f)

遺族　familia (f) de un/una difunto/ta

遺言　testamento (m)　　遺言者　testador/dora (m / f)

❖ 例文にかかわる語 ❖

aguantar　我慢する	elaborar　精製する、作り上げる
alargar　長くする、伸ばす	identificar　特定する、識別する
aplicable　適用できる	parar　食い止める
aplicar　適用する	permanecer　滞在する、とどまる
bolsa (f)　袋	posibilidad (f)　可能性
correr　さらされる	probabilidad (f)　可能性
durar　持続する	secundario/ria　副次的な

基本的な言い方

🎤 F1-316

- 検査結果が出るまでどれくらいかかりますか？

  ¿Cuánto se tardará el resultado de los exámenes?

- その日のうちに検査結果はわかりますか？

  ¿Puedo saber el resultado del análisis en el mismo día?

- 私の病状は重いですか、それともさほどではありませんか？

  ¿Mi enfermedad es grave o no tanto?

- 私の場合どのような治療をするのですか？

  ¿Qué opciones hay de tratamiento médico en mi caso?/¿Qué tratamiento será aplicable para mí?/¿Cómo me cura(n)?

患者の側から

【検査／治療】

🎤 F1-317

- 私の病状は回復していますか、それとも一進一退ですか？

  ¿Estoy mejorando o sigo más o menos igual?

- 私の病気にはどのような治療法がおすすめですか？

  ¿Qué tratamiento recomienda(n) para mi enfermedad?

- 私の癌にはどのような治療法がありますか？

  ¿Qué tratamiento hay para mi cáncer?

- この治療法の利点と危険性を教えてください。

  ¿Cuáles son los beneficios y riesgos de este tratamiento?

- この治療法だと回復の見込みはどうなのでしょうか?

  ¿Qué probabilidades de recuperación tengo con esta cura?

- この治療はどのような副作用を引き起こすのでしょうか?

  ¿Qué efectos secundarios podría causar el tratamiento?

- この治療によって長期間続く副作用はありませんか?

  ¿No hay algún efecto secundario de larga duración con este tratamiento?

- 私の心臓の治療に専門家は必要でしょうか?

  ¿Necesitaré a un especialista para curarme del corazón?

- 最良の治療について別の医者のセカンドオピニオンを求めようと思います。

  Buscaré a otro médico que me dé una segunda opinión sobre el mejor tratamiento para mí.

- 治療費はいくらですか?

  ¿Cómo serán [Cuánto costarán] los gastos médicos?

  ¿A cuánto ascenderán los gastos médicos?

- 私は延命治療を望みません。

  No deseo que me alarguen* la vida con la eutanasia pasiva.

- この病気は家で治せるかもしれないな。

  Esta enfermedad podrá curarse con remedios caseros.

【入院／手術／退院】　　　　　　　　　　　　　　　🎤 F1-318

- 入院しなければなりませんか?

  ¿Debo de ingresar en un hospital?

  ¿Tengo que hospitalizarme?

- どれくらいのあいだ入院が必要ですか?

  ¿Cuánto tiempo debo permanecer en el hospital?

• 手術が怖いです。

Tengo miedo de operarme.

• 全身麻酔をかけるのですか?

¿Me pondrá(n) anestesia general?

• 手術はどれくらい時間がかかりますか?

¿Cuánto tiempo durará la operación?

• 癌が再発する可能性はありますか?

¿Hay posibilidad de que recidiva [recidive] mi cáncer?

• 後遺症は残りませんか?

¿No me quedan secuelas?

• 退院を許可してください。

Quiero que me de(n) de alta.

• いつ退院できますか?

¿Cuándo podré salir del hospital?

【回復】 ◯ F1-319

• 私の病気はもとどおり回復しますか?

¿Sanaré [Me recuperaré] de la enfermedad completamente?

• 回復にはどれくらい時間がかかりますか?

¿Cuánto tiempo tomará la recuperación?

【薬】 ◯ F1-320

• 頭痛に効く薬をお願いします。

¿Podría darme una medicina para el dolor de cabeza?

• 解熱剤が必要です。

Necesito una medicina para bajar la calentura

• 下痢止めを出していただけますか?

¿Me podría dar una medicina para curar la diarrea?

- 便秘を治す薬をください。

  ¿Quiere darme una medicina para curar el estreñimiento?

- 前回お薬をいただいたのですが、まだ完全に症状が治まりません。

  La vez pasada me recetó unas medicinas, pero todavía no se me quita completamente el síntoma.

- また同じ薬をお願いできますか?

  ¿Puede darme de nuevo las mismas medicinas?

- 各袋の薬は1日2回食後にそれぞれ1錠ずつ飲めばよいのですか?

  ¿Tomo una pastilla de cada bolsa dos veces al día después de comer?

- 口内炎の薬をください。

  Deme una medicina para la estomatitis.

- 睡眠薬を買いたい。

  Quiero comprar un somnífero.

- 抗生物質を買うのに医者の処方箋は要りますか?

  ¿Para comprar un antibiótico se necesita receta médica?

【免疫／予防接種】 🎤 F1-321

- インフルエンザの予防接種を受けようと思う。

  Pienso vacunarme contra la influenza.

- 免疫力が弱い人は帯状疱疹にかかる危険性が高い。

  Las personas con sistemas inmunitarios débiles corren un mayor riesgo de tener culebrilla.

- 免疫力をつけるために運動し、十分に睡眠をとり、野菜を多く摂取している。

  Para fortalecer el sistema de inmunización hago ejercicio, duermo bien y como muchas verduras.

- このワクチンは私たちの身体に害がなく効果的ですか?

  ¿Esta vacuna es segura [inocua] y eficaz para nuestro cuerpo?

• どうすれば新型コロナウイルス感染症のような病気に対して免疫ができますか?

¿Cómo podemos conseguir la inmunidad ante una enfermedad como la COVID-19?

• 流行病を止めるためのワクチンが早急に開発されることを願っています。

Deseo que se elabore rápidamente una vacuna para parar la epidemia.

医療の側から

【検査／診察】 ＆ F1-322

• 脈拍を測ってみましょう。

Le tomaré el pulso.

• 脈は正常です。

El pulso es normal.

Tiene el pulso normal.

• レントゲンを撮りましょう。

Le tomaremos [haremos] una radiografía.

• 病気を診断するのに血液検査と尿検査をします。

Le haremos el análisis de sangre y de orina para diagnosticar su [la] enfermedad.

• 血圧を測りましょう。

Le tomaré la presión [tensión] (arterial).

• 血圧が高い[低い]です。

Tiene la presión alta [baja].

• きちんと診断を下すには別の検査をする必要があります。

Se necesita otro examen para dar el diagnóstico [identificar la enfermedad].

• 点滴を打ちます。

Trataremos [Se le aplicará] la terapia intravenosa.

- 少し痛みますが、我慢してください。

  Quizá le dolerá un poquito. Aguante.

【手術】 🎤 F1-323

- 局部麻酔の注射を打ちます。

  Le pondré una inyección de anestesia local [parcial].

  Le anestesiaré parcialmente.

- 手術のあとに少し後遺症が残るかもしれません。

  Temo que le queden un poco de secuelas después de la operación.

【薬】 🎤 F1-324

- 現在何か薬を飲んでいますか?

  ¿Está tomando algunos medicamentos?

- 錠剤と咳止めの飲み薬も出しておきましょう。

  Le recetaré unas pastillas y también un jarabe para la tos.

- 鎮痛剤[解熱剤]を出しておきます。

  Le daremos un calmante [antipirético; febrífugo].

- 症状を和らげる医薬品はあります。

  Existen fármacos que pueden ayudar a mitigar los síntomas.

- 座薬を出しておきます。

  Le daré unos supositorios.

- これは感染症を防ぐための薬です。

  Esta es una medicina para evitar la infección.

- これは痛み止めです。

  Es un analgésico.

  Es una medicina para quitar el dolor.

- 痛み止めを出しておきます。

  Le recetaré un calmante para el dolor.

- これは咳を和らげる薬です。

  Es una medicina para calmar la tos.

- 頭が痛いのならアスピリンが効きます。

  La aspirina es buena [eficaz] para el dolor de cabeza.

- あとで痛むといけないので痛み止めの錠剤を出しておきます。

  Le daré unas pastillas analgésicas por si siente dolor después.

- この抗生物質を服用してください。

  Tiene que tomar este antibiótico.

- これは血圧を下げる薬です。

  Esta es la medicina para bajar [rebajar] la tensión.

【余命】   🎤 F1-325

- 私は治る見込みがないと医者から言われ見放された。

  El doctor me dijo que no tenía posibilidad de curación. Me desahució.

- 祖父は余命いくばくもない。

  Mi abuelo tiene los días contados.

  Le quedan a mi abuelo solo unos días de vida.

- あの人は余命半年だ。

  No le queda más que medio año de vida.

4 健康管理／リハビリ

関連語

◆ 健康管理 ◆

健康管理　cuidado (m) de la salud　　栄養食品　alimento (m) dietético

サプリメント　suplemento (m) alimenticio [nutricional]

加工食品　alimento procesado　　　ビタミン　vitamina (f)

ミネラル　mineral (m)　　　　　　タンパク質　proteína (f)

糖分　azúcar (m)(f)　　　　　　　精糖　azúcar refinado

水分　líquido (m)

タバコ　tabaco (m); cigarro [cigarrillo] (m)　　アルコール　alcohol (m)

笑い　risa (f)　　　　　　　　　　笑う　reír(se)

バランス　equilibrio (m)　　　　　バランスのとれた　equilibrado/da

栄養失調　desnutrición (f)

◆ リハビリ ◆

リハビリ　rehabilitación (f)　　　動きやすさ、可動性　movilidad

リハビリする　hacer ejercicios de rehabilitación

手術後のケア　cuidado (m) postoperatorio　　生活の質　calidad (f) de vida

万歩計　podómetro (m)

❖ 例文にかかわる語 ❖

arruinarse　害を被る　　　　　　fomentar　促進する

descuidar　怠る　　　　　　　　integrar　組み込む

disciplinado/da　規則正しい　　　sano/na　健康な、元気な

基本的な言い方　　　　　　　　　　　　🎤 F1-326

- 健康には気をつけるようにしている。

  Trato de no descuidarme de la salud.

- 健康を維持するのに健康管理は大切だ。

  Es importante el cuidado de la salud para mantenerla.

- 規則正しい生活をしている。

  Llevo una vida disciplinada.

- 健康を損なうと何もできない。

  Si perdemos la salud, no podemos hacer nada.

患者の側から

【健康管理】　　　　　　　　　　　　　🎤 F1-327

- 定期的に医師の検診を受けています。

  Me hago periódicamente una revisión médica.

- 毎朝公園のまわりをジョギングしています。

  Todas las mañanas hago futing alrededor del parque.

- できるだけ歩くようにしています。

  Trato de caminar cuanto más posible.

- 健康を促進するには何が必要ですか?

  ¿Qué se necesita para fomentar la salud?

- 何かよい健康方法はありますか?

  ¿Habrá alguna manera mejor de mantener la salud?

- 私は禁煙中です。

  Ya dejé de fumar.

- 痩せるための一番効果的な食事療法を教えてください。

  ¿Cuál es la mejor dieta para adelgazar?

【サプリメント】

- 何種類かのサプリメントを飲んでいます。

  Tomo algunos tipos de suplementos alimenticios.

- アロマセラピーを試してみる価値はありますよね。

  Merece la pena probar la aromaterapia, ¿verdad?.

- 痩せるサプリメントを知っていますか?

  ¿Conoce algún suplemento dietético para adelgazar?

【リハビリ】

- リハビリサービスに関する情報を知りたいのですが。

  Quisiera tener información sobre el servicio de rehabilitación.

- 私は足の骨折を克服するのにリハビリを始めました。

  Empecé la rehabilitación para recuperarme de la fractura del pie.

- 私は身体の動きをとり戻し、生活の質を向上したいです。

  Deseo recuperar mi movilidad corporal y mejorar mi calidad de vida.

- リハビリによって自力で毎日の活動を再開できるようになれるでしょうか?

  ¿Con la rehabilitación podré volver a realizar por mi cuenta las actividades cotidianas?

  ("volver a ..."は「ふたたび…する」、"por mi cuenta"は「自分の判断〔責任〕で」という意味。)

医療の側から

- 健康を維持するために何をしていますか?

  ¿Qué hace para mantener [conservar] su salud?

- この時期は公衆衛生に気を配る必要があります。

  En este tiempo es necesario prestar atención a la higiene pública.

  ("prestar atención a ..."は「…に注意を払う」という意味。)

- 笑いは健康のもとです。

  La risa causa que el cuerpo se mantenga sano.

Con la risa se conserva bien la salud.

・塩分は控えめにしてください。

Tenga cuidado de no tomar tanta sal.

（"tener cuidado de ..."は「…に気をつける、注意する」という意味。）

・回復するまで刺激の強い食事は避けてください。

Evite la comida incentiva hasta que se alivie.

・糖分の摂取を控えてください。

Absténgase de tomar mucho azúcar.

（azúcarは男性名詞・女性名詞として使われるためmucha azúcarとも言います。）

・暴飲暴食は健康を害します。

Es malo [pernicioso] para la salud beber y comer demasiado [con exceso].

Si se excede en beber y comer, se arruina la salud.

・夏は十分な水分補強を忘れてはいけません。

No debe olvidarse de tomar suficiente agua durante el verano.

（"olvidarse de ..."は「…を忘れる」という意味。）

・水分を多く補給するようにしてください。

Que tome muchos líquidos.

・バランスのとれた食べ物を摂取してください。

Trate de tomar una alimentación equilibrada.

・タンパク質、脂肪、糖のバランスを崩さないようにしてください。

Mantenga un equilibrio entre proteínas, grasas y azúcares.

・加工食品または脂肪と精糖を多く含む食品は避けたほうがいいです。

Es mejor evitar alimentos procesados o con alto contenido de grasas y azúcares refinados.

・自分が楽しめる運動を生活にとり入れてください。

Integre a su vida un ejercicio que pueda hacer con gusto.

- アルコールとタバコを控えることをおすすめします。

Le recomiendo evitar el consumo de alcohol y tabaco.

- あなたの健康維持に役立ちそうなお茶やハーブティーがいろいろあります。

Hay varios tipos de tés e infusiones de hierbas que le ayudarán a mantener su salud.

- あなたの足の動きをよくするための有益なリハビリ運動はいくつもあります。

Hay varios ejercicios útiles de rehabilitación para mejorar la movilidad de sus piernas.

- 膝の運動は膝のまわりの筋肉を強化するのに役立ちます。

Los ejercicios para la rodilla ayudan a fortalecer los músculos alrededor de la rodilla.

- 1か月で5キロ痩せられるかどうかはあなた次第です。

Depende de usted [Está en sus manos] conseguir adelgazar 5 kilos en un mes.

5 見舞い

関連語

◆ 見舞い ◆

病人を見舞う　visitar a un/una enfermo/ma　　見舞い　visita (f)

絶対安静　reposo (m) absoluto　　　安静にする　reposar tranquilamente

面会時間　horas (f▶pl) de visita

基本的な言い方　　　　　　　　　　　　　　🎙 F1-331

・いつ入院されたのですか?

¿Cuándo entró en el hospital?/¿Cuándo se hospitalizó?

・具合はどうですか?

¿Cómo está [se siente]?

・早く元気になってください。

¡Que se recupere pronto!/Espero que se mejore pronto./
　Espero que recobre su salud lo antes posible.

見舞う側から　　　　　　　　　　　　　　🎙 F1-332

・友だちのお見舞いに行こうよ。

Vamos a ver cómo está nuestro/tra amigo/ga.

・今は(あの人の)お見舞いは控えたほうがよろしいかも。

Será mejor abstenerse de visitar*lo/la*.

・明日母の見舞いに行くつもりです。

Mañana visitaré a mi madre enferma.

・患者の病室はどこですか?

¿En qué habitación está **el/la** paciente?

・傷の具合はどうですか?

¿Cómo está la herida?

- 回復の具合はどうですか?

  ¿Cómo va la recuperación?

- 手術がうまく行きますように。

  ¡Ojalá que la operación salga bien!

🎤 F1-333

- 医者から絶対安静にするように言われました。

  Me dijo el doctor que hiciera reposo absoluto.

- 骨折が軽くてすめばよいのですが。

  ¡Ojalá no sea grave la fractura del hueso!

- 私は徐々に回復しています。

  Estoy recuperándome poco a poco.

- おそらく数日で病院を出られそうです。

  Tal vez podré salir del hospital dentro de <u>un par de</u> [unos] días.

  ("un par de ..."は「2、3の、いくつかの」という意味。)

- 退院後は日々の行動を正そうと思います。

  Después de salir del hospital intentaré cambiar mis actividades habituales.

  Cuando salga del hospital trataré de corregir mi comportamiento habitual.

12 出産

関連語

◆ 妊娠／出産 ◆

卵子	óvulo (m)	精子	espermatozoide (m)

生理　regla (f); menstruación (f); período (m)

妊婦　(mujer) encinta [embarazada] (f)

妊娠、妊娠期間　embarazo (m); preñez (f)　　妊娠する　embarazarse

出産予定日　fecha (f) prevista del parto

つわり　náuseas (f▶pl)　　　　　陣痛　contracción (f) uterina

無痛分娩　analgesia (f) del parto　　胎児　embrión (m)

出産　parto (m); alumbramiento (m)　　帝王切開　cesárea (f)

出産する　dar a luz　　　　　生年月日　fecha (f) de nacimiento

産後ケア　cuidado (m) después del parto

産褥期〔さんじょくき〕　posparto [postparto] (m); puerperio (m)

流産、中絶　aborto (m)　　　　赤ちゃん　bebé (m)

新生児　neonato/ta (m/f)　　　育児　crianza (f); puericultura (f)

双子〔ふたご〕　gemelo/la (m/f)

一卵性双生児　gemelos/las univitelinos/nas [idénticos/cas;
　　　　　　　monocigóticos/cas]

二卵性双生児　gemelos/las bivitelinos/las [dicigóticos/cas]

経口避妊薬、ピル　píldora (f) anticonceptiva　　コンドーム　condón (m)

不妊症　esterilidad (f); infertilidad (f)

不妊治療　tratamiento (m) de la esterilidad [infertilidad]

体外受精　fecundación (f) in vitro

家庭での妊娠検査　prueba (f) de embarazo casera

母子健康手帳　libreta (f) de salud maternal e infantil

出生届出済証明書　certificado de registro de nacimiento

❖ 例文にかかわる語 ❖

カフェイン　　　cafeína (f)

基本的な言い方 ◀　　　　　　　　　　　　　　🎙 F1-334

• 私たちは子供が欲しい。

Queremos tener un bebé.

• 私は妊娠しています。

Estoy embarazada.

• つわりがひどいです。

Son fuertes las náuseas del embarazo.

妊婦の側から

【生理】　　　　　　　　　　　　　　　　　🎙 F1-335

• 生理中です。

Tengo la regla.

Tengo [Esoy teniendo] la menstruación.

• 生理が不順です。

Mi período es irregular.

• 生理痛が激しいです。

Son fuertes los dolores de la menstruación.

• 今月は生理がありません。

No he tenido período este mes.

【妊娠／つわり】　　　　　　　　　　　　　🎙 F1-336

• 家庭での妊娠検査はかなり正確なものです。

Las pruebas caseras de embarazo son muy precisas.

・妊娠した最初の数ヶ月はつわりがひどかったです。

Durante los primeros meses del embarazo tenía fuertes náuseas.

・ようやくつわりがおさまりました。

Ya se me han quitado las náuseas.

【出産】 🎤 F1-337

・陣痛が始まりました。

Ya me empezaron las contracciones uterinas [del útero].

・男の子〔女の子〕が生まれました。

Nació un niño [una niña].

【出産ケア／赤ちゃん】 🎤 ト1-338

・赤ちゃんが産まれたあと、私は肉体的にも気持ち的にも変化を感じています。

Tras el nacimiento del bebé siento algunos cambios, tanto físicos como emocionales.

・私にできる唯一のことは、食べて寝て赤ん坊の世話をすることです。

Lo único que puedo hacer es comer, dormir y cuidar a mi bebé.

・産後は元気になるまで少し時間がかかりました。

Después del parto tomé un tiempo para recuperarme completamente [del todo].

医療の側から

【妊娠】 🎤 F1-339

・妊娠3か月です。

Tiene 3 meses de embarazo.

・出産予定日は7月末です。

La fecha prevista del parto es a fines de julio.

・出産前の診察や検査を怠らないようにしてください。

Asista sin falta a consultas y exámenes prenatales.

（sin faltaは「必ず」という意味。）

- 妊娠中やその後は身体を労わることが大切です。

  Antes, durante y después de su embarazo, es importante cuidar de
  su cuerpo.

- アルコールは避け、カフェインは抑えてください。

  Evite la bebida alcohólica y limite la cafeína.

- 現在服用中の薬を教えてください。

  Dígame si está tomando alguna medicina.

【一卵性双生児】

- 二人は一卵性双生児なので、外見では見分けがつきにくいです。

  Como son gemelos monocigóticos, son casi indistinguibles en su
  aspecto físico.

13 各種トラブル〈注〉

(〈注〉交通事故は「I.07.**9**. 交通事故」、病院・病気は「I. 11. 健康／病気／治療」、建物・家庭内の設備は「I.01.**3**.生活必需品／家電製品」「I. 01.**4**. 建物（内装／周辺）」「I. 01.**5**. 苦情／故障」参照。）

関連語

◆ 緊急事態 ◆

紛失	pérdida (f); extravío (m)	紛失する	perder; extraviar

盗難　robo (m)　　　　　　　　　盗む　robar

盗難品　objeto (m) robado　　　連絡する　informar; avisar; comunicar

電話番号　número (m) de teléfono　緊急事態　emergencia (f); urgencia (f)

連絡先　dirección (f) de contacto [aviso]

救急車　ambulancia (f)　　　　　警察　policía (f)

警察署　comisaría (f); estación (f) de policía　　交番　puesto (m) de policía

パトカー　coche (m) patrulla; coche de policía

忘れ物　objeto (m) olvidado　　　…を置き忘れる　dejar olvido**o/da** …

遺失物係　oficina (f) [centro (m)] de objetos perdidos

紛失届　declaración (f) de objetos perdidos　　所持品　pertenencias (f▶pl)

記入する　rellenar　　　　　　　証明書　certificado (m)

◆ クレーム／返品 ◆

クレーム、苦情　reclamación (f); queja (f)

クレームをつける　reclamar; hacer una reclamación

注文品　pedido (m)　　　　　　　箱、ケース　caja (f)

返品　devolución (f)　　　　　　返品する　devolver

払い戻し　reembolso (m)　　　　　払い戻す　reembolsar

不良品　producto [artículo] (m) defectuoso

回収する　recoger; retirar

◆ 借金／ローン ◆

ローン　crédito (m)　　　　　　　借金　deuda (f); préstamo (m)

厳しくする、苦しめる　apretar; afligir; atormentar; hacer difícil la vida

◆ ハラスメント ◆ ^(注)

（^(注)「I.06. **2**. 職種 ◆関連語◆ ☆犯罪☆」参照。）

嫌がらせ、いじめ　acoso (m); hostigamiento (m)

ソーシャル・ハラスメント　acoso social　　セクハラ　acoso sexual

パワハラ　abuso (m) de poder [autoridad]

傷つける　lastimar　　　　　　精神的苦痛を与える　causar daño mental

不審者　sospechoso/sa (m/f)　　つきまとう　perseguir

立ち向かう　enfrentarse

❖ 例文にかかわる語 ❖

anular　無効にする	extender　発行する、作成する
arreglar　解決する	gestión (f)　手続き、処置
asesoramiento (m)　助言	invalidar　無効にする
atrasado/da　遅れた	laboral　労働の
cancelar　無効にする	pieza (f)　部品
convivencia (f)　共同生活	recoger　収集する
declarar　宣言する	recolectar　収集する
desechar　廃棄する	tendido/da　横たわった
destacarse　目立つ、際立つ	vecindad (f)　近所、近隣

1 助けが必要なとき

基本的な言い方

🎤 F1-340

- 手伝ってください。

  Ayúdeme./¿Me da una mano?

- 助けてください（特に緊急のとき）！

  ¡Socorro!/!Auxilio!/!Ayúdeme!

- 警察署はどこですか?

  ¿Dónde está la comisaría?

- 警察を呼んでください。

  ¡Por favor, llame a la policía!

- 救急車を呼んでもらえませんか?

  ¿Podría llamar una ambulancia?/Por favor, llame una ambulancia.

【手助けが必要なとき】

🎤 F1-341

- 私の仕事を少し手伝っていただけませんか?

  ¿No quiere ayudarme un poco en mi trabajo?

- この問題はどう解決すればよろしいのですか?

  ¿Cómo se puede arreglar [resolver] este problema?

- この場合どうすればよいでしょうか?

  ¿Qué hago [haré] en este caso?

【問い合わせ】

🎤 F1-342

- 大使館 [領事館] に問い合わせてみよう。

  Voy a pedir información a la Embajada [al Consulado].

- それについて電話で確認しようと思う。

  Pienso comprobar [confirmar] sobre ello por teléfono.

- どの電話番号にかければよいのかわからない。

  No sé cuál de estos números debo llamar.

【緊急事態】

- これは緊急事態です。

  ¡Es una emergencia! / ¡Es caso urgente!

- まだパトカーは来ませんか?

  ¿Todavía no viene el coche patrulla?

- 助けてください、エレベーターの近くに人が倒れています。

  ¡Auxilio! Alguien está tendido cerca del ascensor.

- 救急隊に知らせてください。

  ¡Avíse a la unidad de emergencia hospitalaria!

- 救急病院に連絡してください。

  ¡Que avise a la clínica de urgencia!

- 医者を呼んでください。

  Llame a un médico, por favor.

- 病院までいっしょに来てください。

  Acompáñeme al hospital, por favor.

  ¿Puede ir conmigo hasta el hospital?

- 政府によって緊急事態宣言が出されました。

  El gobierno declaró el estado de emergencia.

  Se hizo la declaración de estado de emergencia por el gobierno.

- 助けてください! 誰かに跡をつけられています。

  ¡Socorro! Alguien me está persiguiendo.

2 忘れ物／紛失／盗難

基本的な言い方 ⬗ 　　　　　　　　　　　　　　🎤 F1-344

・タクシーにカバンを置き忘れました。

Dejé olvidado el bolso en el taxi.

・財布が見当たりません。

No encuentro mi cartera [monedero].

・クレジットカードをなくしました。

He perdido mi tarjeta de crédito.

・パスポートを盗まれました。

Me han robado* el pasaporte.

【忘れ物／紛失】 　　　　　　　　　　　　　　🎤 F1-345

・バスの中にリュックを置き忘れました。

Dejé olvidada la mochila en el autobús.

・ホテルのどこかにこれくらいの大きさのショルダーバッグを置き忘れました。

Dejé olvidado mi bolso de colgar así de este tamaño en algún lugar del hotel.

・ハンドバッグが見つかったら連絡してください。

Si encuentran* [se encuentra] mi bolso, avíseme.

（"se encuentra …"の形では主語がmaletaとなり受け身文となりますが、"encuentran …"にすると3人称複数で主語を明示しない無人称文となります。）

・カメラをどこかで紛失しました。

Se me ha perdido la cámara, pero no sé dónde.

He perdido [He extraviado] la cámara en alguna parte.

・携帯が見あたりません。

No encuentro mi móvil.

・財布を落としました。

Se me ha caído el monedero.

- クレジットカードを紛失したので、無効にしてください。

Como he perdido la tarjeta de crédito, invalídela [anúlela; cancélela].

【紛失届】

F1-346

- 遺失物係はどこですか?

¿Dónde está [se encuentra] la oficina de objetos perdidos?

- 紛失届を出したいのですが。

Quiero hacer una declaración de objetos perdidos [lo que perdí].

- この用紙に記入してください。

Rellene este papel.

- 紛失届受理証明書を発行してください。

¿Podría extender un certificado de declaración de objetos perdidos?

- いつ連絡をもらえますか?

¿Cuándo me avisarán* [informarán*]?

- 見つかり次第、連絡します。

Tan pronto como [En cuanto] *lo/la* encontremos, le avisaremos.

("tan pronto como ...", "en cuanto ..."は「…するとすぐに」という意味。)

- トランクが見つかったら、どこへとりに行けばよろしいですか?

Cuando se encuentre [encuentren*] mi maleta, ¿adónde iré a recogerla?

【盗難】 F1-347

- 通りで財布をすられました。

Me han robado* la cartera en la calle.

- わが家に泥棒が入りました。

Se metió un ladrón en mi casa.

• 窓ガラスが1枚わられました。

Rompieron* un vidrio de la ventana.

Alguien rompió un vidrio de la ventana.

• 盗難届受理証明書を発行してください。

Les ruego que me hagan* un certificado de la denunciación de un robo.

【不審者】

🎤 F1-348

• 近所で不審者がうろついていますので、気をつけてください。

Cuidado porque anda un sospechoso [una persona sospechosa] en la vecindad.

3 クレーム／返品・交換

基本的な言い方

🎤 F1-349

• 返品したいのですが。

Quisiera devolver el producto.

• 返金してください。

Quiero que me devuelva(n) el dinero.

• 領収書はありますか?

¿Tiene el recibo?

• 領収書を紛失しました。

He perdido el recibo.

• 注文品を交換してもらえますか?

¿Podría(n) cambiar el pedido por otro?

• 先週注文した商品がまだ届きません。

No me ha llegado el producto que les pedí la semana pasada.

• 説明書が入っていません。

No encuentro el manual de instrucciones.

• 模型〔機械〕の部品が一つ足りません。

Falta una pieza de la maqueta [máquina].

• 包〔箱〕は明けましたが、商品には手をつけていません。

Aunque abrí el paquete [la caja], no he usado la mercancía.

• 注文した品物と違うんですけど。

El producto no es igual al que yo pedí.

• 別のモデルに交換することはできますか?

¿Es posible cambiar este modelo por otro?

4 生活上の問題

基本的な言い方

• 近所の人たちとうまくいっていません。

No me llevo bien con los vecinos.

("llevarse bien [mal] con ..."は「…と馬が合う〔合わない〕」という意味。)

• 毎日の出費を切り詰めています。

Trato de reducir los gastos diarios.

• 先月私は職を失いました。

Perdí mi empleo [trabajo] el mes pasado.

【生活上の問題】

- 私の給料が減ったことにより経済的問題が発生しています。

  Tengo problemas económicos debido a la reducción de mi salario.

- 私たちは家賃が3か月分滞っています。

  Estamos atrasados en el pago del alquiler de mi vivienda [casa] por 3 meses.

- 毎月の家のローンの支払いで生活が厳しいです。

  Pagar el préstamo mensual de la vivienda hace difícil la vida.

- できるだけ早く仕事を見つけなければなりません。

  Tengo que encontrar un trabajo cuanto antes posible.

- 借金をどのように返済すればよいか心配です。

  Me preocupa cómo pagar la deuda [el préstamo].

- 私の自転車が駐輪した場所にありません。

  No está mi bicicleta donde la dejé.

- 法律問題についてアドバイスをもらいたいのですが。

  Quiero recibir [obtener] asesoramiento sobre asuntos legales.

- 家電製品をいくつか廃棄したいのですが、どうすればよいでしょうか？

  Deseo desechar unos electrodomésticos. ¿Qué debo hacer?

- 私は買い物のリストを作らないと、何を買うのか忘れてしまう。

  Si no preparo la lista de la compra, se me olvida lo que necesito comprar.

- 私は日常生活に必要な手続きを怠ってしまう。

  Descuido hacer las gestiones necesarias para la vida diaria.

- 私はパワハラに立ち向かうつもりです。

Voy a enfrentarme al abuso de poder.

No permitiré el abuso de poder.

- このクラスでは言葉による嫌がらせと肉体的ないじめが目に余ります。

En esta clase se destacan el acoso verbal y el físico.

- この学校には健全な共同生活などありません。

En esta escuela no existe un ambiente de sana convivencia.

- 私は職場でセクハラによる不当な扱いを受けています。

Me tratan* mal sufriendo acoso sexual en el entorno laboral.

II
人との触れ合い

01 人との触れ合い

❖ 例文にかかわる語 ❖

apoyar　支持する、応援する	disculpar　許す
asentir　同意する、賛成する	eficiente　有能な
casualidad (f)　偶然	fiar　信用する
concesión (f) mutua　妥協	propuesta (f)　提案
concienzudo/da　良心的な、真摯な	reventar　不快にする
confianza (f)　信頼、信用	rotundamente　きっぱりと、断固として
confiar　信頼する、信用する	territorio (m)　領土
conflicto (m)　争い	tirar　進み続ける
contar　語る、話す	traicionar　裏切る
discriminación (f) racial　人種差別	transacción (f)　妥協、譲歩
tutearse　親しく話し合う、ざっくばらんに話す	

1 出会いの挨拶

基本的な言い方

🎙 F2-001

・こんにちは。〔やあ!〕

　¡Hola!

・お元気ですか?〔お変わりありませんか?〕

　¿Cómo está (Ud.)? / ¿Qué tal? / ¿Cómo se encuentra? / ¿Cómo le va? / ¿Qué me cuenta? / ¿Qué es de su vida? / ¿Qué hay de nuevo?

・とても元気です。

　Estoy muy bien. / Muy bien.

・まあまあです。

　Así, así. / Más o menos (bien). / Voy tirando.

- 相変わらずです。

  Como siempre.

🎤 F2-002

- お陰さまでとても元気です。

  Muy bien, gracias a Dios.

- 本調子ではありません。

  No estoy bien.

- 具合が悪いです。

  Me siento mal.

- 最悪です。

  Peor.

  Terrible.

- お久しぶりです。

  ¡Tanto tiempo sin vernos!

  Hace mucho que no nos veíamos.

    （従属節の動詞は過去形ですが、これを"Hace mucho que no nos vemos."のように「現在形」
    にすると、「ご無沙汰しています（久しくお目にかかっていませんね）」という意味になりますが、目の
    前にいる相手には使えません。つまりメールまたは電話をとおして相手に伝える言い方になります。）

- ここでお目にかかれるなんて奇遇ですね。

  ¡Que raro que nos veamos aquí!

  ¡Qué casualidad encontrarnos aquí!

- こちらでお目にかかれるとは嬉しいです。

  Estoy contento/ta de ver*lo/la* [ver*le*] por aquí.

    （*verle*の*le*は直接目的語にあたります。「直接目的語」が「3人称・男性形（単数・複数）」のとき、普
    通は*lo*または*los*となりますが、これらの代わりに*le*または*les*が使われることがあります。これを「レイ
    スモ」といい、特にスペイン北部・中部で用いられる傾向にあります。）

- あなたでしたか？　気づかず失礼しました。

  ¡Es Ud! Siento no haberle reconocido.

基本的な言い方 ◢   🎙 F2-003

・初めまして。

Mucho gusto. / Encantad**o**/d**a**.

・どうぞよろしく。

El gusto es mío. / Encantad**o**/d**a**.

              🎙 F2-004

・お目にかかれて嬉しいです。

<u>Me alegro de</u> [Me alegra] verle.

  ("alegrarse de ..."は「…を喜ぶ」という意味。)

Mucho gusto en saludar*lo/la*.

・わが家にお迎えできて光栄です。

Es un gran placer recibir*lo/la* en esta casa.

3 相手に声をかける／声をかけられる

基本的な言い方 ◢   🎙 F2-005

・すみません!

¡Perdón! / ¡Perdone! / ¡Disculpe! / ¡Oiga! / ¡Un momento, por
 favor!

・お話があります。

Tengo algo que decirle. / Quiero decirle <u>algo</u> [una cosa].

・ロドリゲスさんではありませんか?

¿Es usted el señor [la señora; la señorita] Rodríguez?

・少しあなたとお話ししたいのですが。

Quisiera hablar un rato con usted. / ¿Me permite hablar un
 poco con usted?

🎙 F2-006

- ちょっとお待ちください。

  Espere un momento.

- 一つお願いがあります。

  Quisiera pedirle <u>un favor</u> [una cosa].

- すみません、地下鉄の入り口はどこでしょうか?

  Perdón, ¿dónde está la entrada al metro?

- すみません、この近くに薬局はありますか?

  <u>Perdone</u> [Disculpe], ¿hay una farmacia cerca de aquí?

- 前々からお目にかかりたいと思っていました。

  Quería verle (a usted) desde hace mucho tiempo.

  Tenía ganas de verle desde hace mucho.

- 私のことを覚えていますか?

  ¿Se acuerda de mí?

  ("acordarse de ..."は「…を覚えている、…を思い出す」という意味。)

- 人ちがいだと思いますが。

  Pienso que (usted) me <u>confundió</u> [ha confundido] con alguien.

  ("confundir con ..."は「…と混同する、…とまちがえる」という意味。)

- まさかきみだとは!

  Casi no te reconozco.

  No te reconocí.

- 見ちがえたよ!

  ¡Cómo has cambiado!

- あなたに連絡をとろうと思っていたところです。

  Estaba pensando en comunicarme con usted.

  Precisamente pensaba comunicarme con usted.

- 少しお時間をいただけませんか?

¿Tendría tiempo para hablar un poco conmigo?

¿Tiene un poco de tiempo para hablar conmigo?

- 駅へ行く道すがらここに立ち寄ってみました。

Pasé por aquí de camino a la estación.

- 仕事の帰りにあなたを訪ねてみました。

He venido a verle después de terminar mi trabajo.

- 帰宅の途中に立ち寄ってみただけです。

Sólo llegué de paso de regreso a casa.

("de regreso a ..."は「…に帰る途中で」という意味。)

4 別れの挨拶

　　　　　　　　　　　　　　🎤 F2-007

- では、また。

¡Hasta la vista! / ¡Hasta otro día! / ¡Hasta la próxima! / ¡Hasta pronto!

- また明日。

¡Hasta mañana!

- さようなら。

¡Adiós! / ¡Vaya (usted) con Dios!

("¡Vaya (usted) con Dios!"を直訳すると「神様といっしょに行ってください」となります。つまり、「神のご加護がありますように」という意味です。vayaは動詞irの命令形・3人称単数。)

　　　　　　　　　　　　　　🎤 F2-008

- 急いでいるので、失礼します。

Como tengo prisa, ya me despido de usted.

("despedirse de ..."は「…に別れを告げる」という意味。)

- もう遅いので帰ります。

Siendo ya muy tarde, regresaré a casa.

- 時間がないので、これで退散します。

Como no tengo tiempo, ya me voy [me marcho].

- すぐ家に帰らなきゃ。また明日ね。

Tengo que regresar a casa pronto. ¡Hasta mañana!

- よい週末を!

¡Buen fin de semana!

- 幸運を!〔うまく行くといいですね!〕

¡Mucha suerte!

¡Que le vaya bien!

¡Qué todo vaya bien!

- これっきりだ!〔二度と会うものか!〕

¡Hasta nunca!

5 信頼関係

基本的な言い方   🎤 F2-009

- あなたを信頼しています。

Yo tengo confianza en usted.

- 誰を信用してよいのかわかりません。

No sé en quién confiar.

- 誰も信用できません。

No puedo creer en nadie. / No me puedo fiar de nadie. / No puedo confiar en nadie.

【信頼】   🎤 F2-010

- 私たちの信頼関係は盤石です。

Nuestra relación es muy firme basada en la confianza.

- （あの人は）信頼できる人です。

  Es una persona confiable.

  No traiciona la confianza.

  Es una persona en quien un**o/na** puede confiar.

  （代名詞uno / naは、一般的に「人は」という意味です。）

- 全幅の信頼を寄せられる人です。

  Es de toda confianza.

  Es dign**o/na** de confianza.

  Se puede confiar en **él/ella**.

- 社長は皆から信頼されています。

  El presidente se ha ganado la confianza de todos.

- 彼らは信頼し合っているので親しげに話す。

  Ellos se hablan de ¨tú¨ puesto que se tienen confianza.

  （¨puesto que ...¨は「…なので」という意味。）

- 友だち同士じゃないか、ざっくばらんに話そうよ。

  Somos amigos. Vamos a tutearnos.

- 私を信頼しているのなら、遠慮なく思っていることを言ってよね。

  Si tienes confianza en mí, dime lo que piensas sin reparo [titubeos].

  （¨sin reparo(s)¨, ¨sin titubeos¨は「遠慮なく」という意味。）

【裏切り／不信】 F2-011

- 私たちの信頼を裏切らないでください。

  No traicione la confianza que hay entre nosotros.

- 彼らの信頼を裏切るべきではありません。

  No debemos de traicionar la confianza de ellos.

- 早急に彼らの信頼をとり戻すべきです。

  Cuanto antes tenemos que recuperar la confianza de ellos.

- （あの人を）信頼してよいかどうかわからない。

  No sé si es confiable o no.

6 賛成／反対／妥協

基本的な言い方   🎤 F2-012

- あなたの意見に賛成です。

  Estoy de acuerdo con su opinión.

- あなたのアイデアを支持します。

  Voy a apoyar su idea.

- 彼らの提案には同意できません。

  No puedo asentir a su propuesta.

【賛成／同意】   🎤 F2-013

- 先生はうなずき同意した。

  El maestro asintió con la cabeza.

- 私はきみたちの味方だからね。

  Soy partidari**o/ri**a de vosotros.

  Estoy de vuestro lado.

- きみたちのことを応援しているよ。

  Os apoyo (a vosotros).

  Os doy mi apoyo.

- 私はあの青年に賛成〔反対〕票を投じるつもりだ。

  Votaré a favor de [en pro de] aquel joven.

【反対】

• 私は彼らの言うことを断固として受け入れられない。

Rechazo rotundamente [No acepto] lo que dicen.

• 彼らはゴルフ場建設に反対の意見を示している。

Se han opuesto a la construcción de un campo de golf.

("oponerse a ..."は、「…に反対する」という意味。)

• 私たちは家賃の値上げには反対です。

Estamos en contra de la subida de alquiler [renta].

("estar en contra de ..."は、「…に反対である」という意味。)

• 私は人種差別反対運動に参加しようと思います。

Pienso participar en el movimiento contra la discriminación racial.

("participar en ..."は「…に参加する」という意味。)

【妥協】

• この問題について私は誰とも妥協するつもりはありません。

No transijo con nadie sobre este asunto.

("transigir con ..."は「…と折り合いをつける、妥協する」という意味。)

• 私たちには妥協の余地はまったくありません。

Entre nosotros no hay lugar para ninguna concesión mutua.

• ときどき妥協しなければならないことがあります。

Hay veces que se necesita hacer una transacción.

• 二国間の領土争いについて互いに歩み寄るのは困難でしょう。

Será difícil que los dos países lleguen a un acuerdo sobre el conflicto de los territorios.

7 相手を安心させる

- 心配しないでください。

  No se preocupe. / Descuide.

- 落ち着いてください。

  Cálmese. / Tranquilícese.

- もう大丈夫です。

  Ya está bien. / Ya no hay nada de qué preocuparse.

- 何も問題はありません。

  No pasa nada. / No es nada. / No hay ningún problema.

- 落ち着いてください、何の心配もいりませんから。

  Tranquilícese, pues ya no hay ningún problema.

- 不安かもしれませんが、もう大丈夫です。

  Aunque estará inquieto/ta, ya no hay nada de que preocuparse.

- 心配ばかりしているとその通りになるかもね。

  Si te preocupas mucho, pasará lo que temes.

- そんなに心配していると病気になるよ。

  Con tantas preocupaciones llegarás a enfermarte.

- 物事はプラスに考えたほうがいいよ。

  Será mejor pensar todo de manera positiva

  ("de manera ..."は「…な方法で、…な形で」という意味。)

- 私がついているから安心してちょうだい。

  Estoy a tu lado, así que puedes estar tranquilo/la.

  Estoy contigo. Deja de preocuparte.

- 安らかなこの時間を感謝しましょう。

  Demos gracias por estas horas de calma.

8 相手の印象

F2-018

基本的な言い方

- （あの人は）とても陽気で明るい人だ。

  Es jovial y alegre.

- 感じの良い〔悪い〕人だ。

  Es simpático/ca [antipático/ca].

- 親切な〔不親切な〕人だ。

  Es amable [poco amable].

- 不愉快な人だ。

  Me revienta. / Me cae mal. / No me cae bien.

  （"caer bien"は「気に入る、気が合う」、"caer mal"は「気に入らない、気が合わない」という意味。）

F2-019

- あの人はいつも笑顔でとても親切にしてくれる。

  Siempre sonriente me muestra mucha simpatía.

- あの人は良心的な人だ。

  Es concienzudo/da.

- あの人はいつ会っても好きになれない。

  Me cae mal siempre que *lo/la* veo.

- あの人には人を思いやる気持ちなんてさらさらない。

  No tiene ninguna consideración hacia otras personas.

- 彼らは働き者で有能だ。

  Son trabajadores y eficientes.

- 物事を悲観的に考えてしまうような人だ。

  Es una persona que tiende a ver negro lo que ocurre.

  （"tender a ..."は、「…する傾向がある」という意味。）

  Es propenso/sa a pensar las cosas de manera pesimista.

  （"propenso / sa a ..."は「…の傾向がある、…しがちである」という意味。）

02 紹介

❖ 例文にかかわる語 ❖

anciano/na 老人、高齢者	estricto/ta 厳格な、厳しい
cohibirse おどおどする、気後れする	llorón/rona 泣き虫の
conferenciante (mf) 講演者	presentar 紹介する
disciplina (f) 躾	vergüenza (f) 恥、恥ずかしさ

---

1 相手のことを知る／自己紹介

基本的な言い方
🎤 F2-020

- お名前は何ですか?

  ¿Cómo se llama usted?

- 私の名前はペペ・ガルシアです。

  Me llamo Pepe García.

- 自己紹介します。

  Me presentaré. / Voy a presentarme. / Déjeme presentarme
    (a mí mismo/ma).

【相手の名前・出身をたずねる】
🎤 F2-021

- 私の名前はフアン・カルロス・ロペスです。

  Me llamo Juan Carlos López.

- もう一度言ってください。

  Otra vez, por favor.

- 名字は何ですか?

  ¿Cuál es su apellido?

- 名字はロペスです。

  López es mi apellido.

  Mi apellido es López.

- 出身はどちらですか? ― バレンシア出身です。

  ¿De dónde es usted? ― Soy de Valencia.

【自己紹介】 F2-022

- 皆の前で自己紹介するのは気恥ずかしい。

  <u>Me da</u> [Siento] vergüenza presentarme delante de todos.

- 名前はトシユキですが、発音しにくければ「トシ」と呼んでください。

  Me llamo Toshiyuki, pero si es difícil de pronunciar, llámeme "Toshi".

- 私は「ひょろ長^{ながい}」というあだ名で呼ばれています。

  Me llaman* por el apodo de "larguirucho".

- 私はサラリーマンです。

  Soy asalariad**o**/d**a**.

- 私はあなたと同じ大学の出身です。

  Me gradué de la misma universidad que usted.

- 私は<u>高校生</u>〔大学生〕です。

  Soy <u>estudiante de bachillerato</u> [universitari**o**/ri**a**].

- 私は大学2年生です。

  Soy del 2.º (segundo) año de la universidad.

  Estoy en el 2.º año de la universidad.

- 私は大学院生です。

  Soy (estudiante) posgraduad**o**/d**a**.

- あと1年で卒業です。

  Me falta un año más para graduarme.

  Me graduaré después de un año.

- 私の誕生日は7月7日です。

  Mi cumpleaños es el 7 de julio.

- 今日で25歳になりました。

  Hoy cumplo 25 años.

- 私は両親に厳しく躾けられました。

  Mis padres me criaron con una disciplina estricta.

- 私は子供のころとても泣き虫でした。

  En mi niñez era muy llorón/rona.

- 小さいころ知らない人に対しておどおどしていました。

  Cuando era niño/ña, me cohibía ante los desconocidos.

- 今は何にでも楽しめます。

  Encuentro placer en cualquier cosa.

  Me divierto con todo [cualquier cosa].

【家族について】 🎤 F2-023

- 私は家族とは仲よくやっています。

  Congenio muy bien con mi familia.

- 私の両親は仲がよいです。

  Mis padres se llevan muy bien.

- 両親はずいぶん前に離婚し、私は母と暮しています。

  Mis padres se divorciaron hace mucho tiempo. Yo vivo con mi madre.

- 両親はあれやこれやの理由で別居中です。

  Mis padres viven separados por una u otra causa.

- 私は長男です。

  Soy el hijo mayor [primogénito].

- 私は長女です。

  Soy la hija mayor [primogénita].

- 私は末っ子です。

  Soy **el/la** hijo/ja menor [benjamín/mina].

- 私には一人の弟と二人の妹がいます。

  Tengo un hermano (menor) y dos hermanas (menores).

- 私の姉は結婚していて子供が二人います。

  Mi hermana (mayor) está casada y tiene dos hijos.

- 私には兄弟姉妹はいません。

  No tengo ni hermanos ni hermanas.

- 両親が亡くなってから私は叔父叔母の世話になっています。

  A partir de que se murieron mis padres, mis tíos se encargaron de mí.

  ("encargare de ..."は「…を引き受ける」という意味。)

  Desde la muerte de mis padres, me recogieron mis tíos.

2 …を紹介します

基本的な言い方 🎤 F2-024

- こちらがエルナンデスさんです。

  Este/ta es el señor [la señora; la señorita] Hernández.

- マルティネスさんを紹介します。

  Le presento al señor [a la señora; a la señorita] Martínez.

- あなたにラファエルを紹介したいのですが。

  Quisiera presentarle a Rafael. / Me gustaría presentarle a Rafael.

- あなたに両親を紹介できて嬉しいです。

Tengo el gusto de presentarle a mis padres. / Es un placer

presentarle a mis padres .

🎤 F2-025

- 私の友だちのマリアです。

Es mi amiga María.

- 彼女とはクラスメートの紹介で知り合いました。

La conocí por medio de un/una compañer**o/ra** de mi clase.

A ella me la presentó un/una compañer**o/ra** de mi clase.

- あの人は何のためらいもなく自己紹介した。

Se presentó a sí mism**o/ma** sin <u>titubear</u> [ningún titubeo].

- 同じ飛行機に乗り合わせた隣の老人が、私に自分の人生を語り始めた。

El anciano que iba a mi lado en el mismo avión se puso a contar su

vida.

("ponerse a ..."は「…し始める」という意味。)

3 …を紹介してください

基本的な言い方

🎤 F2-026

- 私にイサベルを紹介してください。

Presénteme a Isabel. / Me gustaría que me presentara a Isabel. /

¿Quiere presentarme a Isabel?

- きみの友だちのアナとピラールを紹介してよ。

Preséntame a tus amigas Ana y Pilar.

🎤 F2-027

- あちらの方を紹介していただけませんか?

Me gustaría que me presentara a aquella persona.

- 腕のよい弁護士を紹介していただけませんか?

  ¿Podría recomendarme un/un**a** buen/buen**a** abogad**o**/d**a**?

- …と知り合いになりたいので紹介してください。

  Quiero conocer a … . ¿Por qué no me *lo/la* presenta?

- 講演者を一人紹介してください、お願いします。

  Les ruego que nos recomienden* a un/un**a** conferenciante.

- 恋人が欲しい。誰か紹介してよ。

  Quiero tener novi**o**/vi**a**. Preséntame a alguien.

03 性格／容姿・体型／年齢

❖ 例文にかかわる語 ❖

altruista (mf) 他愛主義者

antojo (m) 気まぐれ

apacible 温和な

astucia (f) 抜け目なさ、狡賢さ

atractivo/va 魅力的な

atrapar だます、欺く

autoengaño (m) 自己欺瞞

avaro/ra けちな、貪欲な

cabeza de chorlito そそっかしい人

caprichoso/sa 気まぐれな、わがままな

captar 理解する

carácter (m) 性格、人柄

codicioso/sa けちな、貪欲な

cortés 礼儀正しい

creativo/va 独創的な

desanimarse がっかりする、気力を失う

educado/da 礼儀正しい、育ちのよい

egoísta (mf) 利己主義者

enfadadizo/za 怒りっぽい

enojón/jona 怒りっぽい

entrometerse 介入する、口出しする

esbelto/ta すらりとした

extrovertido/da 外交的な

fastidioso/sa 厄介な、うるさい

figura (f) 容姿、体型

genio (m) 気質、気性

grosero/ra 不作法な、無礼な

impaciente せっかちな、いらいらした

impertinente 生意気な、不作法な

indeciso/sa 優柔不断な

insolente 横柄な、無礼な

introvertido/da 内向的な

labia (f) 巧みな弁舌

latoso/sa 厄介な、しつこい

llamativo/va 派手な、人目を引く

originalidad (f) 独創性

personalidad (f) 性格、個性

presencia (f) 容姿

quejilloso/sa 愚痴っぽい

sobrio/bria 地味な

vergonzoso/sa 照れ屋の、内気な

voluble 気まぐれな

1 性格

関連語

🎙 F2-028

- その方はどんな性格ですか?

  ¿Cómo es el carácter de esa persona?／¿Qué carácter tiene esa persona?

- (あの人は)個性の強い人だ。

  Tiene mucha personalidad.／Tiene una fuerte personalidad.

- 独創的な人だ。

  Es creativo/va.／Es muy original.／Tiene originalidad.

- 利己主義者だ。

  Es egoísta.

- とても気むずかしい人だ。

  Es una persona difícil de tratar.

【自分のこと】

🎙 F2-029

- 私は優柔不断だ。

  Soy de carácter indeciso.

  Tengo poca voluntad.

- 私は恥ずかしがり屋だ。

  Soy vergonzoso/sa.

- 私はすぐに感情が顔に表れる。

  Me salen fácilmente los sentimientos a la cara.

- 私は意志の強い人間だ。

  Soy de voluntad firme.

  Sé mantenerme firme en lo que pienso.

- 私は歯を食いしばり必至に仕事のできるタイプだ。

  Trabajo arduamente haciendo de tripas corazón.

  ("hacer de tripas corazón"は「歯を食いしばりこらえる」という意味。)

- 私は何事にもくよくよしない。

  No me preocupo de nada.

- 何事に対しても失望しない。

  No me desanimo por cualquier cosa.

- 以前は愚痴っぽかったが今はちがう。

  Antes yo era quejilloso/sa, pero ahora ya no.

- 私の子供は落ち着きがない。

  Mi hijo/ja es impaciente.

- 私は気まぐれ〔わがまま〕だ。

  Soy caprichoso/sa [voluble].

  Hago todo a mi antojo.

- 私はとても神経質だ。

  Soy muy nervioso/sa.

- 私はつい物事を悲観的に考えてしまう。

  Soy propenso/sa a pensar de manera pesimista.

【他人のこと】

🎤 F2-030

- （あの人は）外交的で明るい人だ。

  Es extrovertido/da y alegre [jovial].

- 内向的な人だ。

  Es introvertido/da.

- 意地の悪い人だ。

  Tiene mal genio.

- かなりしつこい人だ。

  Es muy fastidioso/sa [latoso/sa].

- 怒りっぽい人だ。

  Es enfadadizo/za [enojón/jona].

- あの紳士は口がうまい。

  Aquel señor tiene mucha labia.

- あの人は仕事となると抜け目がない。

  Calcula con astucia para negociar.

- とても欲張りな人だ。

  Es muy avaro/ra [codicioso/sa].

- あの人はもとから無愛想だ。

  Es poco amable por naturaleza.

- あの人は誰に対しても目立ちたがる。

  Quiere llamar la atención de todos.

  （"llamar la atención"は「注意を引く」という意味。）

- 空気の読めない人だ。

  No sabe captar el estado de la situación.

- 礼儀正しい人だ。

  Es cortés.

- 彼は思っていることをずけずけ言う。

  No tiene pelos en la lengua para decir lo que piensa.

  （"no tener pelos en la lengua"は「歯に衣着せぬ」という意味。）

- きみはなんて不作法なんだ!

  ¡Qué grosero/ra eres!

  ¡Qué mal educado/da eres!

- あの人は穏やかな人だ。

  Es tranquilo/la [apacible].

- 私の友人はおっちょこちょいだ。

  Mi amigo/ga tiene cabeza de chorlito.

- あの少年たちはとても生意気だ。

  Aquellos muchachos son muy impertinentes [insolentes].

- あの人は自分とかかわりのないことにまでお節介をやきたがる。

  Quiere entrometerse aun en lo que no le importa.

- あの人は他愛主義者〔利己主義者〕だ。

  Es altruista [egoísta].

- いつ会っても私には親切にしてくれる。

  Cuando quiera que *lo/la* veo, se porta amablemente conmigo.

- 彼らは自分のことしか考えていない。

  Ellos no piensan más que en sí mismos.

- きみは自己欺瞞に陥っているから自分自身の感情が受け入れられないんだよ。

  Tú, atrapad**o/d**a en el autoengaño, no puedes aceptar tus propias
    emociones.

2 容姿・体型

- あの人は容姿端麗だ。

  Es de buena figura [presencia]. / Tiene buena figura.

- とても魅力的な人だ。

  Es muy atractiv**o/v**a.

- 見た目がとても地味〔派手〕だ。

  Tiene un aspecto muy sobrio [llamativo].

- （あの人は）すらりとしている。

  Es esbelt**o/t**a.

- （あの人は）背が高い［低い］。

  Es alt**o/t**a [baj**o/j**a].

- 身長はどのくらいですか?ー 170センチです。

  ¿Cuánto mide (usted)? − Mido un metro y setenta centímetros.

- 私は身長が3センチほどびた。

  He crecido unos 3 centímetros.

- 私は太って〔痩せて〕いる。

Soy gord**o/da** [flaco / ca].

（"ser gordo / da [flaco / ca]"は本来の体型を表しますが、動詞serをestarにかえると現在の身体つきを表すことになります。〔例〕太って〔痩せて〕しまった。 Estoy gordo / da [flaco / ca].）

- 私は中肉中背だ。

Soy median**o/na** de cuerpo.

No soy ni gord**o/da** ni flac**o/ca**.

- 体重が増えてきた。

<u>He aumentado</u> [He subido] de peso.

- 体重が2キロった。

<u>Disminuí</u> [bajé] 2 kilos de peso.

- お腹が少し出てきた。

He echado un poco de barriga.

3 年齢

- あの人は若く見える。

Parece joven.

- 老けて見える。

Parece viej**o/ja**.

- あの人は年齢以上に若く見える。

Parece más joven de lo que es.

- 何歳なの？ ― 来月には30歳になる。

¿Cuántos años tienes? ― <u>El próximo mes</u> [El mes que viene] voy a cumplir 30 años.

• きみは年相応に振る舞うべきだ。

Debes de portarte de acuerdo con tu edad.

• 年齢で人を判断しないほうがいい。

Es mejor no juzgar a las personas por su edad.

• 誕生日が来るたびに歳をとったと思ってしまう。

Cada vez que viene mi cumpleaños, me siento más viej**o**/j**a**.

❖ 例文にかかわる語 ❖

acompañar　いっしょに行く	exposición (f)　展示会、展覧会
cita (f)　会う約束	ineludible　避けられない
complacer　喜ばせる	invitación (f)　招待
compromiso (m)　約束	invitar　招待する
convenir　都合がよい	prometer　約束する
discupla (f)　許し	rechazar　拒む
ex-alumno/na (m/f)　卒業生、同窓生	retrasarse　遅れる

1 誘う・招待する／誘われる・招待される

基本的な言い方　　　　　　　　　　　　　　　🎤 F2-035

- パーティーにご招待したいのですが。

  Quisiera [Me gustaría] invitarle a la fiesta.

- お誘いくださり、ありがとうございます。

  Muchas gracias por haberme invitado./Agradezco mucho su
    invitación.

- 私たちと一緒に来るかい？

  ¿Vienes con nosotros?

- もちろん！

  ¡Claro!/¡Por supuesto!/¿Por qué no?/¿Cómo no?

- 喜んで！

  ¡Con mucho gusto!

🎤 F2-036

・展覧会に招待していただけると嬉しいです。

Me daría gusto que me invitara a la exposición.

Quisiera que me invitara a la exposición.

・公園を散歩したくありませんか?

¿No le dan ganas de dar un paseo por el parque?

¿No le apetece pasear por el parque?

・一杯飲みに行きませんか。

¿No quiere tomar una copa conmigo?

¿Qué tal tomar una copa?

・それはいいですね。

Es buena idea.

Me parece muy bien.

・では、行きましょうか?

Pues, ¿Nos vamos?

・大いに飲んで騒ぎましょう!

¡Vámonos de juerga [parranda]!

・ほら、コーヒーでも飲みに行きましょうよ。

¡Venga, vamos a tomar un café!

（vengaは動詞venir〔来る〕の命令形で接続法現在・三人称単数形。相手が誰であろうとこの形を用います。ここでは「さあ（さあ）、ほら」など人を促す意味になります。）

・一緒に食事でもどうですか?

¿Por qué no vamos a comer juntos?

（女性同士はjuntosがjuntasになります。）

・ご自宅へお招きいただき感謝しています。

Gracias por haberme invitado a su casa.

Agradezco el haberme invitado a su casa.

¡Estoy agradecido/da por su invitación a su casa.

- さあさあ、中へどうぞ。

  ¡Venga, adelante!

  ¡Entre, por favor!

2 誘いを断る

　　　　　　　　　　　　　　🎤 F2-037

- 行きたいのはやまやまですが、ご一緒できません。

  Me gustaría ir, pero no puedo acompañarle.

- 残念だけど、行けません。

  ¡Lástima que no pueda ir!

- それは無理です。

  ¡Es imposible!

🎤 F2-038

- ご招待いただいて嬉しいのですが、お受けできません。

  Me alegra [complace] su invitación, pero no puedo aceptar.

  Muchísimas gracias por su invitación, pero no puedo.

- 残念ですが、ちょっとむずかしいですね。

  Lo siento, pero me resulta imposible.

- やむを得ない約束がありますので。

  Tengo un compromiso ineludible.

- 同僚との約束があります。

  Tengo una cita con un/una colega.

- 同窓会に出席することになっています。

  Me he comprometido para asistir a la reunión de ex-alumnos.

- 今回は用事があるので残念です。

  Esta vez es una lástima no poder aceptar su invitación por tener quehaceres.

- 他に約束があるので、申し訳ありませんがお断りします。

  Como tengo otro compromiso, le pido disculpas por no aceptar [mi negativa].

  Teniendo otro compromiso, le pido disculpas por rechazar su invitación.

- また今度〔別の機会〕にしましょう。

  Quizá, otro día, ¿sí?

  Tal vez más adelante, ¿no?

  ¿Qué tal para otra ocasión?

3 待ち合わせ／約束

基本的な言い方   🎤 F2-039

- どこで待ち合わせしましょうか？

  ¿Dónde nos encontramos [nos reunimos]?

- お会いするのは、いつがよろしいですか？

  ¿Cuándo es [será] conveniente vernos?

- 今度の土曜日と日曜日は都合が悪いです。

  No me conviene ni el sábado ni el domingo.

- 私は明日友だちと会う約束があります。

  Mañana tengo cita con un/una amigo/ga mío/a.

- あの人とは何時に待ち合わせをしていますか？

  ¿A qué hora tiene la cita con él/ella?

【約束／待ち合わせ】

- 平日のどこかでお会いしましょう。

  Nos vemos [nos veremos] algún día de entre semana.

- 今週の金曜日ならあいています。

  Estoy libre [desocupado/da] este viernes.

- 午前中か午後のどちらがよろしいですか?

  ¿Cuál será mejor, por la mañana o por la tarde?

- 私は午後の2時以降なら大丈夫です。

  A mí me va bien a partir de las dos de la tarde.

- 今日、上司と会う約束があります。

  Hoy tengo un compromiso [una cita] con mi jefe.

  Hoy quedé de ver a mi jefe.

- 私は仲間たちと5時に待ち合わせています。

  Tengo una cita con mis compañeros a las cinco.

- われわれの待ち合わせの場所はプラサ・マヨールです。

  Nos encontramos en la Plaza Mayor.

  El lugar de la cita es en la Plaza Mayor.

【約束を守る／約束を反故にする】

- あの人は必ず約束を守ります。

  No [Nunca] falta a su palabra.

  Siempre cumple lo que promete.

- ときどき約束を反故にするような人です。

  A veces falta a su palabra.

  De vez en cuando no cumple lo prometido.

  ("a veces", "de vez en cuando"は「ときどき」という意味。)

【約束の時間に遅れる】　🎙 F2-042

・もし遅れるようなら電話します。

Si acaso me retraso, le avisaré por teléfono.

・到着が15分ほど遅れます。

Tomaré [Tardaré] unos 15 minutos en llegar ahí.

・カフェに入って待っていてください。少し遅れますので。

Espéreme dentro del café. Voy a tardar un poco.

・正午に待ち合わせなのにまだ来ませんね。

Todavía no viene puesto que tenemos la cita al mediodía.

・あの人は待ち合わせの時間に現れなかった。

No vino a la hora citada.

05 生活のリズム

adversidad (f)　逆境、不運、災難	noctámbulo/la　夜遊びする
borracho/cha　酔っ払った	ocioso/sa　無為な、無精な
consecutivo/va　連続した	resaca (f)　二日酔い
festivo/va　祝祭の、祭りの	trasnochar　徹夜する

1 朝の情景

基本的な言い方

🎤 F2-043

- お早うございます。
  Buenos días.

- よく眠れましたか?
  ¿Durmió bien? / ¿Pudo dormir bien?

- まあ、なんとか。
  Pues, más o menos.

- ぐっすり眠れました。
  Dormí muy bien. / Pude dormir profundamente. / Dormí como un tronco.
  ("como un tronco"は直訳すると「丸太ん棒のように」という意味。)

🎤 F2-044

- 起床の時間ですよ。— いま行きます。
  Es hora de levantarse. — Ya voy.

- あと10分寝させてください。まだ眠いんです。
  Déjeme dormir 10 minutos más. Todavía tengo sueño.

- 明け方に目が覚めたので、そのまま起きていました。
  Me desperté en la madrugada y ya no volví a dormirme.
  ("volver a ..."は「ふたたび…する」という意味。)

- 昨夜は2時間しか眠れませんでした。

  Anoche no pude dormir más que 2 horas.

- 目覚ましが鳴らなかった。

  No sonó el despertador.

- 私は昨夜かなり酔っ払っていたので、二日酔いで頭が痛い。

  Anoche estaba demasiado borracho/cha. Me duele la cabeza por la resaca.

- ひどい二日酔いだ。もう深酒はやめることにしよう。

  Tengo [Ando con] una terrible resaca. Ya dejaré de beber tanto (alcohol).

- 私は毎朝仕事に出かける前にジョギングをしている。

  Hago el footing todas las mañanas antes de ir al trabajo.

- 朝はニュースを見る。

  Por la mañana veo las noticias.

- 早めに朝食をとるようにしている。

  Trato de desayunar temprano.

- ときどき朝食を抜く。

  A veces no tomo el desayuno.

- 目を覚ますとストレッチをする。

  Al despertarme hago ejercicios de estiramiento.

- 宿題を片付づけようと徹夜した。

  Trasnoché para acabar mi tarea.

2 生活のリズム

基本的な言い方

🎙 F2-045

- こんにちは。

  Buenas tardes.

・私は早寝早起きです。

Me despierto temprano y me acuesto también temprano.

・私は夜型の生活をしています。

Paso las noches despiert**o/ta**.

・私はいつも朝食のあとで勉強にとりかかる。

Siempre me pongo a estudiar después del desayuno.

・私は昼まで寝ていて、午後と夜に仕事をする。

Me quedo dormid**o/da** hasta mediodía y trabajo en la tarde y en la noche.

・私は有意義な時間を過ごそうといつも努力している。

Siempre trato de pasar el tiempo de manera provechosa [útil].

・彼らは毎日無為な生活を送っている。

Ellos pasan los días ociosamente.

Están ocios**os/sas** todos los días.

・なぜ彼らは何もせず毎日をすごしているのだろうか。

No entiendo por qué pasan los días sin hacer nada.

・公園で鳩にを与えている人がいる。

Alguien está dando de comer a las palomas en el parque.

（"dar [echar] de comer"は「食べ物、を与える」という意味。）

・私は夜遊びが好きだ。

A mí me gusta llevar una vida noctámbula.

・工場で夜勤をしている。

Trabajo el turno de noche en una fábrica.

・彼は職を失ってから、何もしない日々を送っている。

Desde que perdió el trabajo, se pasa los días mano sobre mano.

（"mano sobre mano"は「何もしないで、働かないで」という意味。）

3 夜の情景

🎤 F2-047

- 今晩は。

  Buenas noches.

- お休みなさい。

  Buenas noches. / ¡Que descanse bien!

- また。

  Hasta mañana.

🎤 F2-048

- そろそろ寝ましょう。

  Vamos a dormir.

  Ya vamos a acostarnos.

- よい夢を!

  ¡Que tenga buenos sueños!

- （子供たちに対して）明日は早いので、もう寝なさい。

  Que durmáis [Que os acostéis] ya, pues mañana tenéis que levantaros temprano.

- 寝る前に目覚ましを翌朝7時きっかりにセットしておこう。

  Voy a poner el despertador a las siete en punto para mañana.

  （"en punto"は「ちょうど、きっかり」という意味。）

- 夜中に目が冴えて眠れない。

  Se me quita el sueño en la medianoche y no puedo dormir.

- 私は一度眠りにつくと起床の時間まで眼がさめることはない。

  Una vez me duermo, no me despierto hasta la hora de levantarme.

- 夜更かしは健康によくない。

  No es bueno para la salud quedarse despierto/ta hasta muy noche.

- 徹夜をすると次の日がつらい。

  Cuando trasnocho, me siento fatigado/da al día siguiente.

休日の過ごし方

　　　　　　　　　　　　　　　　　　🎙 F2-049

・休日はどうお過ごしですか?

¿Cómo pasa (usted) las vacaciones?

・祝日は家でゆっくりしたいです。

Quiero pasar tranquilamente en casa los días festivos.

・休日はよく出かけます。

En los días de descanso suelo salir de casa.

🎙 F2-050

・次の土日の予定はありますか?

¿Tiene algún plan para el próximo sábado y domingo?

・休みの日にはすることが山ほどあります。

Tengo muchas cosas que hacer (en) los días de descanso.

・今度の祝日は部屋の片づけをしよう。

Arreglaré la habitación el próximo día festivo.

・連休には田舎道をドライブしたい。

Quiero dar un paseo en coche por los caminos campestres los días
de descanso consecutivos.

・今度の日曜日は好きな連続テレビ小説をDVDで見ようと思っている。

El próximo domingo pienso ver los DVDs de una serie de
telenovela que me gusta.

・休日の午後はいつもデートすることになっている。

Todas las tardes de los días de descanso salgo con mi novio/via.

・夏休みはよく公共図書館で調べものをする。

Suelo hacer investigaciones en la biblioteca municipal en las
vacaciones de verano.

5 人生／生き方

基本的な言い方

🎤 F2-051

• 人生は夢だ。

La vida es sueño.

• 人生をもっと楽しもうよ。

<u>Vamos a disfrutar</u> [Disfrutaremos] de la vida.

• 私は生き方を変えてみようと思っている。

Pienso cambiar de vida.

🎤 F2-052

• 人生はある意味で芸術だ。

En un sentido la vida es algo como el arte.

("en un sentido"は「ある意味で」という意味。)

• この先どう生きるか考え直してみる必要がある。

Necesito reconsiderar cómo vivir de ahora en adelante.

("de ahora en adelante"は「この先、今後」という意味。)

• 人生設計を立てるのは大切だ。

Es importante planear la manera de vivir.

• 幸せばかりの人生なんて考えられない。

No se puede creer en una vida siempre llena de felicidad.

• 人生には苦難がつきものだ。

Las <u>dificultades</u> [adversidades] son amigas de nuestra vida.

• 金銭は幸せをもたらすが、それがすべてではない。

El dinero da la felicidad, pero no lo es todo.

06 つなぎの語

amarrar　結ぶ、縛る

aprobación (f)　承認、許可

candidato/ta (m/f)　候補者

déficit (m)　赤字

explicación (f)　説明

extrañar　不思議に思わせる

hábil　器用な

inconveniencia (f)　不都合、支障

increíble　信じられない

meollo (m)　核心

mudarse　移動する、移転する

resumir　要約する

soltar　緩める

superávit (m)　黒字

1　簡単なつなぎの語

基本的な言い方　　　　　🎤 F2-053

・それで…

　y luego ...

・それなら、それでは

　pues / entonces

・さらに

　(y) además

・だから

　por eso / por lo tanto / así que / de manera que

・反対に、逆に

　al contrario / por el contrario

・そのかわり

　en cambio

・まずは、最初に

　en primer lugar / ante todo

- 目下、今のところ

  por el momento / por ahora

- さらさら…ない

  ni siquiera ...

🎙 F2-054

- 彼にそう言われたのかい？　それで、どうするつもりなんだい？

  ¿Así te lo dijo él? [¿Eso te dijo él?] Y luego, ¿qué vas a hacer?

- それじゃ、どうしましょうか？　もう遅い時間ですしね。

  Entonces, ¿qué haremos? Ya es tarde.

- きみは勉強しすぎだ。だから、へたばるんだ。

  Tú estudias mucho, por eso [por lo tanto] te sientes exhausto/ta.

- 雪が降っていたので散歩するのをやめた。

  Estaba nevando, así que dejamos de pasear.

- パコにとって初恋の人なのだろうか、彼女のことをずっと思い続けている。

  Quizá será su primer amor, de manera que Paco sigue pensando
    en ella.

- いろいろと支障はあったが、逆にすべてうまくことが運んだ。

  Al contrario todo salió bien a pesar de las inconveniencias.

  ("a pesar de ..."は「…にもかかわらず」という意味。)

- 彼女はチョコレートをプレゼントしてくれたので、かわりにケーキを買ってあげた。

  Ella me regaló un chocolate y yo, en cambio, le compré un pastel.

- まずは優勝したチームを祝福しよう。

  En primer lugar felicitemos al equipo que ganó el Campeonato.

- 今のところ雨脚が強いので、カフェで雨が止むのを待ちましょう。

  Por el momento está lloviendo fuerte; esperemos en una cafetería
    a que pase la lluvia.

- 彼には考えを実行に移そうなんて気はさらさらない。

  Ni siquiera piensa en ejecutar su idea [llevar su idea a la práctica].

2 話題を変える

- さて

  pues / bien

- ところで、それはそうと、それでは

  a propósito / pues bien / ahora bien

- とにかく、いずれにせよ

  de todas maneras / de todos modos

- 話は変わりますが

  cambiando de tema [asunto]

- 話をもとに戻すと

  a lo que iba / como iba diciendo

- それはさておき、別件ですが

  y otra cosa / Vamos a otra cosa. / Hablemos de otra cosa. /
  Dejemos eso.

🎤 F2-056

- さて、本題に戻りましょう。

  Pues, vamos al grano.

  （"ir al grano"は「本題に入る」という意味。）

  Bien, entremos en el meollo del asunto.

- ところで、話題を変えませんか?

  A propósito, ¿por qué no cambiamos de tema [asunto]?

- それでは、次のテーマに移りましょう。

  Ahora bien, pasemos al siguiente tema.

- とにかく、ここから出ましょう。

  De todos modos salgamos de aquí.

- 話をもとに戻すと、なんとしてもきみの考えを実現させましょう。

  A lo que iba, trataremos de realizar tu idea de cualquier manera.

- 別件ですが、先日お渡しした書類はお読みになりましたか?

  Y otra cosa. ¿Ha leído los papeles que le entregué el otro día?

- 話が逸れてしまったようです。

  Parece que se ha desviado del asunto principal.

  ("desviarse de ..."は「… から逸脱する」という意味。)

- この話はもうやめましょう。

  Ya dejemos este asunto.

  Ya dejemos de hablar de esto.

- 今はその話はしたくありません。

  De momento no pienso referirme a eso.

  ("referirse a ..."は「… に言及する」という意味。)

  Ahora no quiero hablar de ello.

  No quiero tocar tal tema.

- それについては改めてお話ししましょう。

  En cuanto a eso hablaremos otro día.

  ("en cuanto a ..."は「… に関して」という意味。)

相槌を打つ

🎤 F2-057

基本的な言い方

- なるほど。

  Ya veo. / Ya entiendo. / Ya caigo.

- おっしゃるとおりです。

  Sí, es verdad. / ¡Claro, es así! / ¡Claro!

- その通りです。

  ¡Y tanto! / No hay duda. / Es cierto. / Seguro. / ¡Qué sí!

- …に同感である

  estar de acuerdo con ...

- 私も同じ考えです。

  Pienso igual [lo mismo].

- …は言うまでもない。

  ni qué decir tiene que ...

- …は不思議ではない。

  no me extraña ...

- 何と申し上げてよいのやら。

  No sé qué decir.

- おやまあ！〔何それ！：まさか！〕

  ¡Anda! / ¡Vaya!

  （これらは、相手に相づちを打つときに出る言葉です。相手に関心を示したり、相手の言葉に驚いたり、
  失望したり、不快を感じたりしたときなどに用いられます。）

🎤 F2-058

- 解けないよう、こうして縛るとよろしいです。 — ああ、なるほど。

  Hay que amarrarlo de esta manera para que no se suelte. – ¡Ah,
  ya veo!

- おっしゃることはよくわかります。

  Sí entiendo bien lo que dice.

• なるほど、わかりました。ご説明いただいたことで、どうすればよいのか理解できました。

Ya caigo. Con su explicación ya entendí bien cómo se hace eso.

• 通話料にしては高すぎやしないか? ― まったくだ!

¿No crees que es demasiado dinero por el importe de la llamada? – ¡Y tanto! [Así lo creo].

• ペドロが再婚するなんて信じられないよ。 ― 本当だってば。

Es increíble que Pedro se vuelva a casar. – ¡Que sí!

• まちがいなくすべてがうまくいくだろう。

No hay duda de que todo saldrá bien.

• あなたの意見に同感です。

Estoy de acuerdo con usted.

Pienso lo mismo que usted.

• あの候補者が社長に選ばれるのは言うまでもない。

Ni qué decir tiene que a aquel candidato lo elijan* como presidente.

• 彼女が別の会社に移ったのも不思議ではない。

No me extraña que ella se haya cambiado de compañía.

• 彼は相槌を打ちながら私の話を聞いていた。

Me estaba escuchando asintiendo con la cabeza.

• 私は友人の話に感心し、何度も相槌を打った。

Escuché con admiración lo que me decía mi amigo y muchas veces asentí con aprobación.

• まさか! 一人で世界一周の旅に出るつもり?

¡Anda! ¿Piensas viajar solo/la por el mundo?

4 こちらの認識・判断を示す

🎤 F2-059

- 実際のところ、事実、本当は
  en realidad / en verdad / para decir verdad

- 実を言うと、実は
  lo que pasa es que... / es que...

- よく考えてみると
  pensándolo bien

- 見たところ
  por lo visto

- 長い目で見ると
  a la larga / a largo plazo

- 私の知るかぎり
  que yo sepa

- 前にも言ったように
  como he dicho / como dije antes

- いいですか!〔考えてもごらんなさい!〕
  ¡Fíjese! / ¡Mire (Ud.)! / Piénselo bien.

🎤 F2-060

- 実際のところ、この調査を終えるための時間がほとんど残されていない。

  En verdad queda poco tiempo para terminar esta investigación.

- 実を言うと、父が急病にかかり病院へ運ばれました。

  Lo que pasa es que se enfermó mi padre de repente y lo llevaron*
  al hospital.

- よく考えてみると、彼の言い分も一理ある。

  Pensándolo bien, él tiene razón en parte.

  (˝tener razón˝は「もっともである、正しい」という意味。)

- 見たところ急用ではなさそうです。

  Por lo visto no parece un asunto urgente.

- 長い目で見ればいずれ赤字は黒字にかわるでしょう。

  A la larga el déficit se convertirá [se cambiará] en superávit.

- 私たちは会社の発展を長い目で見る必要があります。

  Necesitamos ver [considerar] el desarrollo de nuestra compañía a largo plazo.

- 私の知るかぎり、彼は2か月前からここへ来ていません。

  Que yo sepa, él no ha venido aquí desde hace 2 meses.

- 前にも言いましたが、問題はすぐに解決するでしょう。

  Como dije antes, el problema se resolverá pronto.

5 要点を述べる／言い換える

基本的な言い方 🎤 F2-061

- やはり、要するに、つまり

  total, que / en fin / es decir / o sea

- 話を要約すると、かいつまんで言えば

  en resumen / resumiendo lo dicho

- 結局 …

  resulta que ...

- 何はともあれ

  sea lo que sea / sea como sea / pase lo que pase

- それは…のようなものだ

  es como decir que ...

- やはりきみたちはイタリアへ行くんだね。

 Total, que os marcháis a Italia, ¿verdad?

- つまり、私に何をしろと言うのですか？

 En fin, ¿qué quiere que haga (yo)?

- かいつまんで言えば、期日までに建物は完成しないだろう。

 Resumiendo lo dicho no se podrá terminar la construcción dentro de la fecha acordada.

- 結局、彼らは店じまいし移転する羽目になった。

 Resulta que tienen que cerrar el negocio y mudarse.

- 結局、一文なしだ。

 Resulta que no me queda nada de dinero.

- 何はともあれ私たち全員が無事に着いてよかった。

 Sea lo que sea [Sea como sea] me alegra que hayamos llegado sanos y salvos.

 ("sano y salvo"は「無事に」という意味。)

- 何はともあれ向こうに着いたら連絡してください。

 Pase lo que pase avísenos cuando llegue (usted) allí.

- それは危険に身をさらすようなものだ。

 Es como decir que vas a ponerte en peligro.

6 物事をはっきりさせる

基本的な言い方 🎙 F2-063

- たとえば

 por ejemplo

- むしろ

 más bien / más que

- 正しくは〔むしろ…〕

  mejor dicho

- 特に、とりわけ

  sobre todo / en particular / particularmente / en especial /
  especialmente

- 具体的に言えば

  concretamente dicho / específicamente dicho

- 言い換えれば

  en otras palabras / en otros términos / dicho de otra manera /
  dicho de otro modo

- 一言でいえば

  en una palabra

🎤 F2-064

- 私は読書、たとえば小説やエッセイを読むのが好きだ。

  Me gusta leer; por ejemplo, las novelas y los ensayos.

- 彼女はイライラしているのではなく、むしろ怒っている。

  No está nerviosa; está más bien enojada.

- 私は芸術家というよりは、むしろ手先が器用なだけだ。

  Más que artista, solo soy hábil con las manos.

- 努力もせずにコンサートのチケットが手に入った。むしろ運がよかったということだ。

  Sin esfuerzos pude conseguir los boletos del concierto; mejor dicho
  tuve mucha suerte.

- 具体的な話をすると、必要な医薬品がなければすべての患者を診ることはできません。

  Concretamente dicho, no podemos atender a todos los pacientes
  sin las medicinas necesarias.

- プロジェクトに資金が提供されなかった。言い換えれば、それを実現させるための資金が
  ないということになる。

  No financiaron* el proyecto. Dicho de otra manera no hay recursos
  para llevarlo a cabo.

  (“llevar a cabo”は「成し遂げる、達成する」という意味。)

• 一言でいえば、皆の努力によって世の中をよくすることができるでしょう。

En una palabra, con el esfuerzo de todos podremos hacer un
 mundo mejor.

付録 Apéndice

1 月／曜日／数字／図形

関連語

◆ 月 ◆

1月	enero (m)	2月	febrero (m)
3月	marzo (m)	4月	abril (m)
5月	mayo (m)	6月	junio (m)
7月	julio (m)	8月	agosto (m)
9月	septiembre (m)	10月	octubre (m)
11月	noviembre (m)	12月	diciembre (m)

…の初めに a principios de ...　　…の中頃に a mediados de ...

…の終わりに a fines de ...

◆ 曜日／週 ◆

日曜日	domingo (m)	月曜日	lunes (m, s/pl)
火曜日	martes (m, s/pl)	水曜日	miércoles (m, s/pl)
木曜日	jueves (m, s/pl)	金曜日	viernes (m, s/pl)
土曜日	sábado (m)	週	semana (f)

週末 fin (m) de semana

◆ 祝祭ほか ◆

クリスマス Navidad (f)　　クリスマスイブ Nochebuena (f)

大晦日の夜 Nochevieja (f)　　正月 Año (m) Nuevo

◆ 数字 ◆

アラビア数字 número (m) arábigo　　ローマ数字 número romano

基数 número cardinal　　序数 número ordinal

偶数 número par　　奇数 número impar

◆ 記数法 ◆

0	cero	1	un**o**/n**a**
2	dos	3	tres

4	cuatro	5	cinco
6	seis	7	siete
8	ocho	9	nueve
10	diez	11	once
12	doce	13	trece
14	catorce	15	quince
16	dieciséis	17	diecisiete
18	dieciocho	19	diecinueve
20	veinte	21	veintiun**o/na**
22	veintidós	23	veintitrés
24	veinticuatro	25	veinticinco
26	veintiséis	27	veintisiete
28	veintiocho	29	veintinueve
30	treinta	31	treinta y un**o/na**
40	cuarenta	50	cincuenta
60	sesenta	70	setenta
80	ochenta	90	noventa
100	cien	101	ciento un**o/na**
200	doscient**os/tas**	300	trescient**os/tas**
400	cuatrocient**os/tas**	500	quinient**os/tas**
600	seiscient**os/tas**	700	setecient**os/tas**
800	ochocient**os/tas**	900	novecient**os/tas**
1000	mil	1.000.000	un millón

1.000.000.000.000　un billón

（21、31 … 91のように、1で終わる数字のあとに名詞が続く場合、unoは不定冠詞と同じ形をとります。〔例〕21冊の本 veintiún libros／21曲の歌 veintiuna canciones）

◆ 序数詞 ◆ (注)

((注)一般的に序数詞を用いるのは10までです。)

1	primer**o/ra**	2	segund**o/da**
3	tercer**o/ra**	4	cuart**o/ta**
5	quint**o/ta**	6	sext**o/ta**

7 séptim**o**/m**a**   8 octav**o**/v**a**

9 noven**o**/n**a**   10 décim**o**/m**a**

(primero／ra, tercero/raは男性名詞・単数形の前では語尾-oが脱落します。〔例〕1階 primer piso, 3階tercer piso／1ページ página primera, 3ページ página tercera)

◆ 四則計算ほか ◆

四則算　cuatro operaciones (f▶pl) básicas de la aritmética

計算　cálculo (m)	計算する　calcular
足し算　adición (f); suma (f)	加える　sumar
引き算　sustracción (f); resta (f)	引く　restar
掛け算　multiplicación (f)	掛ける　multiplicar
割り算　división (f)	割る　dividir

方程式　ecuación (f)	素数　número primo
分数　fracción (f); número quebrado	
分母　denominador (m)	分子　numerador (m)

◆ 図形(面／立体) ◆

円　círculo (m)	三角形　triángulo (m)
四角形、四辺形　cuadrilátero (m)	正方形　cuadrado (m)
長方形　rectángulo (m)	五角形　pentágono (m)
六角形　hexágono (m)	八角形　octágono (m)
台形　trapecio (m)	楕円形　óvalo (m)

◆ 図形(立体) ◆

球体　esfera (f)	立方体　cubo (m)
正四面体　tetraedro (m)	円錐形（えんすいけい）　cono (m)
三角錐（すい）　pirámide (f) triangular	四角錐　pirámide cuadrangular
円筒体、円柱体　cilindro (m)	

◇ 面積／堆積 ◇

面　superficie (f); cara (f)	周囲の長さ　perímetro (m)
面積　área (m)	体積　volumen (m)
頂点　vértice (m); ápice (m)	高さ　altura (f)
稜^{りょう}　arista (f)	底面、底辺　base (f)
辺　lado (m)	角　ángulo (m)
半径　radio (m)	直径　diámetro (m)
対角線　diagonal (f)	

❖ 例文にかかわる語 ❖

aptitud (f)	適正、能力	formado/da	形成された

基本的な言い方　　　　　　　　　　🎤 F2-065

- 4月には学校の授業が始まります。

  En abril comienzan las clases de la escuela.

- 7月、8月になると学校は夏休みに入ります。

  En julio y agosto estaremos en las vacaciones de verano.

- 来週の月曜日に宿題を提出しなければなりません。

  El próximo lunes tenemos que entregar la tarea.

- メリークリスマス!

  ¡Felíz Navidad!

- 新年おめでとうございます!

  ¡Felíz Año Nuevo!

🎤 F2-066

- 9月から食料品が値上がりします。

  A partir de septiembre van a subir los precios de los comestibles.

- 10月の中頃にスペイン旅行を計画しています。

A mediados de diciembre planeo viajar por España.

- 12月はクリスマスと私の誕生日が重なるので盛大に祝うつもりです。

En diciembre celebraré a bombo y platillo, porque la Navidad y mi cumpleaños son el mismo día.

("a bombo y platillo"は「大々的に、盛大に」という意味。)

- よい週末を!

¡Buen fin de semana!

- この週末は旅行に出かける予定です。

Este fin de semana pienso salir de viaje.

- 週末はどの通りも人通りが激しい。

Los fines de semana las calles están llenas de gente.

Mucha gente sale a las calles los fines de semana.

- 私の出勤日は火、水、木です。

Voy al trabajo los martes, los miércoles y los jueves.

- 今日は日曜日で、出勤日ではありません。

Hoy es domingo y no es día de trabajo.

- 毎週土曜日に私はボランティア活動に参加しています。

Cada sábado [Los sábados] participo en actividades voluntarias.

- 春になると私はいつも梅と桜を見に行きます。…

En primavera acostumbro a salir para ver los cerezos.

("acostumbrar a ..."は「…する習慣がある」という意味。)

- もうすぐクリスマスだ。

Se acerca la Navidad.

Pronto vendrá [llegará] la Navidad.

- クリスマスイブだ。

Es la Nochebuena [víspera de Navidad].

・もうすぐ大晦日の夜〔正月〕だ。

Ya va a ser la nochevieja [el año nuevo].

基本的な言い方 ⟨

🎤 F2-067

・足し算

$8 + 9 = 17$ (ocho **y** [**más**] nueve **son** diecisiete)

・引き算

$21 - 6 = 15$ (veintiuno **menos** seis **son** quince)

・掛け算

$4 \times 30 = 120$ (cuatro **por** treinta **son** ciento veinte)

・割り算

$90 \div 15 = 6$ (noventa **entre** [**dividido entre**] quince **son** seis)

🎤 F2-068

・私は計算が苦手です。

No tengo aptitud para calcular.

No se me da bien el cálculo.

・これらの数字をすべて合計してください。

Sume todos estos números.

・計算機を使えば早く計算できます。

Se puede calcular rápido [rápidamente] con la calculadora.

・子供たちは1から10までの序数を楽しく学びます。

Los niños aprenden los números ordinales del 1 al 10 de una
manera divertida.

・ローマ数字を読める学生は少ない。

No hay muchos estudiantes que sepan leer los números romanos.

- コンパスを使わずにきれいな円を描いてみてください。

Trate de trazar un círculo perfecto sin compás.

- 三角形の面積はどのように計算するのですか?

¿Cómo se calcula el área de un triángulo?

- 三角形の面積の出し方は、底辺x高さ÷2です。

El área de un triángulo es igual a la base por la altura partido
[dividido] entre 2.

- この台形の面積は、どのように計算しますか?

¿Cómo se saca el área de este trapecio?

- この立方体とこの三角錐ではどちらの容積が大きいですか?

¿Cuál es mayor: el volumen de este cubo o el de esta pirámide tri-
angular?

- サッカーボルは正五角形と正六角形の素材で作られています。

El balón de fútbol está formado por parches de pentágonos y
hexágonos regulares.

- ギザ(エジプト)のピラミッドの元の高さは146.7メートルでした。

La altura original de la pirámide de Guiza (Egipto) era de 146,7
metros de altura.

(日本語の場合、小数点はpunto [.]で表しますが、普通スペイン語ではcoma [,]で表します。146,7
の読み方は、ciento carenta y seis **coma** sieteです。)

3 略語

◆ 主な略語 ◆

略語、略号　abreviación (f); sigla (f); acrónimo

略語にする、短縮する　abreviar

UN (United Nations)
国際連合／Organización de las Naciones Unidas

IMF (International Monetary Fund)
国際通貨基金／Fondo Monetario Internacional

WHO (World Health Organization)
世界保健機関／Organización Mundial de la Salud

OECD (Organization for Economic Cooperation and Development)
経済協力開発機構／Organización para la Cooperación y el
Desarrollo Económicos

WTO (World Trade Organization)
世界貿易機関／Organización Mundial del Comercio

FAO (Food and Agriculture Organization of the United Nations)
国連農業食糧機関／Organización de las Naciones Unidas para la
Agricultura y la Alimentación

ILO (International Labor Organization)
国際労働機関／Organización Internacional del Trabajo

UNESCO (United Nations Educational, Scientific and Cultural
Organization)
国際連合教育科学文化機関／Organización de las Naciones Unidas
para la Educación, la Ciencia y la Cultura

WIPO (World Intellectual Property Organization)
世界知的所有権機関／Organización Mundial de la Propiedad
Intelectual

WWF (World Wide Fund for Nature)
世界自然保護基金／Fondo Mundial para la Naturaleza

IMO (International Maritime Organization)
国際海事機関／Organización Marítima Internacional

IAEA (International Atomic Energy Agency)
国際原子力機関／Organismo Internacional de Energía Atómica

OPCW (Organization for the Prohibition of Chemical Weapons)
化学兵器禁止機関／Organización para la Prohibición de las Armas
Químicas

NATO (North Altantic Treaty Organization)
北大西洋条約機構／Organización del Tratado del Altántico Norte

OPEC (Organization of Petroleum Exporting Countries)
石油輸出国機構／Organización de Países Exportadores de Petróleo

NASA (National Aeronautics and Space Administration)
米国航空宇宙局／Administración Nacional de la Aeronáutica y del Espacio

EU (European Union) ヨーロッパ連合／Unión Europea

ASEAN (Association of South East Asian Nations)
東南アジア諸国連合／Asociación de Naciones del Sudeste Asiático

APEC (Asia-Pacific Economic Cooperation)
アジア太平洋経済協力／Cooperación Económica Asia-Pacífico

TPP (Trans-Pacific Strategic Economic Partnership Agreement)
環太平洋戦略的経済連携協定／Acuerdo de Asociación Transpacífico

G7 (Group of Seven) 主要7か国／Grupo de los Siete

GDP (Gross Domestic Product)
国内総生産／Producto Interno [Interior] Bruto

SDGs (Sustainable Development Goals)
持続可能な開発目標／Objetivos de Desarrollo Sostenible

IOC (International Olympic Committee)
国際オリンピック委員会／Comité Olímpico Internacional

WBC (World Baseball Classic)
ワールド・ベースボール・クラシック／Clásico de Béisbol Mundial

FIFA (Fédération Internationale de Football Association〔仏〕)
国際サッカー連盟／Federación Internacional de Fútbol Asociación

ISBN (International Standard Book Number)
国際標準図書番号／Número Internacional Normalizado del Libro

著者紹介

佐竹 謙一（さたけ・けんいち）

金沢市生まれ。イリノイ大学（アーバナ・シャンペーン校）大学院博士課程修了（Ph.D.）。南山大学名誉教授。
【主な著訳書】『現代スペイン演劇選集』（水声社、1994 年）『スペイン黄金世紀の大衆演劇』（三省堂、2001 年）『浮気な国王フェリペ四世の宮廷生活』（岩波書店、2003 年）『カルデロン演劇集』（名古屋大学出版会、2008 年）エスプロンセーダ『サラマンカの学生 他六篇』（岩波文庫、2012 年）『スペイン文学案内』（岩波文庫、2013 年）ティルソ・デ・モリーナ『セビーリャの色事師と石の招客 他一篇』（岩波文庫、2014 年）『ドン・キホーテ 人生の名言集』（共編訳／国書刊行会、2016 年）モラティン『娘たちの空返事 他一篇』（岩波文庫、2018 年）『カルデロンの劇芸術』（国書刊行会、2019 年）『スペイン語の感情表現集』（白水社、2021 年）『本気で学ぶスペイン語』（ベレ出版、2022 年）『ハプスブルク事典』（共著／丸善出版、2023 年）ほか。

佐竹 パトリシア（Patricia Valdez Satake）

メキシコ生まれ。カリフォルニア州立大学大学院中退。
【主な著訳書】『スペイン語の感情表現集』（白水社、2022 年）
現在、愛知県にて一般向けのスペイン語講座を担当。

◉――カバーデザイン	福田 和雄（fukuda design）
◉――カバーイラスト	朝野 ペコ
◉――DTP	清水 康広（WAVE）
◉――本文イラスト	誉田 百合絵
◉――音声	ナレーション：Miguel Ángel Ibáñez Muñoz（スペイン） Martha Salgado（メキシコ）

［音声DL付］暮らしのスペイン語表現集

2024 年 7 月 25 日　　初版発行

著者	佐竹 謙一／佐竹 パトリシア
発行者	内田 真介
発行・発売	ベレ出版 〒162-0832　東京都新宿区岩戸町12 レベッカビル TEL.03-5225-4790 FAX.03-5225-4795 ホームページ　https://www.beret.co.jp/
印刷・製本	三松堂印刷株式会社

落丁本・乱丁本は小社編集部あてにお送りください。送料小社負担にてお取り替えします。
本書の無断複写は著作権法上での例外を除き禁じられています。購入者以外の第三者による本書のいかなる電子複製も一切認められておりません。

ISBN 978-4-86064-766-7 C2087　　　　　　　　　　編集担当　綿引ゆか

[音声DL付] 本気で学ぶスペイン語

佐竹謙一 著
A5 並製／定価 2860 円（税込）■ 376 頁
ISBN978-4-86064-689-9 C2087

初級文法を中心に中級までの内容を、豊富な例文と一緒に初心者でもわかりやすい
ように丁寧に解説します。基本的な発音解説の後、前半では動詞の活用に慣れると
同時にスペイン語の基本的な構造について学び、後半では、時制や se の用法、特
に接続法については類書には見られないほど多くのページを割いており、会話や文
章の内容を正確に理解できるようになるまで詳しく解説します。

ストーリーで身につける スペイン語基本会話

平見尚隆 著
A5 並製／定価 2090 円（税込）■ 352 頁
ISBN978-4-86064-456-7 C2087

外国語の習得にはストーリーのある会話を理解し、繰り返し聞き、声に出して練習
することが効果的。本書では、スペイン語圏の国に赴任することになった日本人青
年が、現地での生活に慣れ、生活を楽しむストーリーにそって、初級からどんどん
レベルアップしていきます。表現、語彙は基本をしっかりと網羅。英語対訳と、自
然でリアルな会話表現をメキシコで収録した音源付き。

[音声DL付] 図解 スペイン語日常会話 ニュアンス使い分けブック

平見尚隆／ Martha Hidalgo 著
四六並製／定価 1980 円（税込）■ 240 頁
ISBN978-4-86064-685-1 C2087

シンプルな表現から丁寧な表現、カジュアルからフォーマルな表現、怒りの小さい
ものから大きい表現、喜び度の小さいものから大きな表現、親密さが浅いものか
ら深い表現―など、これらの関連表現を矢印上に置いて、パッと一目でニュアンス
の違いがわかるようにグラデーション図解した本です。円滑な会話のために、そし
て大切な用件や意思を正確に伝えるために大いに役立つ一冊です。